## ディスクガイド

（イアン・F・マーティン、大藤桂、黒田隆憲、後藤護、ジェイムズ・ハッドフィールド、清水祐也、杉田元一、野田努、山口美波、与田太郎）



## 『ラヴレス』から広がる宇宙



## 第二特集「UK インディー・ロック／ポスト・パンク新世代」



The World of My Bloody Valentine issue

# マイ・ブラッディ・ヴァレンタインの世界

## The World of My Bloody Valentine

1984年にダブリンで結成されたこのバンドは、2021年現在までわずか3枚のアルバムしかリリースしておらず、いまのメンバーとなってバンドがもっとも活発に活動していた80年代後半から90年代初頭にかけては2枚しか出していない。が、その2枚がすべてであり、その1枚においてはロックの臨界点を越えたものとしてロックのクラシックとなった。ケヴィン・シールズ、コルム・オキーソーグ、ビリンダ・ブッチャー、デビー・グッギの4人がこの物語の主役だ。そして本特集は主に『イズント・エニシング』と『ラヴレス』、それから『m b v』を中心に語られるマイ・ブラッディ・ヴァレンタインの世界である。

photos by Kenji Kubo（久保憲司）

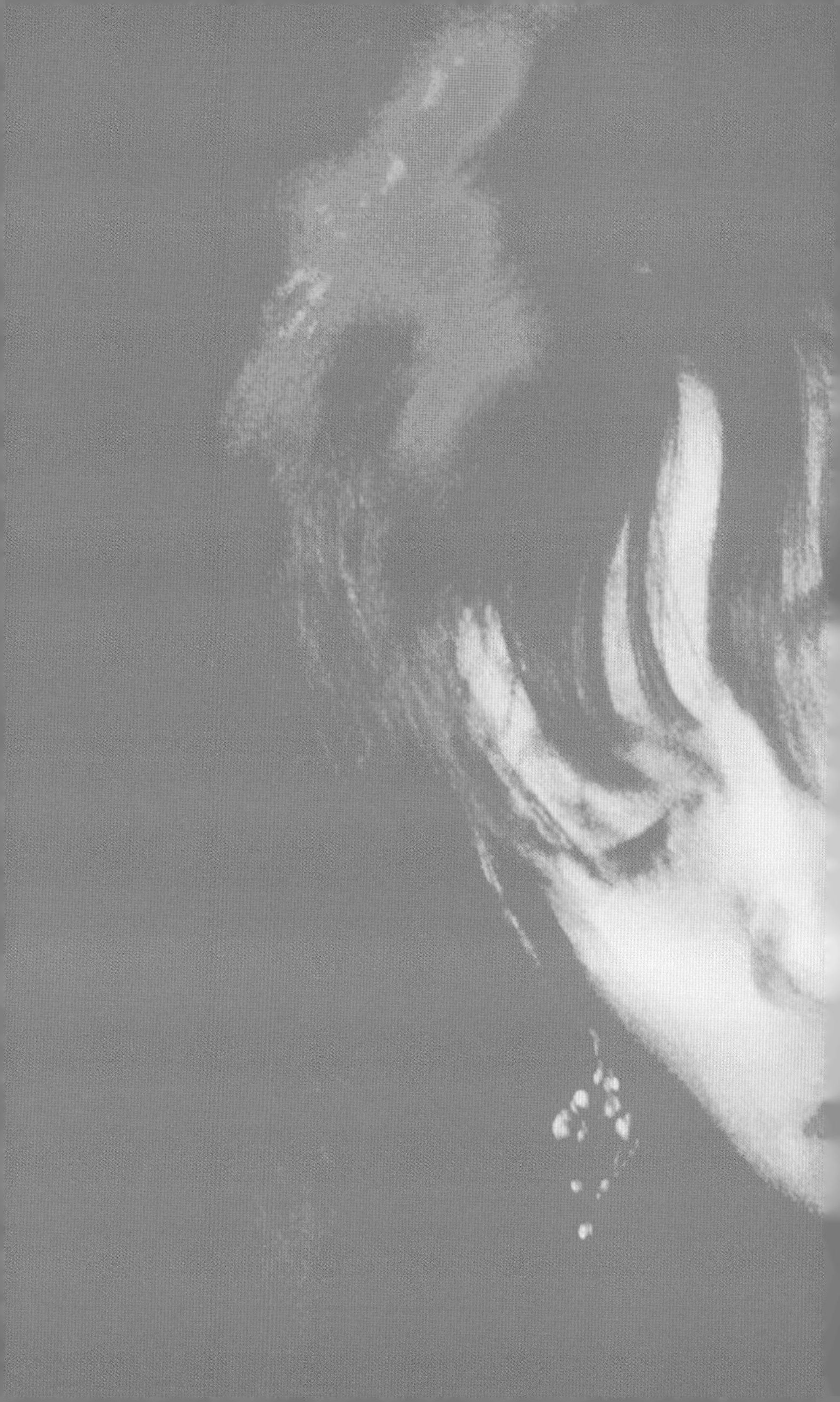

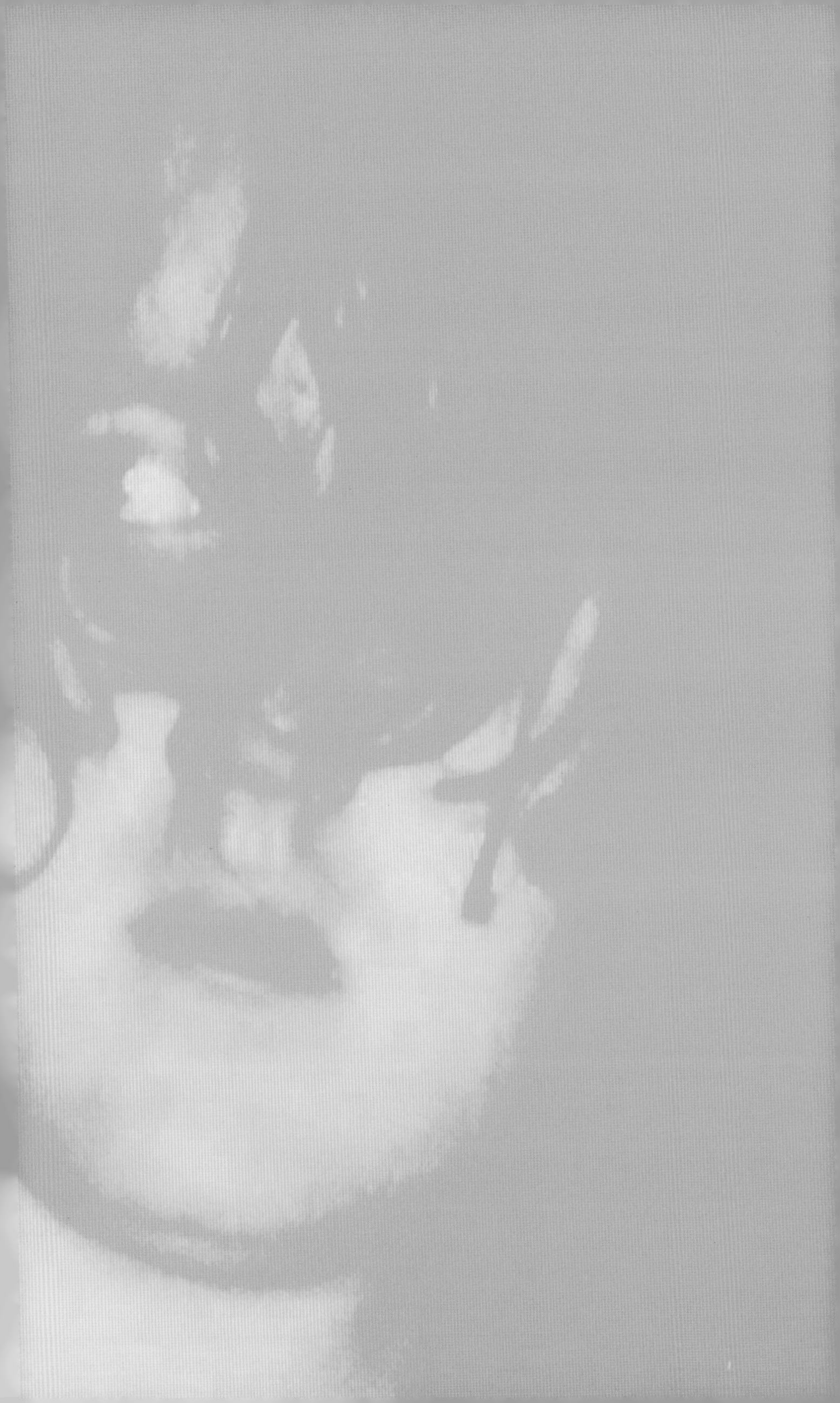

# interview with Kevin Shields
# ケヴィン・シールズ、その人生を大いに語る

序文・質問作成：杉田元一
questions: Motoichi Sugita
通訳・質問：坂本麻里子
interpreter: Mariko Sakamoto

マイ・ブラッディ・ヴァレンタインがケヴィン・シールズ、ビリンダ・ブッチャー、デビー・グッギ、コルム・オコーサクというラインナップになってリリースした最初のシングル「You Made Me Realise」から今年で33年が経過した。これまでに出たプロダクツはコンピレーションへの参加を除けばアルバム3枚、シングル4枚という寡作ぶりなのはご存知のとおり。そのうえバンドの司令塔であるケヴィン・シールズがめったに取材を受けないことで、このバンドの存在はさらに神秘性を帯びていった感がある。

ときは流れて2021年。MBVのバックカタログの再発売にともない、われわれはケヴィンがかつてないほど多くの媒体で長時間のインタヴューを受けていることに驚かされているわけだが、これもCOVID-19による世界状況の大変動ゆえか……。この災禍によって我々は〈対面での対話〉というスタイルから離れざるを得ない状況に追い込まれ、代わりにネット回線越しにZoomやTeamsやそんな類の手段での会話が取材のメインツールとなったことと、外出が不自由になったことで余剰時間が生まれたことも関係して……いるのかないのか。いずれに

いじめられはしたけど、そこまでひどくいじめられなかったよ、というのも、いじめっこたちの側もすぐに「こいつと関わるとすごく厄介なことになる」と察したからね。勝ちはしなかったけど、引き下がることもしなかった。


しても、ケヴィン・シールズは本誌の取材に応じておおいに語った。

御年58歳になったばかりのケヴィン・シールズはティーンエイジャーの記憶からはじめて実によく語り尽くした。筆者などはもうすでに20年前の記憶すら曖昧であるというのに、よくここまでこと細かに思い出せるなと妙な感心までしてしまったりもするのだが。今回のインタヴューでは、おそらく他の媒体で訊れまくっているであろうＭＢＶの作品群についての質問はあえて避け、ＭＢＶ以前のさまざまな出来事についての質問を中心とした。若き日のケヴィン・シールズを取り巻いていた状況と、ＭＢＶ以外の音楽活動について重点的に話を訊いてみたいと思ったからである。

なお、取材中にときおりかすかに犬が吠えているのが聞こえていた。また、ケヴィンは常に何かをカチャカチャさせていて――ブレスレット、あるいは気を落ち着かせるための数珠かもしれない、とは通訳を務めてくださった坂本さんの弁。

**これまでの人生ずっと、**
**僕はいじめっ子や乱暴な連中から**
**決して引き下がりはしなかった**

――こんにちは。

ケヴィン・シールズ（以下ＫＳ）やあ。

――この取材は日本の雑誌『ele-king』向けのものです。同誌はエレクトロニック・ミュージックを中心に、興味深い、インディペンデントなスピリットを持つ音楽を多く扱っています。

ＫＳ　わかった。クール。

――まずあなたの少年時代の話を訊かせてください。あなたのご両親はアイルランド人ですが、アイルランドからニューヨークに移住し、1963年にそこであなたは生まれ、10歳までニューヨークにいたんですよね。小さい頃はどんな子供だったのでしょうか。「普通の子供」だったと思いますか？
KS　いや、それほどノーマルではなかったかな……僕は産まれたときに窒息死しかけたんだ。
――えっ、そうなんですか？
KS　ああ。もちろん、死ななかったんだけどさ（笑）。ハハハッ！
――（笑）そりゃそうですけど、いったいなぜ？　出産時に何か症状があったとか？
KS　うん、へその緒が首に巻き付いた状態で産まれた。それは、（ダイナソーJr.の）J・マスキスにも起きたことでね。その点は僕たちふたりに共通しているんだ。どちらも、文字どおり産まれて初めての人生体験が窒息死しかけることだったっていう（苦笑）。
――（笑）なるほど。
KS　その出産時の状況のせいで、3歳まで脳障害が残っていないかどうかのテストを受けなくてはならなかった。テスト結果は問題なし、「ノーマル」との診断を受けたんだけれども……母は100パーセント確信がもてなくてね。僕が小さかった頃、学校に入学する前に、医者連中は僕にADD（注意欠陥）系の薬品、児童向けのリタリンみたいな薬を処方しようとしたんだ。あの薬品の正体がなんだったのか僕にもわからないけど、母の職業はたまたま看護人でね、イギリスで2年間、精神科病棟の看護人として働いたこともあった。だから彼女はそういった薬品の作用・影響がどういうものか数多く目の当たりにしてきたし、それで僕に薬は一切与えないと決めたんだ。僕は家で遊んでいて、しょっちゅう壁を突き破るような子供だったんだ。いや、アメリカの家屋の壁って、本当に薄っぺらな石膏ボード製だからさ。とにかくハイパーに活発で家じゅうを走り回っていたし……蹴り、パンチ、頭突き等々で壁をしょっちゅう穴だらけにしていた気がするな。わざとやったわけじゃないんだよ。ただ、走り回っていろんな物にぶつかり、無我夢中になっているうちにいつの間にか壁に穴を開けていた、という。
――はあ。
KS　ともかく僕はとても運が良かったんだ、落ち着かせるための薬品を投与するのを母が一切拒否してくれたおかげでね。学校では、そこそこうまくやっていた。でも学校は好きじゃなかった。僕は髪を長く伸ばすんだと言い張ってね。ザ・モンキーズやザ・ビートルズだのに憧れて、ああいう見てくれを目指していたから。だけど70年代半ば頃までアメリカの「ノーマルな」キッズのほとんどは実はクルーカットっていう髪型だったんだよ。サイド部を剃って、短く刈り込んだスタイル。で、僕の学校は500人くらいの子供がいるそれなりに大きな学校だったにも関わらず、長髪にしていた子はひとつ上の学年にひとりだけだった。僕にはそれで充分だった。その子がやれるなら僕もやっていいはずだ、だから髪を伸ばすんだ、とね。標準的な見た目と違う子は少なかったし、カトリック・スクールだったからなんというか少々……まあ、古風だったってことだろうな。いずれにせよ環境としてはそんなに良くなかった。僕は（自身が少数派であることにすら）気づいていなかったけど、学校内での役回りはたちまちアウトサイダーのそれになったし、他のアウトサイダーなキッズの一群とつるむようになって。

――だったら、いじめられたのでは？

KS　ああ、もちろん！　しょっちゅうだったよ。ただ、僕には決してタフで強い子ではなかったんだけど、奇妙なくらい、どうしても後に退かないところがあって。だから、相手の子供がどんなにガタイが良くても、あるいは相手が何人でも関係なし、僕は常に自分を守るために立ち向かっていった。僕は頑丈でもなんでもなかったけど、ただ、反撃せずにいられなかった。そんなわけで、いじめられはしたけど、そこまでひどくいじめられなかったよ、というのも、いじめっこたちの側もすぐに「こいつと関わるとすごく厄介なことになる」と察したからね。勝ちはしなかったけど、引き下がることもしなかった。別にすごく強い子供だったわけじゃないし、それよりむしろどうしても引き下がることができなかった、というのが近い。

　この性質は僕の人生にずっとつきまとってきた問題でね、人から脅されるとか、あるいは通りで乱暴な奴に絡まれたときですら、どうしても黙ってその場から立ち去ることができない、そういう妙なところがあって（苦笑）。「なんだよ？　お前はどうしたいんだ？」みたいに言い返さずにはいられない。この気質がどこからやってきたのか、我ながら謎だけれども。

――危険な状況に陥りかねないじゃないですか。

KS　ああ、そうなることもある。でもさ、考えてごらんよ。これまでの人生ずっと、僕はいじめっ子や乱暴な連中から決して引き下がりはしなかったけど、それでもひどく傷めつけられるのは免れてこられたんだし。何度か顔に頭突きやパンチをお見舞いされたことはあったし、こてんぱんにやられたこともあった。それでもひどい重傷を負ったことは一度もない。だから、かなりラッキーだったと思う。

　まあ、僕はとても若い頃に、心理学をどう利用すればいいか理解したってことだろうね。たとえばいじめっ子が襲ってきたとして、僕はどういうわけか、人をチョークホールド（絞め技）で抑え込むのがかなり得意だった。とんでもなく身体がやわらかかったんだと思う。残念ながらそれはいまでも同様で、僕はいまだにこの……なんて言うんだっけな、まあとにかく、過剰な柔軟性症状を患っている。身体が普通よりややわらか過ぎるんだ。で、歳を取るとそれで関節等に問題が生じてくることもあってね。靭帯を伸ばし過ぎて軽い怪我が頻繁に起きるから。ただ、若かった頃、喧嘩に巻き込まれたときにあれはマジに最高だったよ。どんな状況でも、身体がやわらかいからいつだってなんとかすり抜けることができたから（笑）。

——（笑）。

KS　大概どんなパターンかと言えば、まず相手にチョークホールドをかけて、向こうがパニックを起こしはじめるまで締め続ける。そこからサイド・アーム・ロックをかけて首をロックするんだ。相手が降参したら——向こうが痛くて慌てはじめた途端に、離してやるっていう。すると今度はこっちがやり返されるんだけど、そこで襲ってきた側は「やった、勝ったぜ」ってふうに振る舞うわけ。こいつを打ち負かしてやった、と。でも、一度それをやると、二度とちょっかいを出してこなくなるんだ。フフフフッ！　要するに、向こうも僕のことがやや怖くなったっていうの（笑）？　そんな感じでしのいできた。僕はいつだって他のみんなとは違ったし、いじめられもしたけど、逃げずにいじめっ子と戦った。だから、何も毎週のようにいじめられたわけではないし、たまにいじめっ子と揉めるくらい。そのせいで自分の子供時代が定義されたわけではない、ということ。

それに、アイルランドに移住した頃、僕は学年を1年遅らせてね。僕の年齢だと、1年上でも、下でも、そのどちらでも選べたから（※ケヴィンは5月生まれ。英米では新学期は9月開始）、先生が実際に「これがまずひとつ。それからもうひとつはこちら」と、ふたつの教室を案内して見せてくれた。で、一方のクラスはすごく静かだったし、僕もあのときはかなり緊張していたから、「こっち（＝静かな方）に入ります！」と答えた。

——（笑）。

KS　ということはあれ以来、同じクラスの子に較べて僕はたぶん、平均して6ヶ月くらい歳上だったんじゃないかな？　だから、クラスのなかでも少し大きい子の部類に入ったし、あの学校を卒業した頃も、僕はもう18歳になっていたけど友人の多くはまだ17歳だった。18歳に達していた子も結構いたとはいえ、卒業する頃、彼らの大半は17歳だったと思う。その年齢差のおかげで僕も有利になれたんだ。それもあったし、僕がアメリカから来た、違うカルチャーからやって来たという事実が、僕のみんなとの違いをポジティヴな差にしたんじゃないかな？　ある意味、それで自由にやれるようになったというか。アイルランドにいるアメリカ生まれの子供ゆえに、たとえ違っていても、その違いは許容されたのさ。

——アメリカ時代に少し話を戻しまして、その頃の思い出でいまも印象的に心に残っていることはどんなことですか？

KS　いろいろある。アウトサイダーな子だったから、近所の人たちはみんな僕を「ネイチャー・ボーイ（自然の少年）」と呼んでね。いつも表を駆け回り、木登りしたり、動物が大好きでね。うちの二軒隣にバイカーが暮らしていたんだ。典型的なヴェトナム復員兵でオートバイ野郎ってタイプの人が。彼の娘さんがまあ、当時の僕のガールフレンドみたいな存在でね。しょっちゅう一緒に遊んで過ごしていた。そんなわけで彼女の父、そして彼のバイカー仲間ともよくつるんでた。顔にでかい傷のあるような、マジに屈強なバイカー男たちだった。でも、良い人たちだったよ、仲間で集まるのが好きで。で、いまでも憶えている笑える話がひとつあって、彼はペットにカラスを飼っていてね。そのカラスの名前は「サタン（悪魔）」だったんだ。

——はっはっはっはっ！

KS　で、ある日カラスが行方不明になり、彼は近所の子供たちを使って、カラスを見かけたらどれにでも「サタン！　サタン！」と呼ばせたんだ（笑）。だから彼は、あのブロック一帯に住んでいた子供みんなに、空を見上げて「サタン！　サタン！」と叫ばせたわけ。フッフッフッ！

——（笑）地元新聞が騒ぎそうなネタですね、「悪魔教を信じはじめた子供たち」とか。

KS　（苦笑）うんうん、まさに。

——その頃からとくに音楽に興味を持っていたというようなことはありましたか？

KS　当時アメリカでは、テレビで音楽がたくさん流れていてね。『パートリッジ・ファミリー』っていう番組（※家族でバンドをやっている一家を描いたドラマ）はとても人気があったし、『ザ・モンキーズ・ショー』も放映されていた。ひとつ屋根の下で暮らす人びとがバンドもやっている設定の番組が2本あったわけで、僕も8歳くらいの頃に、弟や妹たちと一緒にバンドを結成することにしたんだ。もちろん彼らはもっと小さかったから、楽器に見立てた枕だのクッションを叩いていただけだよ。でも、あの時点で僕はもう、頭のなかで「自分はバンドに入るんだ」と思っていた。僕はもらった小遣いを全部はたいてモンキーズやパートリッジ・ファミリーが着ていたような服を買い込んだんだ、パートリッジ・ファミリーっぽいベスト、それにとっくりセーター、大きなバックルのついたベルト、フレア・ズボンとか……。だからあの頃からもう、とにかく音楽に入れ込んでいた。楽器は弾いていなかったけどね。ごく小さな頃から、いつかやりたいのは音楽だと思っていた。

でも、と同時に僕は、「パフォーマンスする」という行為にはまったく惹かれなくてね。だから……うちの家族はみんな——とくに父がそうだったんだけど、すごく、こう、人をもてなし楽しませるのが好きなタイプでね。パーティの中心になって盛り上げたがったし、歌うのも大好きで、その場のみんなに歌わせたり。それに母はダンスも好きだった。両親はダンスするのが大好きで、しょっちゅう踊っていた。40代後半の頃ですら、ロックンロール・ダンス競技に出場して優勝したことが一度あったくらいで。

――それは素敵ですね。

KS　親はその手の音楽ならなんでも好きだった。まあ、いわゆるもっとポピュラーな、メインストリーム系の音楽の多くをね。でも、僕は人前でパフォーマンスすることは絶対になかったし、踊りも歌いもしなかった。ある意味、僕はバンドと音楽というものを、パフォーマンスすることとはかなり違うものとして捉えていたんだ。自分にとって当たり前だった、家族親類の歌い踊る姿とは違うぞ、と。というのも、ああいうパフォーマンスをやるのは僕には難しかったし、でも、そうではなくバンドの一員として演奏するっていう概念はもっとこう、ある意味、宇宙船の中にいるような感じだったから。

――宇宙船（笑）？

KS　ああ。だから、その場にいるけど実はそこにはいない、みたいな。たとえばテレビに映っているときというか、ステージに立って山ほどのアンプの後ろにいるというか……あるいは、一群の人びとのなかに混じっているときと言ってもいい。要するに、「自分」を表してはいない状態。僕は何かマジカルなものの一部になりたかった。でも、そこで注目を集める唯一の存在にはなりたくなかった。唯一共感したのは「自分はあるグループの一部である」こと、そして自分がそのグループのサウンドの一部になる、という考え方だね。

とくにあの頃は、ほとんどのグループがヴォーカル・ハーモニー的なものを備えていたし、「そのグループのサウンド」という概念は非常に大きかった。彼らがやっていた楽器の編成にしても、グループの全員がひとりひとり重要な貢献をしているという意味で、ああなる必然性がかなり高かった。現在ではバンドが生で音楽をプレイする際も前もって録音された音源を半分くらい使っているけど、それとは違ったわけ。多くのバンドにとって、いまは誰が演奏していても関係ないしね（苦笑）。しかも、実際に演奏していなくたって構わないとすら言える。ともあれ、あの頃はとにかくグループの概念がしっかり存在していた感じだったし、僕が子供だった頃に考えていたのもそれだった。

――ちなみに、ニューヨークでもダブリンでもいいのですが、初めてのライヴ／コンサート体験はなんだったんでしょうか？　ご両親が連れていってくれたポップ・コンサートだとか？

KS　僕が最初に見たロック・バンドの生演奏のひとつはガレージ・バンドだったんだ。あれはイースター・エッグのコンサートだった（※復活祭を祝うデコレートされた卵＝イースター・エッグを野外の様々な場所に隠し子供に探させる行事がイースター・エッグ・ハンティング）。バンド名も憶えてないけど、とにかく印象に残っているのは、あの場にいた大人たちがみんなとても動揺して、会場から出ていったり、そのバンドの演奏をやめさせようとして、大騒ぎしたりしたこと。あのバンドがあまりにアグレッシヴでノイジーだったから誰もがショックを受け、スキャンダルになったっていう。自分が本当に興奮したと同時に混乱させられもしたのは憶えている。それが僕が最初に見たバンドだよ。

　でも、実はバンドの生演奏はよく耳にしていたんだ。同じ通りの、うちから5、6軒くらい隔てた家にヒッピーたちが暮らしていてね。ちょっと歳上の十代の若者たちで、近所の連中とはあんまりそりが合わなくて浮いている感じだった。彼らはガレージ・バンドのメンバーで、毎週末家でリハーサルをしていたんだ。しょっちゅうそれを聴いていたし、自分が住んでいる家の近くにバンドがいて音楽を作っているという事実にものすごく魅了されてね。彼らにすごく憧れてもいたんだけど、僕の飼い犬が連中に吠えかかって、なかのひとりが「BBガン（エアガンの一種）でお前の犬を撃つぞ!」と脅してきてさ。あれで「ヒッピーなんて嫌いだ」ってなっちゃった。ヒッピーはクールだなと思っていたけど、そんなことないって。ひどい連中だよ……まあ、自分がそう憶えているに過ぎないけど。

　だから、それがおそらく僕にとって最初だっただろうし……そうは言いつつも、そのいっぽうでダンスパーティにもよく行ったんだよな。うちの両親はニューヨークのアイルランド人コミュニティの仲間だったし、社交の場として彼らはよくダンスパーティを開いたんだ。両親は僕を連れてダンスに出かけたものでね、僕を入れたバスケットを会場の隅に置いて。

――（笑）。

KS　毛布に包まれてバスケットに入れられてね。ダンス会だの、パーティしている人びとのなかに連れていかれた。だから、僕はロックンロール調の音楽や、結婚式やパーティで演奏される類いの大衆音楽、そういうものに常にさらされてきたんだと思う。楽器をごく間近で見た最初の体験のひとつが、小さな子供のときに連れていかれた披露宴の場でだったのは憶えている。ベース奏者を見ていたんだ。実際に目にするまで「ベース・ギター」というもののちゃんとした概念はなかったんだけど、眺めていて、すごくヘンだな、弦が4つしかない、しかもすごく太い弦っぽいぞ、と思っていた。あれがなんなのか、さっぱり理解できなかった。で、ベース奏者が話しかけてきて、ベースを持たせてくれたんだけど、とんでもなく重たかったのは憶えてる。とにかくバカでかく、重たくて、ストレンジだという気がした。いったいどうやって人はこれを演奏するんだろう? と思ったね。

――（笑）。自分でチケットを買って観に行く、そういうコンサートやギグの初期体験はどうでしたか?

KS　最初に行ったのがなんだったかは憶えていないな……13歳か14歳の頃だったと思うけど、両親が連れていってくれたパブでのギグだったかな。音楽そのものはあんまり気に入らなかったとはいえ、ライヴではあったし、興味深いなと思ったのは憶えている。自分でお金を出して観に行ったギグと言ったら、あれはたしか……そうだなあ……いや、こうやって曖昧で混乱してしまうのは、たぶんあれはフェスティヴァルだったからじゃないかな？　ちゃんと思い出せない。フェスティヴァルにはよく行ったんだ、フォークとロックの混じった音楽のね。70年代初めにはフォーク・ロックがかなり多かったし、両親もその手の音楽のいくつかが好きで、そういうフェスに何回か行ったものさ。

　とは言っても、伝統的な（民族音楽的な）アイリッシュ・ミュージックではなくて、ヒッピー連中の歌うロック寄りな、でも伝統的な面も入り混じった音楽で、他とは違っていた。そういう思い出はいくつかあるけど、僕が本当の意味でギグに通いはじめた経験と言ったら、ダブリンにあった、ダンデライオン・マーケット（※1970年にはじまった蚤の市的なマーケットで、バスキング等もあった。場所を変えて1981年まで継続し、初期のU2がギグをやったこともある）という場所に行きはじめたときだったね。あれは16歳のときだった。

——ほう。

KS　毎週末によく行ってたよ。僕は1979年の夏にあそこに行きはじめて……いや、79年春だったかな。あのマーケットで毎週末、午後2時から6時までバンドがライヴをやったんだ。会場とは言っても、単にマーケットの一部の、石造りのただっ広い空間みたいなもので、マーケットの方は買い物客や観光客で賑わっていた。そのマーケットに地下駐車場があって、そこを即席のライヴ会場に作り変えた、みたいなものだった。普段は200人、多いと700～800人くらいのキッズが観に来ていた。

——それはすごいですね。

KS　演奏されていたのは主にニューウェイヴ～ポスト・パンクっぽい音楽で、普通のロック・バンドは出なかった。あそこに出ていたバンドの多くは、セックス・ピストルズに影響されていたのと同じくらい、ロキシー・ミュージックにもかなり感化されていたね。あれが僕がバンドを観に行く、そのリアルな体験のはじまりだった。79年の大半はあそこにギグを観に行っていたよ。

**僕は突如として縄張り主義の世界に入った。**
**とあるエリアを外れて別のエリアに足を踏み入れると**
**袋だたきに遭うとか、**
**地元の子たちに襲われる、とか**

——少々話を巻き戻させていただきます。1973年、あなたは10歳でアイルランドに移ることになったわけですが、ニューヨークからダブ


026

あの頃のダブリンはとてもワイルド、野蛮だった。当時の人口の大半は25歳以下だったから、信じられないくらい多くの子供が、何かやることはないか？　と、とにかくあたりをうろついていた。


リン、それも近郊のキャビンティーリーに移るというのは、その年齢の経験としては、景観からカルチャー、社会まで含めてかなり大きな変化だったのではないですか？

KS　奇妙だったね……さっきも話したけど、1973年のアメリカでは僕と同い年の子か16歳以下の子供の多くはいわゆる「標準的アメリカン」な見た目の子供ばかりだったんだよ。髪はクルーカットで、きちんとしていて。ところが家族でアイルランドに移ってみたら、誰もが髪を長くしていて、刈り込んだ短髪キッズはほとんどいなかった。

――（笑）。

KS　アイルランドでは標準的な子供は髪が長かったんだ。それに対して、頑丈でタフな子たちはみんなスキンヘッズだった。アイルランドに移ったとき、最初の1ヶ月は叔母の住んでいた大きな住宅団地のなかの家に身を寄せていたんだけど、そこで突然僕たちはスキンヘッドのギャング団があちこちにいる状況にさらされた。あんなものを僕はそれまで見たことがなかったし、あの手のギャングがいることすら知らなかった。あの頃のアメリカにああいう連中は存在しなかったからね。僕たちが暮らしていたエリアだと、少し年かさのキッズはレッド・ツェッペリンにハマっている、という感じだったし、とにかくアメリカとはずいぶん勝手が違った。でも、その一方で、音楽と言えば――あの頃、アイルランドではスレイド、スウィート、ウィザードといったグラム・ロックにとても人気があった。だから、なんかとても違うなぁ、みたいな感覚だったな。

　あの頃のダブリンはとてもワイルド、野蛮だった。当時の人口の大半は25歳以下だったから、信じられないくらい多くの子供が、何かやることはないか？　と、とにかくあたりをうろついていた。だから、危険さと言えばすべては縄張り絡みだった。他の連中との縄張り争いだね。あるエリアを外れて別のエリアに足を踏み入れると袋だたきに遭うとか、地元の子たちに襲われる、とか。かなりエキサイティングで楽しかったな……あの自由さがとても解放的に感じられたんだ。というのも、僕らの家族がアメリカを去る少し前に大騒ぎになっていたのが、黒魔術絡みの児童誘拐事件てやつでね。いわゆる都市伝説というやつで、子供が誘拐され犠牲として捧げられる、なんてのが多かった。

――なんと、そんなことが……。

KS　ああ。アメリカを発つ少し前に大きなニュースになった話で、子供が天井に括りつけられた状態で発見され、その下にペンタグラムが描いてあった、というのを憶えている。

――まるでホラー映画ですね。

KS　だから当時は、誘拐事件に対する恐怖感が一般的に存在していたんだ。ところがアイルランドに移ってみたら「大人に誘拐される」という恐怖感はほとんど存在しなかった。とはいえ、実はアイルランドでは虐待がとんでもなく多かったんだ。その多くは聖職者や教会が絡んだもので、ある意味組織的な児童虐待だったんだ。でも、かたやストリートでは――普通に街中にいるときは、ストリートには子供がいくらでもいたし、仲間のギャング連中とつるむのが当たり前だったから、それが虐待に対する防護にもなっていたんだよね。子供同士でお互いを見守っていたし、少しでも妙な男が寄って来たとなれば、その情報はみんなにあっという間に広まった。だからある種の安全さがあったんだ。主な心配事は（大人ではなく）他の子供たちだったわけ。で、さっき話したように僕はいじめ等々はすべて乗り越えたし、本当にひどい経験や、深く傷ついてトラウマになるような経験は別になかった。だから究極的には、あれは良い、楽しい体験だったね。

――アイルランドの異なる生活に慣れ、溶け込むのにそんなに苦労しなかったみたいですね。

KS　うん、それはなかった。子供はものすごく柔軟なんだね。それに僕も、たぶん最初の3年ほどはまだアメリカ人っぽくなろうとしていたけど、14歳になる頃にはそれも消えていた。僕の訛りも大体アイリッシュになっていて、とくに問題はなかったよ。

――そして1980年、あなたはダブリンでやがてマイ・ブラッディ・ヴァレンタインのドラマーとなるコルムと出会います。

KS　コルムに会ったきっかけは……まず、僕はバスに乗っていてある

バンドでは誰ひとり演奏できなかった。コルムはドラムの叩き方を知らない、僕もギターの弾き方を知らない、ベース奏者はベース・ラインを少し弾けたけれども、彼も経験はないに等しかった。

僕はとにかく……レコードを作れたら素晴らしいだろう、そう思っていた。人びとに気に入ってもらえる、そして人びとが良い作品だと認めてくれるような、そういうレコードをね。それに尽きる。

少年に出会ったんだ。お互いの見た目から、同じタイプの音楽にハマっているのを察した。ダン・ケインって名前の13歳だった。ダンには僕より歳上の兄がいてね。ダンいわく、彼と兄とでバンドを結成するつもりで、ただし自分は演奏には参加せずバンドのマネジメントをやるって言うんだ。僕は彼から「ギター・プレイヤーになりたい？」と尋ねられてね。僕としては……ギグはいろいろ観に行っていたし、ギターがどういうものか大体の見当はついていた。当時の僕はほんと、バレー・コードをギャンギャン弾くっていうのに夢中でね。とは言っても、実際に弾こうとしたことすらまだなかったんだけど……。（弦が切れた）アコギでベースをプレイしてみたことはあったし、それで「うん、たぶんやれる」と考えて、イエスと返事をした。１９７９年11月頃のことだったかな。で、クリスマスプレゼントに安物のエレクトリック・ギターを買ってもらったんだ。そのバンドの1回目のリハーサルで、やって来たコルムに初めて会ったわけ。バンドでは誰ひとり演奏できなかった。コルムはドラムの叩き方を知らない、僕もギターの弾き方を知らない、ベース奏者はベース・ラインを少し弾けたけれども、彼も経験はないに等しかった。しかも3、4回リハーサルをやったところでコルムは気管支炎にかかって2ヶ月ほど姿を消してしまったんだ。
とはいえ病気が治って彼もバンドに復帰する頃までに僕はギタープレイのコツを飲み込めていたし、ドラムのコツも見極めていたから彼にドラム・ビートのキープの仕方を教えてあげたんだ。3ヶ月ほどリハーサルをしただけで、ギグをやったんだったと思う。1月の段階で僕たちは演奏はおろかギターのチューニングの仕方、ドラム・ビートの叩き方すら知らなかった。それが、5月にはギグをやったんだよ。セックス・ピストルズやラモーンズ、モーターヘッドなんかの曲を演奏していた。若いとそういうものだし、それにパンク・ミュージックはとてもシンプルだ、というのもあったんだろうね。僕なんか、ギターのポジションをふたつ憶えるだけでよかった。ラモーンズのように、バレー・コードをひとつ、そしてもうひとつ、という具合で、それさえ憶えればいくつもの曲をプレイできたし。コルムにしても「ドン・ツー、ドンドン・ツー」の

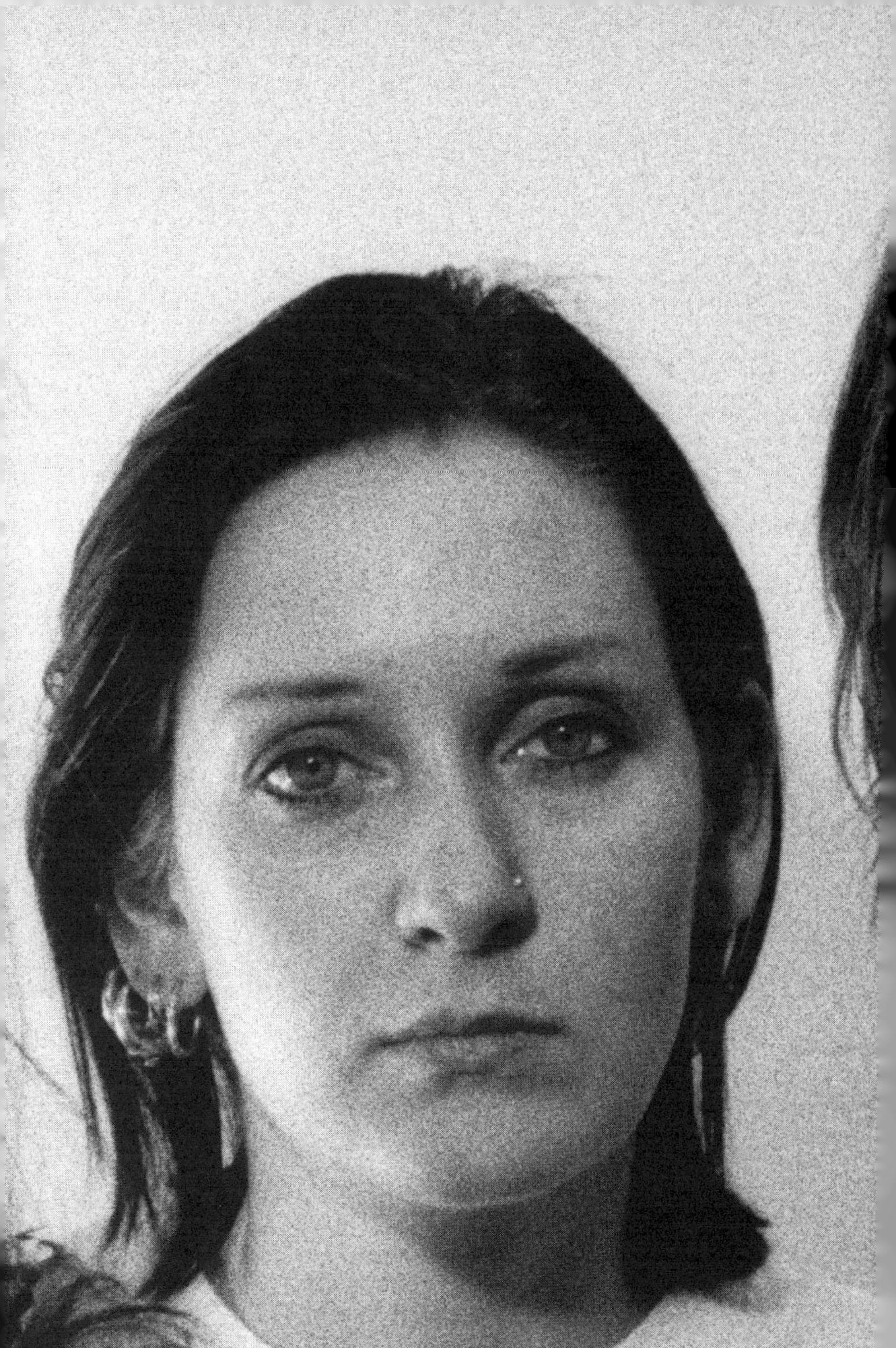

基本を会得しただけでいろんな曲をやれたんだ。

――この頃から将来は音楽で食っていこう、バンドをキャリアにしよう、というような気持ちはあったりしましたか?

KS うーん、いつか、何か良いことをやりたいって強く思っていたのはたしかさ。でも、僕にとっての「良い」というのは、何か良いことをやって認知されればいいなというくらいのことであって……だからポップスターとかロックスターになりたい、なんてことはまったく考えていなかったし、それが自分の夢だったことは絶対に、一度としてなかった。きっと、だからだろうな、そうならなかったのは(苦笑)。

――(笑)。

KS でも、基本的に、僕はとにかく……レコードを作れたら素晴らしいだろう、そう思っていた。人びとに気に入ってもらえる、そして人びとが良い作品だと認めてくれるような、そういうレコードをね。それに尽きる。僕の唯一の野心は、レコードをひとつくらい作れたらいいなと言うことだった。

でも、頭のなかでは、しばらく音楽をやり、その次には映画か何かをやるのもいいかも、なんて思い描いてもいたよ。あとは写真だったり、何かアーティスティックな、視覚芸術系のことをやりたいとも考えていた。僕は常にアートに入れ込んでいたし、だからたぶん、職業として、プロとしてやるのはそっちの方だろう、そう思っていた。でもまあ、自分でも何をしたいかよくわかっていなかったんだよね。

ただひとつ自分にもはっきりしていたのは、学問があまり得意ではないってことでね。だから大学への進学を夢見るなんてことは一切頭に浮かばなかった。子供の頃の自分には、非常に強烈な格式ばった教育に対する抵抗の感覚があってね。僕は宿題をひとつもやらなかったし、何も勉強しなくて、とにかく学校を出ただけだった。自分が若かった間にやりたいのは音楽だけだったし、その時期を過ぎて遂に働かなくてはならない時期になったら何か仕事を見つけようと思っていた。そのときが来

ただひとつ自分にもはっきりしていたのは、学問があまり得意ではないってことでね。
だから大学への進学を夢見るなんてことは一切頭に浮かばなかった。自分が若かった間にやりたいのは音楽だけだったし、
その時期を過ぎて遂に働かなくてはならない時期になったら何か仕事を見つけようと思っていた。

るぎりぎりまで、できる限り自分は音楽をやる……そう思っていた。

――子供の頃から常々音楽で何かやりたい、バンドに入りたいと思っていて、十代になってやっとバンドの夢を実現させたわけですね。70年代終わりからアイルランドやイングランドでは新しい音楽が続々と生まれていたわけで、それに影響されないはずはないとは思いますが、誰かのコンサートを観に行ってとくに衝撃を受けて「これだ！」的な天啓を受けた、というのではなく、徐々に積み重なっていったものだった、と？

KS　いや、もっと、もっと入り組んでいたよ。すごく小さい頃は、絶対にバンドに入りたいと思っていた。バンドマンのやることをなんでもやりたかったし、何もかも体験したかった。で、パンクにハマった頃の自分は、やっぱりバンドに入りたいと思ってはいたけど、別にテレビに出て有名になりたいとかではなく、とにかくレコードを作りたかったんだ。ややこしいのは、かといって僕には「テレビには絶対に出たくない」みたいな面もなかったことかな。僕の好きだったUKバンドは、みんなテレビに出演していたからね。

――（笑）。

KS　たとえば、バズコックスみたいなバンドをテレビで見かけるのは普通のことだった。だから、僕はポピュラーになることを否定していたわけでもなんでもない。ただ、自分の野心は良いレコードを作ること、それだけだった。

**僕は四文字言葉だのエロい猥褻言葉だのを**
**『大草原の小さな家』に重ねて、家族団らんの場で、**
**さもドラマが放映されているかのように再生したんだ**

――先ほど話に出た最初に参加したバンド、The Complexをやりながら、自宅に録音機材を置き、友だちのバンドのレコーディングのエンジニアを手がけたりしていたということでしたが――
KS　ああ。いや、その少し後だね。レコーディング等々をやりはじめたのは1983年頃。ギターを1年くらい弾き続けてみたところで、あの当時の音楽シーンのムードに影響されたというのかな？　当時はエレクトロニック・ミュージックがあふれていたし、僕もそれにすごくハマっていた。デペッシュ・モードが「トップ・オブ・ザ・ポップス」に初出演した時（※おそらく1981年6月の〝New Life〟出演時）、あれを観ていて、彼らとさまざまなパンク・バンドのシンプルさとの類似性が僕にはしっかり見て取れたんだ。彼らはモノ・シンセを3台使って演奏していた。あれを観て僕はすごくインスパイアされたんだ。いろんな類いの音楽が好きだったけど、あの当時、とくにシンセサイザー音楽の周りで興味深いことがたくさん起きていた。

　というわけで、1981年後半あたりかな？　あの頃には僕はもうギターには飽きてしまっていた。いや、「ギターに飽きた」というのとは違うな。それよりも、シンセを手に入れるほうがもっとエキサイティングに感じられたってことだ。そんなわけで、初めてシンセを買ったんだ。デペッシュ・モードも使っていたヤマハCS－5……最初で最後の自分で買ったシンセだ（苦笑）。だから1982年頃までに僕はすでにギターと同じくらいシンセのことも考えていたことになるし、1983年にはタスカムのポータスタジオ、タスカム244（※オーディオ・カセットテープを使う4トラック・レコーダー／ミキサー）を手に入れていた。これはダブリンでは持っている人間は多くなかったし、しかも運良くレコーディング・スタジオのひとつがあのタスカム244をメインの録音機材として使用することに決めてね。そのスタジオにはミキシング卓もあったし、マイクも備えていてコントロール・ルームだってあった。4トラックのオープンリール式レコーダーを使っていたのに、彼らは機材をカセット・プレイヤーに切り替えたんだ。風変わりな選択だったけど、僕たちには絶好の状況でね。僕もあれとまったく同じマシンを持っていたから、スタジオでちゃんとしたマイク等々を使ってドラムとベースを録音し、その音源を自宅に持ち帰って、家でギターとヴォーカルを録ってミックスすることができた。

　そんなふうにして僕たちはレコーディングしていったんだ。それがあったから、僕は他のバンドのためにもレコーディングをやりはじめるようになった。僕たちが録音作業をやれるという話が広まったし、そのほうがスタジオを2日間使うより安上がりだったから。スタジオはドラムとベース録りに3時間ほど使い、残りは僕の家で仕上げる、というやり方だった。そのおかげで、僕はレコーディングについて学びはじめたと言えるね。

　そうした背景もあって、最初のMBVのギグはポータスタジオとヤマハのシンセが基盤になっていたんだ。あれらを使っていろんなサウン

1981年後半あたりかな？　あの頃には僕はもうギターよりシンセを手に入れるほうが
もっとエキサイティングに感じられた。そんなわけで、初めてシンセを買ったんだ。
デペッシュ・モードも使っていたヤマハCS－5。

僕たちは、ドローンの上にバースデイ・パーティっぽい爆発的で激しい音楽を被せる、というのをやっていた。それがはじまりだった。


ドを出し、そこに即興で音楽を被せていく、というね。だからMBVの第一ヴァージョンは、自分たちで作ったテープ音源を中心としたインプロだったんだ。テープにドラムは入っていなくて、ほとんどは反復するサウンドやドローン音だった。で、僕はレコーディングやシンセ使い等にハマったのと同時に、バースデイ・パーティのようなまったく違うタイプの音楽にも入れ込んでいってね。というわけで僕たちは、ドローンの上にバースデイ・パーティっぽい爆発的で激しい音楽を被せる、というのをやっていた。それがはじまりだった。

――いまではあなたはスタジオで細かくサウンドを突き詰める人、として知られていますが、レコーディングやサウンド・プロダクションに関する興味はMBVの最初の段階からあったわけですね。

KS　うん、MBVがギグをはじめて最初の半年くらいは、ポータスタジオが主要な要素で、僕たちはライヴでそこに即興でいろいろ付け加えていただけだった。そのうちに僕たちも自作曲を書くようになり、ちゃんとしたバンドになっていって、そこでポータスタジオにおさらばした、というわけ。

――当時、そしてその後でもいいですが、自分なりのサウンド・プロダクション・スキルを構築するなかで参考にした、もしくは実際に教えを請うた先達がいたりします?

KS　いや、とくにいないな。でも、1981年にとても良いレコーディング作業の経験をしたことがあった。ダブリンにデモ・スタジオがあってね、あの名前はたしか、TVスタジオ?　正式な名前は思い出せないんだけど、TVクラブ・スタジオとかいう名前だったかな?(※The Tele-vision Club Studio。テレビ・キャスターのイーモン・アンドリュースが運営した複合メディア施設Eamonn Andrews Studiosのなかのバンド向けスタジオのことと思われる)。ともかく、そのスタジオで働いていた男性がいたんだ。あのスタジオはセミプロ仕様の4トラック・スタジオだったけど、彼は自宅にそれと同様の設備を構えていてね、スタジオで使っていたのと同じ4トラック・マシンに、小型のデスク、そしてモニター設備も持っていた。僕たちは彼の家で1981年にデモを録ったんだ。僕がポータスタジオとシンセを手に入れる以前、1年半の間ギターを弾いていた頃に僕たちがやったバンドのひとつでね。僕はその作業工程をとても注意深く見守ってね。彼は自分で作業をやっていたし、自分の家のガレージで僕たちを録音したわけだし、通常のスタジオ空間ほど異質な感じがしないな、と思ったのは憶えている。工程のなかで何が起きているのかということは理解しやすかった。
ああ、でも……そうだな、僕が人生で初めてやったエンジニア的な作業は11歳の頃にまで遡るんだ。父が仕事用に口述録音機を買ってね。僕は口述録音機に録音したものを、台所に置いてあるラジカセの付属マイクを使ってカセットに録音できることに気づいたんだ。しかも録音している間にその上に別の音を被せることもできるということにもね。カセット・デッキでそれを再生し口述録音機でまたレコーディングする、という具合で、いわゆる「バウンス」作業、テープに録ったものをまた別のテープに録音し、その都度何かを付け足していくというマルチトラック録音をやっていたわけ。3、4回その作業を繰り返すと、ひとつの音源のなかで7つくらいいろんなことが同時に起きるようになる。で、これは本当の話なんだけど――僕が最初に自作したレコーディング音源、あれにメインで使った楽器は掃除機だったんだ。
――(爆笑)
KS　ヴァキューム式の掃除機でね。掃除機の音を録音し、その上に鍋だのフライパンだのを叩いた音を被せ、それから子供をたくさん集めて、その子たちに一音を「アアアア〜〜〜」って具合に、できるだけ長く一斉に歌わせようとした。もちろん、子供だからみんなゲラゲラ笑うばかりでお話にならなかったけど……しかたないよね、なんせみんな5歳から7歳くらいの小さな子たちだったから。どこかに、あの音源はどこかにまだとってあるはずだ。
――(笑)
KS　というわけで、11歳のときにマルチトラック録音っぽいことをやっていたし、サウンドを使っての実験は常にやっていたんだ。12歳くらいの頃、とても興味深い発見をしてね。家にヘッドフォンがあったん

僕が人生で初めてやったエンジニア的な作業は11歳の頃にまで遡るんだ。父が仕事用に口述録音機を買ってね。

僕は口述録音機に録音したものを、台所に置いてあるラジカセの付属マイクを使ってカセットに録音できることに気づいたんだ。

だけど、そのヘッドフォンのケーブルをヴォデオレコーダーのマイク入力端子に接続することができたんだ。たぶん、ホーム・ムーヴィーか何かを作るために、撮った映像に声をアフレコで被せられるようにするためにあったんだろうな、あの端子は。ともあれ、ヘッドフォンをマイク端子に接続し、ヘッドフォンのスピーカーに向かってしゃべると、非常に小さなヴォイスが録音されるのを発見したんだ。録画したテレビ番組に声をオーヴァーダブできると気づいて、しかもヘッドフォン経由のかすかな声だから、普通のマイクを使ってやるよりも映像にすんなり収まったんだ。

　あれはかなり風変わりなマイクだった。違和感なく映像にマッチしてすごく本物っぽい響きだったから、『大草原の小さな家』っていうテレビ番組（※西部開拓期のアメリカを舞台にしたファミリー・ドラマ）があったんだけど――僕たちはあれを録画してね。で、主人公の少女ローラとお父さんの語り合う場面……あのドラマには毎回真面目な説教だの悲しいシーンだのがあるんだけど、僕は女の子の場面に（甲高い声色で）「父さんなんかクソ食らえ！（Fuck off, daddy!）」と連呼したものをオーヴァーダブしたんだ。

――はっはっはっはっ！

**KS**　（笑）女の子が「Fuck off,daddy! Fuck off!」と言っているように見えるっていう。でも、文脈には合っていたんだよね。ヘッドフォン・マイクのおかげでくぐもったようなサウンドになるし、それが番組にばっちり合っていた。というわけで、僕は四文字言葉だのエロい猥褻言葉だのを『大草原の小さな家』に重ねて、家族団らんの場で、さもドラマが放映されているかのように再生したんだ。父は新聞を読んでいて、家族みんなでテレビを囲んで『大草原の小さな家』を観ていて、誰も録画されたヴィデオだと気づかなかった。で、いきなりあの汚い言葉だのポルノっぽいエロい言葉が飛び出してくる、と。父は読んでいた新聞もほったらかしで、（父の声色を真似て）「こりゃなんだ？　なんなんだ？　一体どうなってるんだ?!」と、相当混乱していたね（笑）。

## 僕たちはミュージシャンであって、それ（政治）より音楽のほうが大事だった

――さて、そこまでのあなたの住まいの遍歴はニューヨークはともかく、70年代から80年代という、あなたにとって多感な時期にアイルランド（ダブリン）、西ドイツ（ベルリン）、オランダ（アムステルダム）に住んだことになるわけです。
**KS**　ああ。僕たちはアイルランドを去った。オランダでギグをひとつ

やって、それで国を出ることにしたんだ。なんとか道は見つかるだろう、と。住む場所もなかったし、所持金もごくわずかだったけど、あれは良い冒険だった。僕たちを助けてくれた良い連中にもたくさん出会えたし、こちらもまだとても若かったしね。若者に対しては、みんな親身になって助けてくれるものだよ。でも、僕たちは4人組のギャング仲間だったし、若いと言ったって20歳か21歳くらいにはなっていた。ああ、コルムはまだ19歳だったかな。キーボードプレイヤーのティナ（・ダーキン）だけは歳上でね。たしか26歳か27歳だったと思う。彼女はデイヴ（・コンウェイ。MBVの初代ヴォーカル）のガールフレンドで、僕たちがアイルランドを出る際に、彼女にキーボードの弾き方を教えてライヴで演奏できるようにして一緒に連れていこう、ということになったんだ。

　あの頃バンドは僕、デイヴ、コルムの3人だけで、そこに彼女が参加してくれた。彼女はキーボードをうまく会得してくれたし、腕も良かった。しかも彼女は歳上だったから、バンドのお母さん的な存在でもあったと思う。彼女は僕らより世慣れしていてストリートも知っていたから、僕たちはかなり安全だったんだ。あちこちの奇妙な場所で、奇妙な連中と一緒に暮らしていたのに、やばい目には遭わなかった。

――なぜアイルランドを出ることにしたんですか？　ダブリンではギグの機会があまりなかった？　それとも単に、国を出て他の世界を体験してみよう、という思いから？

KS　僕たちはダブリンとはうまく合わなかったんだ。当時ダブリンでは、僕たちのやっていたことに対してかなりのシニシズムが存在していてね。彼らはノイジーなアプローチが気に入らなかったし、僕たちをただのバースデイ・パーティをパクったバンドだと思っていた。ダブリンにいた人びとのほとんどは、もっとシリアスな類いの音楽をプレイしていたんだ。ダブリンは奇妙な都市でね。多くの人間がU2をお手本にしていたし、そうじゃなければ、ちょいファンク調の80年代ポップ・バンドめいたものになろうとしていた。僕はあるバンドから追い出されたことすらあった。彼らは成功しようとしていて、U2のようにレコード契約を取ろうとしていたし、僕はギター・プレイヤーとして腕が足りな

僕たちはアイルランドを去った。オランダでギグをひとつやって、それで国を出ることにしたんだ。

なんとか道は見つかるだろう、と。住む場所もなかったし、所持金もごくわずかだったけど、あれは良い冒険だった。

僕たちは4人組のギャング仲間だったし、若いと言ったって20歳か21歳くらいにはなっていた。ああ、コルムはまだ19歳だったかな。

僕たちはダブリンとはうまく合わなかったんだ。当時ダブリンでは、僕たちのやっていたことに対してかなりのシニシズムが存在していてね。彼らはノイジーなアプローチが気に入らなかったし、僕たちをただのバースデイ・パーティをパクったバンドだと思っていた。


かったから。ダブリンのアティテュードはとにかく成功を目指す、というものだったしね。

もっともアイルランド全土がそうだったわけではなくて、たとえばコークには素晴らしいバンドが多く、本当にグレイトな音楽シーンがあった。Five Go Down To The Sea や Stump といったバンドとかね。gatts のドネリーという奴はグレイトなキャラクターでね。残念ながら亡くなったんだけどね、ロンドンでふざけて泳いでいるうちに溺れてしまったんだ。コークのシーンと音楽はダブリンとはかなり違っていて、もっとずっとインスパイアされるものだった。ダブリンのシーンは僕たちにとってあまりインスピレーションを掻き立ててくれるものではなかったんだ。80年代のダブリンはとても不景気で沈んだ場所だった。誰にもチャンスがまったくなかったし、移民する者の数もすごくてね。若者の多くは出て行かざるを得なかったんだ。

——そうだったんですか。

KS　ああ。彼らはイングランドかアメリカに向かったわけ。

——で、あなたたちはまず欧州に渡りましたが、これらの国はいずれも社会的、政治的にいろいろとあった国ですね。アイルランドはIRA問題があったし、ベルリンは当時まだ東西に分かれていた。オランダ、とくにアムステルダムはニューエイジ〜ヒッピーの聖地でもあった、というような。音楽面でもこれらの都市から生まれた音楽のいくつかは政治的な態度を色濃く反映させていました。そういう都市の側面はあなたという人間、またあなたの音楽に影響を与えたと思いますか?

KS　ある意味そうだったかもしれないけど、僕の音楽にまで影響したかはわからないな。でもひとつ言えるのは——とくにドイツがそうだったけど——僕たちの知っていた人びとのほとんどは極度に左翼でね。反米主義者でアメリカを嫌悪していたし、反核派で、かなり政治的な連中だった。で、僕たちは彼らの目には——僕たちは音楽をやっていて、しかもノイジーな音楽であからさまに政治的なものでなかったから——資本主義者と映っていたんだ。アンダーグラウンドなスクワットの会場でプレイしたのと同じくらい、メインストリームなヴェニューでも演奏した僕たちはシステム側の一部だ、とね。演奏させてもらえるのなら、僕たちはどこにだって行ったから。

　というわけで、その点に僕たちもやや意識的になった。ロンドンに移ったときに、最初に僕たちを受け入れてくれたのはスクワット勢のシーンでね。あの当時はコンヴォイ・シーンというのがあって、ヒッピーのコンヴォイを組んで大勢で各地を移動して回る連中がいたんだ（※60〜70年代のフリー・フェスティヴァルに端を発するいわゆる「ニューエイジ・トラヴェラーズ」のこと。キャンピング・カー、バス等でコンヴォイ=輸送車隊を組んで移動しプロテスト行動等にも参加した）。そんな連中の企画したパーティやスクワット・ヴェニューで演奏したから、僕たちもあのシーンと軽く関わることになって。彼らもまた、非常に反資本主義な姿勢が強かった。僕たちはミュージシャンであって、それより音楽のほうが大事だったから、だんだん彼らからも遠ざかるようになった。

　あるとき、バースにあった教会で、コンヴォイ・ピープルやヒッピーを相手にギグをやったことがあった。そこで暴動騒ぎになってね。音が大き過ぎる、アグレッシヴ過ぎるということで、彼らはステージを解体してしまったんだ。そういう反応はベルリンでもたまにあったけど、僕たちは興味深いことを発見していた。「我々は根っからの反資本主義者である」「左派である」——そう自認している人たちも、規則がやたら多く、権威主義なんだ。どんなイデオロギーにおいても、権威主義はおのずと現れてくるものだ、ということを発見したんだね。それゆえに、音楽はそれよりもっと自由な何かであり、さまざまなイデオロギーを超越したものになるということも。

　僕だって、機会ではなく法律がベースになっている、そういう現代的な資本主義は信じていないよ。でも僕はいっぽうで個人的に権威主義を問題視している。どんなイデオロギーも解答として見てはいない。自分がひとつ気づいたのは、僕たちと音楽的に多くの共通点を持つ人びとは僕たちが右翼じゃないかどうか疑っていた、ということだった。もちろ

自分がひとつ気づいたのは、僕たちと音楽的に多くの共通点を持つ人びとは
僕たちが右翼じゃないかどうか疑っていた、ということだった。もちろん僕たちは右派政権を心から忌み嫌っていたよ。
かといって僕たちはどんなイデオロギーとも提携しなかった。

ん僕たちは右派政権を心から忌み嫌っていたよ。かといって僕たちはどんなイデオロギーとも提携しなかった。それをやるミュージシャンもいるだろうけど、僕はそれは愚行だと思っている。僕の目にはどれも、ある種のナイーヴさと映るんだ。たとえば、かつてロンドンではレッド・ウェッジという団体（※1985年にミュージシャンが結成。若者の政治に対する意識向上を図り労働党を支援するキャンペーンやコンサートをおこなった）がしばらく活動していてね。彼らは労働党の一翼と密接に繫がっていた。

――ええ。ビリー・ブラッグやポール・ウェラーがやっていましたね。

KS　うん。だけど、ポール・ウェラーは素晴らしいよ！　ここで君が彼の名を持ち出すというのなら言っておくけど、ポール・ウェラーに対しては、僕はリスペクトの念しか抱いていないからね。ただ、あのレッド・ウェッジは……もちろん、彼らは善かれと思ってやったことだと思う。ポール・ウェラーは本当に知的な人物だしね。でも、音楽と政治とのああいうエリアは僕には魅力的ではないし、間違っていると映った。あれが真の意味での自由を代弁しているとは思わない。音楽は人びとのソウルと関わっていると考えていてね。人の心と魂に、その人間の本来の姿と真の在り方に関わっていると思う。自由と解放が本当に存在する場もそこなんだ。で、基本的に、男たちの発言は――たいてい、男が言う場合がほとんどだけど（苦笑）――彼らの発言はただの言葉に過ぎない。でも、彼らの言葉は究極的には人びとに催眠術をかけ、違いなどない、同じコインの表と裏に過ぎないんだ、という考え方に陥らせてしまう。やっぱり権威主義であることに変わりはないんだ。

あの頃、様々なタイプの人びとと出会い、いろんなイデオロギーにさらされたことで僕が学んだのは、自由と音楽には共通する部分があるけれども、音楽とイデオロギーと政治との関わりは一時的なものに過ぎないし、イデオロギーや政治は音楽を利用している、ということ。音楽にとっては寄生虫であって、でも音楽はそれよりはるかに大きいものだ、ということさ。人間のソウルは、いかなるアイデア（思想、観念）よりも大きいんだよ。

――左にしろ右にしろ、思想が極端になると同様な結果になることもありますしね。

KS　どちらも全体主義だからね。それについての僕の意見を言わせてもらうとしたら、極右は双子の愚かで阿呆な片割れの側（苦笑）――もっと賢いとはいえ同じくらい錯覚を起こしている極左の、双子の片割れ、だろうね。勘違いしてはいるけど知的な子供の、愚かで頭の悪い攻撃的な双子。彼らを同等な存在だと思っちゃいないよ。極右の方がもっとずっと危険だと思う。ヘイトがより多く関わっているからね。ところがいっぽうで、極左には狭量さが絡むし、とことんコントロールしようとして、最終的には失敗するんだ。双方に共通しているのはいずれも失

敗する運命にある、という点だね。実際、双方は過激主義だけに支えられているというか、完全に対立するがゆえに、それ自体が互いに力を与え合っている。

けれども、問題は権威主義だ。問題はそこであって、政治とは関係ない。でも、僕はよくいる、左にも右にもつかない、どっちつかずの連中のひとりではないんだ。中道ではない。僕はそれらから逸脱しているんだ。誰であれ、ひとりの人間が、自分には他の誰かに対して権威を振う資格があると考える発想は狂気の沙汰だと思う。民主主義の伝統的なコンセプト――人間が100人いたとして、そのなかからひとり、100人の求めるものを代弁する者を選ぶ、というもの――は科学的に言って正しいんじゃないかな。それなら、選ばれた人間は代弁する人びととあまり乖離してはいない。でも、いったんその数が100を越えてしまったら、現実として民主主義は崩壊しはじめる。そして、民主主義というよりも、それとは別の何か――それを形容する言葉は僕たちにはまだないけれども――最強な者による支配、もっとも声が大きく、もっとも力の強い者たちの関わるものになってしまう。それは必ずしも民主的と言えないし、僕たちが呼ぶところのデモクラシーではなくなってしまうよね。ましてやその数が何百万となってしまったら、選ばれた人間は彼らとまったく繋がりがなくなる。どうやったらひとりの人間が数百万の声を代弁できる？　不可能だよ。そういう連中は人びとに語りかけることはできないよ。民主主義というコンセプトこそ人類の未来である、そこに疑問の余地はまったくないと思う。けれども、民主主義の〝実践〟、それこそが現在の僕たちに欠けているものなんじゃないか、ということだ。

――うーん。それはとても辛い話ですね。

KS　いや、進化ってことに過ぎないよ。僕たち人間は進化している途中の種だし、進化はたくさんの方向に枝分かれするものだと思う。要するに、進化は上に向かうだけではない、という。フフッ！　進化は、波のようにアップ／ダウンしながら起きるんだと思う。だから、ときに上向きに進化することもあれば、下方に進化することもある。いまの時点

でも、僕はよくいる、左にも右にもつかない、どっちつかずの連中のひとりではないんだ。中道ではない。僕はそれらから逸脱しているんだ。

最近読んだパティ・スミスの書いた文章に、若いミュージシャンへの助言が書かれていてね。何かクリエイティヴなことをやる際のリアリティのひとつとして、誰も気にしない、誰も耳を傾けてくれないように感じる時期が必ず訪れる、でもそれには構わないでとにかくやっていくだけだ。


で考えると、僕たちはずっと下降してきた。僕たちは……短い間しか続かなかったけれども、20世紀には理知という概念とオープンさ、そして率直な誠実さとが社会にとっての力強く有益なツールだと考えられていた時期があった。ところがそれも、21世紀には排除されてしまった。

――そうした淘汰も、ある意味自然なのだと思います。良くなるときもあれば、悪くなるときもある。良い状態だけが、えんえんと横ばいで続くことはないのではないかと。

KS　思うに、社会はとても良い資質を発達させるけど、その資質もいつか忘れられてしまう。でも、そのなかのパワフルな側面は、再び生まれ変わることになる。まあ、障害の多いでこぼこな道なんだよ。自然界では何もかもがなんらかの波形なんじゃないかな？　本質的には、周波と振動とが僕たちの知っている物質（matter）を作り出したのを僕たちは知っている。ということはたぶん、あらゆるものは波形であって、そこには進化も含まれるんだ。それは可能性としてありだよ。だってそれ以外の何もかもは周期的に循環するんだし、進化だってサイクルに沿って進んでいいはずだから。進化もアップし、続いてダウンする、と。で、現時点の僕たちは、進化の意味では下向きにスパイラルしていると思う。

でも、と同時に考えるのは……波の振動は、周波を変えもするんだよね。だから僕たちはいま、高周波の状態にいるし、たとえ下に向かっていても、またすぐに上向きになるかもしれない。僕は宿命論者的なあきらめ――大きなポジティヴ期があった、ということは次にネガティヴ期が大きく来る――みたいなことを信じてはいない。物事が進むのはひとつの方向だけではない、上に行ったり下に行ったりするんだと。音楽をやるようなもの、バンドをやるようなものだよ。そう、僕たちはみんな、バンドにいるようなものなんだ。

――（笑）。

KS　最近読んだパティ・スミスの書いた文章に、若いミュージシャンへの助言が書かれていてね。何かクリエイティヴなことをやる際のリアリティのひとつとして、誰も気にしない、誰も耳を傾けてくれないように感じる時期が必ず訪れる、でもそれには構わないでとにかくやっていくだけだ。そうするうちに、波や周期のように、また突然人びとが耳を傾ける時が来るから。やるべきことをやり続けていけば、いずれ人びとも君を認識するし、この世界のどこかに居場所を見つけることになる。いつだってどこかに、クリエイティヴなことの存在する余地はあるからね。まあ、僕の言いたいのは、アップ／ダウンがあるってこと。良いときもあれば悪いときもある、と。
――そうやって続けていく、と。
**KS** （笑）っていうか、僕たちにはそれ以外ないからさ！ でも、そこは興味深いところでね。僕たちには他に選択肢はないんだから、だったらストレスを抱えるべきじゃないってこと。ストレスは、「何かはこうあるべき／こうあるべきではない」という考えから発するわけだよね。でも、「そうする以外ない」という事実を受け入れれば、僕たちは反応を起こせる。本当の自分になれるし、言いたいことを言い、やりたいことをやれるようになる。

**（ブライアン・イーノとの共同作業は）もしも自分が大金持ちだったら、百万ポンド払ってでもやらせてもらいたい、みたいなことだから！**

――3枚のオリジナル・アルバムの長い合間に、あなたはMBVではなく、ケヴィン・シールズというソロ・アーティストとしてさまざまなプロジェクトに関わっています。ソニック・ブームとのユニット、エクスペリメンタル・オーディオ・リサーチ（E.A.R.）もありましたし、ダイナソーJr.のJ・マスキス、プライマル・スクリーム……スペースメン3にはチャリティ・ギグで一度、プレイヤーとして参加しましたよね。
**KS** ああ。
――また、リミキサーとしてはザ・パステルズ、ヨ・ラ・テンゴ、モグワイ、ハリケーン＃1などの曲をリミックスし、ソフィア・コッポラ監督の映画『ロスト・イン・トランスレーション』への曲提供、先ほど名前の出たパティ・スミスとのライヴ作『The Coral Sea』に――
**KS** ポール・ウェラーとも共演したよ。
――ええ、そうですよね。で、もっと最近ではブライアン・イーノとの共作〝The Weight Of History〟、〝Only Once Away My Son〟など、どれもファンの間では大きな話題となりました。これらを振り返って、特にあなたの中で印象的な仕事について語ってください。
**KS** どれもみんな、それぞれとても違う経験だからなぁ……。まった

プライマル・スクリームでは、僕が彼らに合わせたのさ。あれは素晴らしい経験だったね。プライマル・スクリームでもうひとつグレイトだったのは、彼らが音楽に対してものすごく熱意があって、音楽の熱狂的なファンだったということ。


く違う経験だった。たとえばパティ・スミスとのコラボ（２００５年～２００６年。アルバムのリリースは２００８年）、あれは非常に重要だった。あのときに僕は自分のかつてのギターの弾き方に回帰したからね。プライマル・スクリームに参加したとき（１９９８年～２００３年）、僕はそれ以前に（ギターで）やっていたことのすべてを封印すると決めた。ギターのトレモロ・アームを使わなかったし、ジャガーもジャズマスターもほとんど弾かなかった。もちろんたまに使うこともあったけど、トレモロ・アームは外してあった。プライマル・スクリームと一緒にプレイするようになって1年くらいたった頃、プライマル・スクリームの連中が大きなモズライトを買ってプレゼントしてくれてね。だから僕はモズライトをしょっちゅう弾くことになったんだ。要は、自分がＭＢＶで決めたルール、使ったアイデア、さまざまなこと、それらをすべてとにかくいったん脇に置いた。プライマル・スクリームでは、僕が彼らに合わせたのさ。あれは素晴らしい経験だったね。プライマル・スクリームでもうひとつグレイトだったのは、彼らが音楽に対してものすごく熱意があって、音楽の熱狂的なファンだったということ。彼らと一緒にスタジオに入っていた時期は、みんなしょっちゅう踊ったり、パーティを開いたり、とにかく良いムードだった。とてもインスパイアされる体験だったよ。とにかく楽しかった。

　そしてパティ・スミスとの共演もまたユニークな経験だったんだ。パティ・スミスが『The Coral Sea』をやろうと声をかけてくれたとき、彼女は『Loveless』をはじめとしたＭＢＶの音楽の話をして僕を鼓舞してくれた。それで自分ひとりでやっているときの演奏の仕方に戻る時機かな、と感じたんだ。トレモロ・アームも再び使い、あの手の奏法でやれるあらゆる表現をやった。それにあれはすべて即興だったし、そこもまた解放的に感じたね。

――ブライアン・イーノとの共作はいかがでしたか？

KS　ああ、あれは、基本的にどうだったかと言えば――ブライアン・イーノはとあるプロジェクトに取り組んでいてね。その一部は映画絡みだったと思う。あの映画のタイトルはなんだったかなぁ……？　クレイジーなロシア映画で……戦後ロシアをシミュレーションした環境で何百人もの人間を実際に生活させ、それを数年にわたって撮影する、という構想だった（※ロシア人映画作家／アーティスト、イリヤ・フルジャノフスキーのアート・プロジェクト『DAU』のこと。ブライアン・イーノはインスタレーションのサウンド建築で貢献した。映画『DAU ナターシャ』は2012年初めに日本でも公開された）
――ずいぶん奇妙な映画ですよね。
KS ああ、とても変わった映画だ。7、8本くらいのシリーズ映画で、計何百時間ものドキュメンタリー作品なんだ。映画であると同時に、ひとつの社会実験でもあったからね。ブライアン・イーノはそのプロジェクトに関与していて、コラボレートする相手を何人か選んでくれと依頼され、そこで僕もあの映画向けの、ブライアン・イーノのコラボレーション相手のひとりになったというわけ。アイデアとしては、僕たちは1曲だけやる、ピースをひとつ作るだけのはずだった。ところが結局、3つか4つくらいの音源をやることになってね。作業も1日ではなく、4日間くらい一緒にやった。
で、あれはブライアンが決めたことなんだ、彼はただ「あれをレコードとして発表したい」と。映画に使用されるのではなく、単体でリリースしたい、とね。映画が必要としている以上の量の音楽はもう作ってあったから。そういう経緯だったんだ、あのレコードが出たのは。だからあの音楽はとくに映画用に作ったものではなく、ただ、ふたりでやった結果なんだ。本来のアイデアは「映画のための音楽をやろう」ということだったし、それが発端だったけれども、結果的に僕たちはたくさんの音楽を作ることになったわけ。大半は彼がやったものだよ。僕は彼に「弾いて！」と言われたらそこで演奏していただけ（苦笑）。彼が手を上げたら僕はひとつの音をえんえんと出していいし、その手が下りたらストップしなければならない、なんてときもあった。あれは素晴らしく楽しかった。僕たちはしばらくの間ああいう作業をやったけれども、すでに僕の頭には……単にストップ／スタートを繰り返し、彼に言われたときだけ演奏したに過ぎないとはいえ、自分の頭のなかで大きな構造のア

僕にとって、ブライアン・イーノと一緒に作業するのは、宝くじが当たったようなものだったな。

ブライアン・イーノと共にスタジオに入り、彼がスタジオ内でどう仕事するのか、そのマスター・クラスを受けて学ぶ、という。

あれはワンダフルだった。でも、正直あの作品のほとんどは、ブライアン・イーノのやったことだよ。

イデアを作り出していたからね。そんなの不可能だと思われるかもしれないけど、出来上がったピースを通して聴いてみると、あれはちゃんと旅路をたどっていたんだ。ブライアンはスタジオで彼が使用するテクニックをいろいろと駆使し、ミュージシャンにいつもと違う考え方をするよう仕向けるんだよ。

　繰り返しになるけど、あれは本当に楽しい経験だった。僕にとって、ブライアン・イーノと一緒に作業するのは、宝くじが当たったようなものだったな。ブライアン・イーノと共にスタジオに入り、彼がスタジオ内でどう仕事するのか、そのマスター・クラスを受けて学ぶ、という。あれはワンダフルだった。でも、正直あの作品のほとんどは、ブライアン・イーノのやったことだよ。僕は単に……貢献しただけ、みたいな。

――なるほど。ではずっと、ブライアン・イーノの音楽に大きな敬意を抱いていた、と。

**KS**　ああ、もちろん！　大リスペクトだよ、ものすごく！　だからだよ、さっき「宝くじが当たったようなもの」と言ったのは。彼と4日間も過ごせたし、一緒にスタジオに入って音楽を作れた。これって、もしも自分が大金持ちだったら、百万ポンド払ってでもやらせてもらいたい、みたいなことだから。「お金を払うので、あなたとスタジオに4日間入らせてもらいたいんです、よろしいでしょうか？」とね（笑）。

　とにかくあれは、自分にとってグレイトな体験だった。本当に楽しい、気持ちの良い、とても楽しい体験。それに、どうやれば音楽をもっとずっとオーガニックかつ自然な方法で作り得るのか、その点に関して非常に目を開かされるものでもあった。それが可能になるのは、物事をいかに前もって計画するかにかかっているんだよね。そうすれば、なぜこのサウンドは存在しないのか？　と見極めようとしたり、何かを見つけようと四苦八苦する、といったことに何時間も費やさずに済む。彼のスタジオの整え方というのは、即時的なんだ。音が出てそれを耳にするのとまったく同時進行で、音楽を作っていく。何もかもがリアルタイムで起きている、という。だからあれは……目に見えないんだ。レコーディング・プロセスが目に見えないものになっていた。あれは非常に、非常に良い経験だったし、本当に……うん、一生に一度あるかないか、という類いの体験だった。

**アイデアがまったく浮かばない、**
**正直もう音楽はやりたくないと考え込む……**
**そういう状況に陥ったことは一度もなかった**

――これまでの人生で、音楽に対して絶望的な気持ち、たとえば「もう音楽をやめよう」といった気持ちになったことはありますか？

KS　んー……とくにないね。うん、それはなかった。（一瞬考え込んで）ノー、それはない。ノー。何が起きようとも、必ず起こるのは……何かしらの音楽や歌を耳にすると、僕はとても良い気分になるし、しかも強くインスパイアされる。うーん、これは形容するのがむずかしいんだけれども……。

――MBVの歴史は長いギャップもあってかなり特殊ですし、多くの人間がさまざまな憶測をめぐらせてきましたよね。「ケヴィン・シールズはいまどうなっているんだ？」的な。

KS　ああ。

――だから、キャリア／ヒストリーのどこかの時点で、さすがにあなたも「もう音楽は無理だ、あきらめよう」と感じたことがあったのではないか？　という思いが私のなかにあったんですよ。

KS　なるほどね、でも、それはないんだ。

――たとえば金銭面やメンタル面で苦労したとかいったようなことは……？

KS　まあ、お金の面では……僕たち（MBV）のはじまり方も関わっているんじゃないかと思う。とても自由な生き方をしていた、という意味でね。スクワット暮らしを送っていたから、各種請求の支払い等々をあまり心配せずに済んだ、とかね。で、スクワット暮らしをしながら『Loveless』を制作するようになって、僕たちは借家に移ったし……そうだな、たぶん僕が言わんとしているのは、僕は常に何かをやってきた、ということだと思う。だから、何もやっていないはずだと思われていた時期ですら、僕は常に何かをやっていた。僕はいつも……ここで言いたいのは、僕にはいつだって、常に、音楽に関して何かをやる機会があった、ということだ。

　たとえば家にひとりで閉じこもって、誰も自分に興味を持ってくれないと悩んだり、アイデアがまったく浮かばない、正直もう音楽はやりたくないと考え込む……そういう状況に陥ったことは一度もなかった。これまでずっと絶え間なく動いてきた、ということ。ずっとそうだった。

お金の面では……僕たちのはじまり方も関わっているんじゃないかと思う。
とても自由な生き方をしていた、という意味でね。スクワット暮らしを送っていたから、
各種請求の支払い等々をあまり心配せずに済んだ、とかね。

傍からはそう見えなかったかもしれないけど、僕は常に何かをやってきたんだ。いつも何かしらに取り組み、忙しくしていた。いまにしたって、自分の手に余る量の仕事があるくらいで手一杯だよ。妥当と言える時間のなかで、やる必要のある仕事量を自分がすべてこなすのは無理だろう、というくらい抱えている。MBVだけをとっても、僕たちはまずこのアルバム（新作）を仕上げなくちゃならない。それがまず第一で、それを終えたら即、次のアルバムに移る。作品を作ったら次は、可能になったらすぐにライヴをやることになるだろうね。しかもその間に、僕はどうにかして全EPのリマスター作業もやる予定で、それらすべての仕事をスケジュールにフィットさせなくてはならない。それに、これまでにやってきたさまざまなソロ音源をまとめたいという意向は常にあって、それもやらなくちゃ。MBV以外の、MBVには合わなかったもののレコーディングした数多くの音源があるし、それらにはいつの日か取り組まないとね。

要するに、やらなくてはならないことが常にあるし、いつも向こう3年くらいは予定が詰まっている、ということ。やれることはいつだってあるから、「もうやることがなくなった」という感覚になったことは一度もない（苦笑）。それに、その間に新曲を定期的に書いてもいる。常に何かしら違うことを考えているし、それはいずれにせよ自然に起こることであってね。たとえ何もやることがないとしても、僕は音楽的な変化のサイクル等々を経ていくだろうし、おそらくやることは絶対に尽きないんじゃないかな。仮になんらかの理由で音楽をやれないとしたら、何か別のことをやるよ。クリエイティヴなことで、やりたいとずっと思ってきたことは他にいくらでもあるから。そうやって忙しくしていられる、ということだろうね。僕は運が良いんだ、というのも生まれつきとても怠惰だし――

――（笑）。

**KS** 何もやらないのだってエンジョイできる。だから自分にとっては、やることは十二分にあるけれども、何もやらない状態もまた楽しい、と。

――気が早いかもしれませんが（笑）、今後の作品ではどんなことにチャレンジしたいと思っていますか？　たとえばいま話に出たMBVの次のレコードで、どんなことをやるつもりでしょうか。

**KS** 僕が達成しようとしている主な点は――願わくは今年中にそれをやり遂げたいと思っているけれども――ある種の自由さの瞬間に達する、ということだね。自然発生的（spontaneous）な瞬間に。それによって、僕がもっとも楽しめるやり方でレコーディングできるようになればいいなと思う。1枚作った後にすぐにもう1枚に取りかかるつもりでいるのも、部分的にはそのせいなんだ。ほぼ毎回そうなんだけど、レコードを1枚仕上げたのは良いとして、いっぽうでそのたび他のエネルギーやアイデアが失われることになる。レコードを出し、続いて1年くらいツ

アーに出るとね。本当にそこなんだ……自分にとっての現段階でのメインの野心というかフォーカスしている点は、僕がもっともエンジョイするやり方、自然でのびのびしたやりかたで音楽作りのできる、そんなスペースに達することなんだ。音楽もそれを反映してくれることを強く願っているし……自分がやろうとしているのはそれだね。解放感と自然発生的な感覚のあるもの。さんざんスタジオでプロダクションを重ねた感じのするヘヴィなものではなくてね。もちろん自分にはなんだって好きなことがやれるわけなんだけど、言いたいのは……要は決まりごとはないってこと。自分には別に「とても生々しくする」というルールも、「ライヴっぽい響きのあるものにする」というルールも、そういったものは一切ない。ただとにかく、自然発生的になりたいし、自由の感覚を捉えていると感じたい。なんだって起こり得る、というフィーリングをね。自分がつかまえたいのはそれだし、それを目指して取り組んでいる。だから僕からすれば、レコードに取り組む作業はその自然発生的なところを維持しようと努めることに尽きるし、重々しく、プロデュース過剰な、度を超えて慎重なアプローチみたいなものに入っていかないようにしようと気をつけてる。

でも、それと同時に……っていうか、これって僕のビートルズに対する見方、ビートルズが好きな理由と似ているかもしれないんだけど、たとえばビートルズ作品の多く、とくに『Revolver』以降がそうだけれども、彼らはスタジオ内で曲を書いていたし、その多くはとても自然発生的だった。それが場の雰囲気を捉えていた。だからと言って、そのレコードは洗練さがない響きになるとは限らないし、必ずしも生々しい響きである必要も、ラフに響く必要もない。そうであっても、興味深い形にプロデュースするのは可能だからね。ただ、とにかく雰囲気を捉えていたし、ＭＢＶ作品の多くもそれなんだよ。たとえば『Isn't Anything』、あれはとても自然発生的な作品だ。僕がギターを手にしてみて、その前にやったときとはチューニングが違っていたりして、「じゃあ、このまま弾いて被せてみたらどうなるか、試しにやってみるか」みたいな感じでやるのはとても楽しかった。それにあの作品でのプレイもすべてとて

たとえば『Isn't Anything』、あれはとても自然発生的な作品だ。

僕がギターを手にしてみて、その前にやったときとはチューニングが違っていたりして、

「じゃあ、このまま弾いて被せてみたらどうなるか、試しにやってみるか」みたいな感じでやるのはとても楽しかった。

も自然発生的だし。たしかにサウンドやチューニング等々の面はもっとコントロールされていたとはいえ、演奏そのものは自発的だった。そうした面をずっと追求してきたし、アルバム『m b v』でも、僕はそれをいくらか捉えようとした。とくに、〝Wonder 2〟のような曲でね。あれは実験というか、あの曲で聞こえるもののほとんどは、非常に自然発生的なやり方で録ったものだったし、それを後からちゃんと組織化した、という感じなんだ。

――そうだったんですね。

KS　すごく編集もしたけれども、実際の演奏、そして作曲、その多くはとてものびのびとしたものだった。

――直観的にやった、と。

KS　うん、うん。で、僕はとにかく、できる限りその側面を重視したかったんだ。そこには何かしらスペシャルなところが備わっていると思うから。で……『Loveless』に関して言えば、あれは基本的に、あるレヴェルでは僕はとても几帳面に作業したんだけど、そうすることでまた自分でもまったく予期していなかったものごとが自然に起こり得るチャンスをクリエイトしていく、というのが目論見だった。別のやり方で作っていたら、たぶん生じなかったであろうチャンスをね。自分にとってそれまでとは違うソングライティングや作業の手法をやる、という。他の人ならそう思わないかもしれないけど、少なくとも自分にとっては異なるやり方だった。

**ヴァイナルは、なくなってしまうには**
**メディアとしてあまりに良過ぎるんだよ。**
**厄介なのはそこだ。**

――1963年生まれのあなたはあと2年後には60歳になります。
KS　うん。そう、公式に年寄りになる。
――(苦笑)。そのとき、世界はどうなっていて欲しいと思いますか?
KS　そうだなぁ……まあ、年齢を問わずほぼ誰であれ、いまから2年後の世界でみんなが求めているのは基本的に、このCOVID-19状況が終わっていて欲しい、ということだと思う。
――なるほど、たしかに。
KS　それが、根元的かつ第一の問題じゃないかな。ほとんどの人びとは、2年後には、COVID-19が僕たちの日常生活を支配する状況が遂に終わってくれている、という図を思い描いていると思う。それ以外だと……いま(＝2021年5月末)から来年のこの時期くらいまで、僕はレコーディングをやっているはずだし、それは確実だ。ということは、それに続いてライヴ活動をやることになるだろうし、２０２２年のどこかの時点からはじまって、そうねえ、２０２３年の終わりくらいまでライヴ活動に専念している状態が続くんじゃない？　で、そこから先はどうなっているのやら。というわけで、いまから2年の間に、僕たちがライヴをやれること、そして誰もが行きたいところに自由に動き回り、これまでやってきたことをやれるようになることを祈るよ。もっとも（COVID-19の諸規制で）空の旅が減ったのが世界のためには良かった、そこは認めざるを得ないよね。

――ロンドンでも、昨年の今頃は交通量が激減して静かになり大気汚染も緩和されたそうですが、ロックダウンの段階解除以降、交通渋滞も復活して以前にほぼ戻ってしまっていますね。

**KS**　ああ、ストリートのレヴェルではそうなんだろうね。ただ、ギグ／ライヴ等々の未来はまだ不安定なわけでさ。レコード製造産業も、このCOVID-19にかなり影響されている。ヴァイナル盤を作ってもらうのですら、ここのところ困難だし。

――アナログのプレスには、半年くらい待たされるみたいですね。

**KS**　それよりもひどい状況だよ。半年待つこと、それ自体はまあたいしたことじゃないんだけど、それより問題なのは、ヴァイナルを予定どおりに出したければいま予約するしかない、というところなんだ。ＭＢＶが次に出すアルバムのヴァイナル盤の発注を、僕たちはいままさにやっているところなんだ。プレス工場のスケジュールをいまのうちに抑えなくちゃ間に合わないってことさ。それをやらないとヴァイナル盤は出せないんだ。たとえば、アルバムを作ったとしても、事前に予約しておかないと優に半年以上は待たされることになる。１万枚ならまあ、なんとかなるだろう。ただ、一度に10万枚となると問題になってくる。（今回の旧譜再発の）レコードのスリーヴにしても、チップオン・ジャケット式（いわゆるA式ジャケット）で作ったわけだけど、あれを製作する人びとはスペシャリストで、それを専門にやっている。熟練労働で、文字通り手作業なんだ。ところが彼らが病気になってしまってね！　あの工程をちゃんとやれる会社は欧州ではイタリアに一社だけしかない。その影響でドイツにある工場もしょっちゅう遅れが出て、作業量が限定されていたんだ。いまやフル操業しているとはいえ、COVID-19で保留されていた受注残のせいもあって遅れは取り戻せてない。ヴァイナル盤の人気もさらに高まっているしね。人びともストリーミング・オンリーではなく、世界と繋がっていると感じられる何かを求めているからだろうな。それとみんなクラブやギグに行かなくなったぶん、ヴァイナルにお金を費やしているというのもあるだろう。というわけで、メジャー会社も急にこぞってヴァイナルをプレスするようになったんだ。ある意味、興味深い時代だよ。なにごとも、当然だと思って軽んじることはできなヴァイナル盤産業の火を灯し続けてきたのはインディペンデント・レーベルだし、とりわけダンス・ミュージック、および多くの自主系エレクトロニック・ミュージックが支えてきたわけだよね。ヴァイナルが本当に生きてきたのはああした音楽全般のエリアにおいてだった。


いということだからさ。レコードを100枚売ったら、追加であと100枚プレスしよう、というのすら無理なわけだよ、いまは。なにもかも前もってきちんとプランを立てないといけないんだ。それでも、僕たちはとても運が良いけどね。〈DOMINO〉は大きな会社だし、そのぶんものごとを実行する能力もあるわけでさ。でも、自分たちに限らず、他の人びとも含めた全体を考えれば、誰もが、本当に誰もが、同じシチュエーションにいるんだよ。レコードを作ろうと思い立ち、プレス工場に連絡すると「ああ、半年待ちです」と言われる、くらいの単純な話じゃ済まない。1年先まで見越して計画を立てなくちゃならないんだ。

でも思うに、今後どうなるかと言えば——基本的に、ヴァイナル盤産業の火を灯し続けてきたのはインディペンデント・レーベルだし、とりわけダンス・ミュージック、および多くの自主系エレクトロニック・ミュージックが支えてきたわけだよね。ヴァイナルが本当に生きてきたのはああした音楽全般のエリアにおいてだった。ところがいまや、メジャー会社もヴァイナル事業に参加しようということになってさ。彼らは実際マーケットの大きな部分をコントロールしている。そのせいで、彼らがそういった産業のスペースをすべて占領しているっていう状況になっているんだ。だからたぶん、いま起きるであろうと僕が信じているのは、独立系のプレス工場がもっと増えるということ。そうやって、インディペンデントな会社が自ら製造業の側面をもっとコントロールしていくということになるんじゃないかとね。

——そうなれば良いですよね。レコード店に行くと……これはアーティストに対する不平ではないんですけど、ビートルズやピンク・フロイドの再発盤が常に大量に置かれていることが目につきます。もう何千万枚とプレスされてきたのに、まだ出すの？　とつい感じたりもします。

**KS**　まあ、それがマーケットの需要だからさ。でもおそらく、未来のインディペンデント・セクターは、いま以上にさらにインディペンデントになっていくだろう。彼らには自分たち自身のプレス機等々を購入するだけの資力はあるんだし、あとはとにかく時間、スキル、そしてマン・パワー次第だよ。だってあれはとても熟練を要する仕事だし、ちゃんとスキルを積んでいくのには時間がかかるものだから。本気で2年くらい先まで考えなくちゃいけない長期的なプロジェクトだ。で、COVID-19のせいで、業界側はヴァイナルの売り上げはまた落ちると考えている。人びとはもっと他のことにお金を費やしはじめるだろうから、と。だからいまの時点では、メジャーのレコード会社はプレス工場を楽に買えるはずなのに、それを渋っている。2年後にヴァイナルのセールスはまた落ちるだろうからわざわざ投資したくない、おそらくそう思っているんだろう。

まあでも僕はまったく悲観視していない。いまはスムーズにいかない困難な時代だというだけさ。それは人を強くしてくれるタイプの困難だと思うね。ペイするだけの充分な枚数のレコードを製造することができなくて、インディペンデントなレコード会社にはかなり重圧がかかるだろうと思う。とはいえそれは短期的な問題であって、それ以外に、長期的な問題として——もしかしたら、曲線こそ上向きではあっても、それでも足りないのかもしれない。ただ、僕はヴァイナルはまず間違いなくこれからも、かなり長い間存続していくだろうと思っている。ヴァイナルは、なくなってしまうにはメディアとしてあまりに良過ぎるんだよ。厄介なのはそこだ。

——(笑)。CDの場合、ラップトップに光学ドライブが付属していないとか、ハードウェア自体がなくなってきていますよね。

**KS** それはあるよね。CDを再生することすらできない、という……。不思議な話だ。でも、そこもパーソナリティ次第で違いがあるというのかな……たとえばデジタルだと複製しても基本的にまったく同じものになるから、そういう点で僕はデジタルは好きだ。それに音楽を作るときも、ある特定のサウンド・バランスや周波数を使うのに、デジタルはか

いま、MBVの音楽にハマりはじめているキッズの多くにとって、僕たちは親どころか、彼らの祖父母と同じ年代なわけだし（苦笑）。でもおかしいのはさ、僕たち自身はそんなに歳を取ったというふうに感じていないことでね。それはたぶん、僕たちがあまり多く活動しなかったからだろうな。

なり向いている。それをやるのには本当に良いメディアだ。ただ、とにかくヴァイナルにはまた別に、何かしら本当にスペシャルなところがあるわけでさ。デジタルとアナログの共存、それは音楽にとって良いことだと思うよ。音楽はひとつきりのやりかたで消費されなくてもいい、という発想は重要だと思う。人びとはいろんな方法で音楽を楽しむことができる、それは良いことだよ。

――そうですね。さて、もっと訊きたいことは残っていますが、もうかなり時間をいただきましたので、このへんで終わらせていただきます。今日はお時間いただき、どうもありがとうございます。ＭＢＶの新作をとても楽しみに待っていますよ！　そして、またライヴをやってくださるのを心から祈っています。

**KS**　ああ、うん。やるよ。たとえそれが最後のツアーになるとしても、確実にもう1回ツアーはやる。

――最後って……縁起でもないことを言わないでください！

**KS**　いやぁ、僕たちにもどうなるかわからないからね。僕たちくらいの年齢になると、ツアーに出て誰ひとり具合が悪くならずに済むのは珍しいことだと思うんだ。まあ、僕たちはいまのところは健康を維持できていて、そこは少し強みかもしれないけどね。いま、ＭＢＶの音楽にハマりはじめているキッズの多くにとって、僕たちは親どころか、彼らの祖父母と同じ年代なわけだし（苦笑）。でもおかしいのはさ、僕たち自身はそんなに歳を取ったというふうに感じていないことでね。それはたぶん、僕たちがあまり多く活動しなかったからだろうな。奇妙なものだ……。

――ＭＢＶの不思議なところはそこだと思います。ある意味あなたたちは瞬間冷凍保存されていて、22年後にそのまま解凍された、というか。

**KS**　（苦笑）それは少しあるかもね。

――ゆえに新鮮なままだ、と。

**KS**　うん、２００８年から解凍が始まって、今や完全に解凍したっていう（笑）。

――今回はずいぶん長い取材を受けているようですが過剰露出だけは避けてくださいね（笑）。

**KS**　ああ、そこは気をつけないとね。ある程度のクールさはキープするよ。太陽は避けてね。

――（笑）。ありがとうございました、お元気で。

**KS**　オーライ、わかった。君もね。

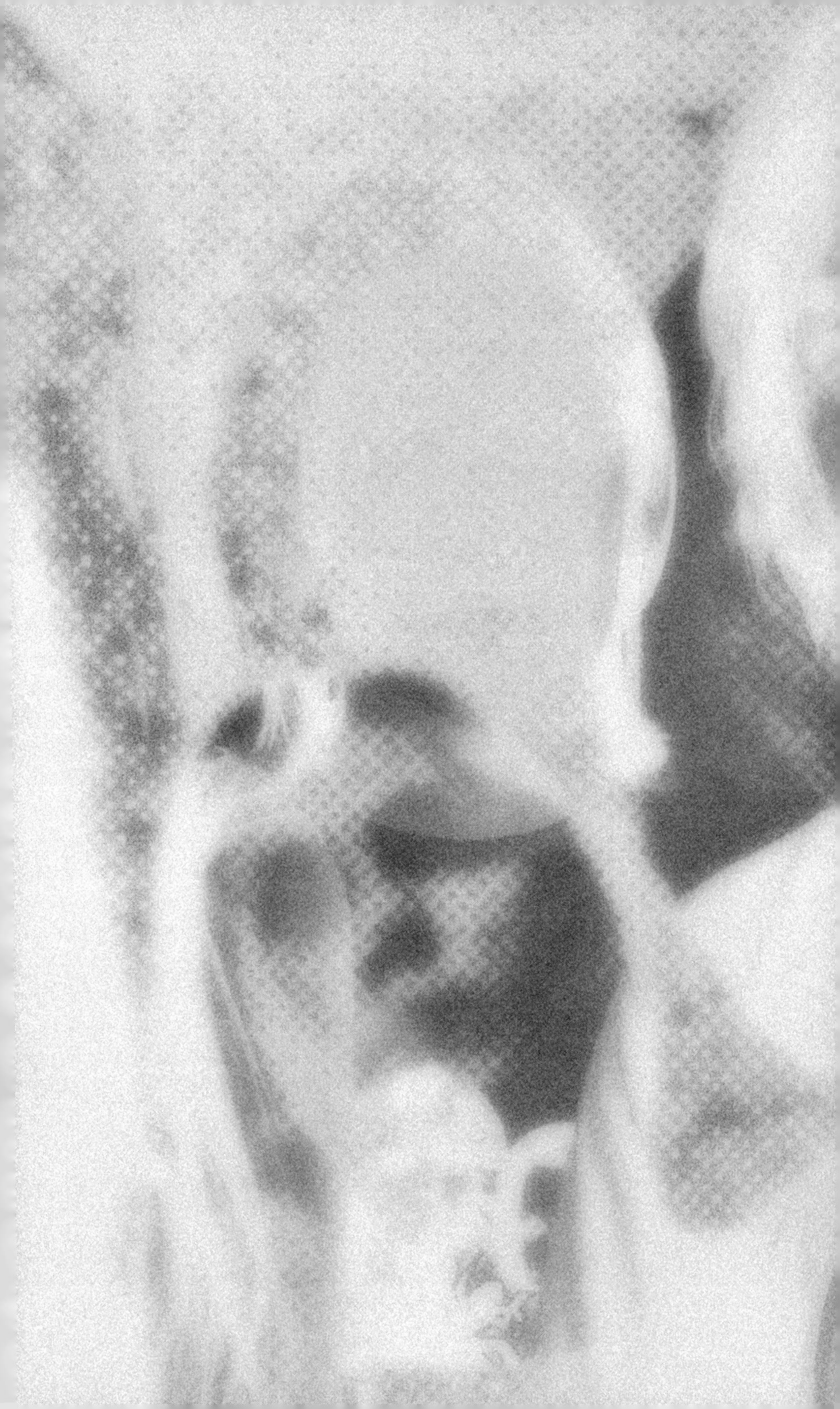

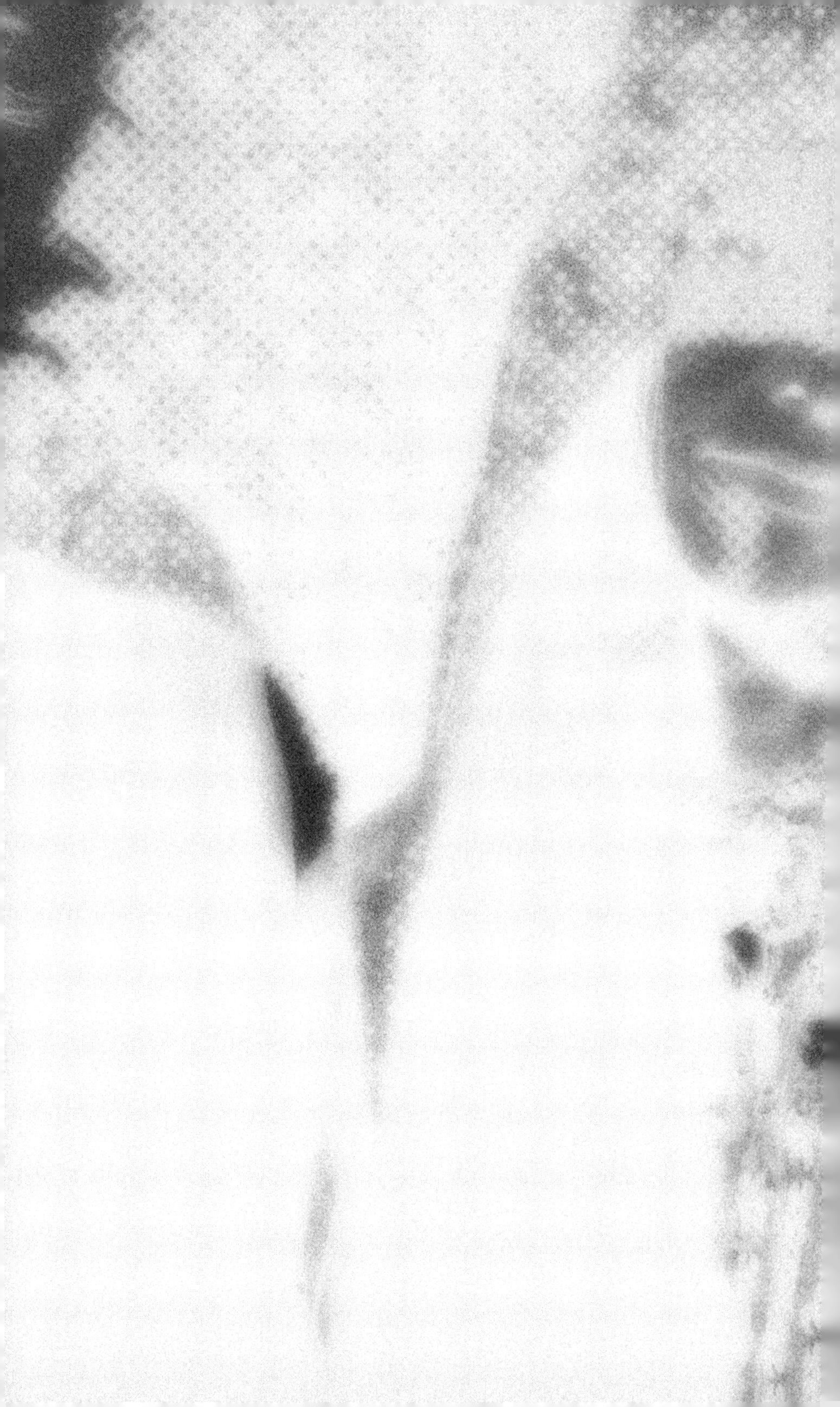

# disc guide

by
James Hadfield
Katsura Ofuji
Mamoru Goto
Minami Yamaguchi
Motoichi Sugita
Takanori Kuroda
Taro Yoda
Tsutomu Noda
Yuya Shimizu

黒田隆憲

## My Bloody Valentine
## This Is Your Bloody Valentine

Tycoon (1985)

A1 Forever And Again
A2 Homelovin' Guy
A3 Don't Cramp My Style
A4 Tiger In My Tank
B1 The Love Gang
B2 Inferno
B3 The Last Supper

ドイツのレーベル〈Tycoon〉からリリースされた、マイ・ブラッディ・ヴァレンタイン名義による記念すべき初音源。当初のバンドのラインナップは、デイヴ・コンウェイ（v）、ティナ・ダーキン（k）、ケヴィン・シールズ（g、b、v）、コルム・オコーサク（d）。空手大会で出会ったコルムと意気投合したケヴィンは、ホットハウス・フラワーズのリアム・オ・メンリィも一時期在籍していたパンクバンド、ザ・コンプレクスなどで活動したあと、後に作家活動を始めるデイヴと、デイヴの彼女ティナと共にバンドを結成。デイヴが考案したバーニング・ピーコックスなど幾つかの名前の中から「マイ・ブラッディ・ヴァレンタイン（以下、MBV）」を掲げることになる。これがカナダのB級スプラッター・ムーヴィーから拝借した名だと後から知ることになるケヴィンが、その場で改名しなかったことを今も悔やみ続けているのは有名な話だ。
　当時、彼らが傾倒していたのはザ・クランプスやバウハウス、ザ・キュアーといったいわゆるゴシック〜ポストパンク系のバンドで、なかでもバースデイ・パーティには相当入れ込んでいたという。実際その界隈との交流もあったようで、出身地ダブリンでの活動に行き詰まりを感じていた4人は、同郷の先輩ギャヴィン・フライデー（ヴァージン・プルーンズ）のアドバイスを受けて拠点をベルリンへと移し、本作をレコーディングしているのである。
　ニック・ケイヴやピーター・マーフィー譲りのヴァリトン・ヴォイスを聞かせるデイヴ、ガレージロックやサイコビリー直系のアレンジなど、現ラインナップのMBVから遡って本作を聞いた人は漏れなく面食らう内容で、筆者も初めて耳にしたときは全く理解ができなかった。が、先入観を取っ払って聴くとなかなかよくできた内容で、例えば〝Don't Cramp My Style〟のフィードバック・ノイズやドラミングなど、いまにつながる才能の片鱗をも覗かせている。

066

大藤桂

## My Bloody Valentine
## Ecstasy

Lazy Records (1987)

A1 She Loves You No Less
A2 The Things I Miss
A3 I Don't Need You
A4 (You're) Safe In Your Sleep (From This Girl)
B1 Clair
B2 You've Got Nothing
B3 (Please) Lose Yourself In MeEcstasy

プリミティヴスが設立した〈Lazy Records〉より第一弾シングル12"「Sunny Sundae Smile」、第二弾シングル12"「Strawberry Wine」の後に87年にリリースされたミニ・アルバム。「Sunny Sundae Smile」後にオリジナル・メンバーであるデイヴが脱退、ケヴィンが（しぶしぶ）ヴォーカルを取り、さらにビリンダの加入により現在の不動のラインナップとなった。初期のダークな姿はここにはなく、魅惑的なビリンダの声が大きくフィーチャーリングされたことによって幻想的な雰囲気を纏うジャングリー・ノイジー・ギター・サウンドへ転換期の作品だ。
　ビリンダ加入時のエピソードに関するケヴィンのインタヴュー発言（＊1）の、「ビリンダのマイ・ブラッディ・ヴァレンタインにおける貢献のひとつは、僕にダイナソーJr.の存在を教えてくれたことだね」というくだりが個人的に好きで、記事を読んだときに合点がいったことを思い出す。ダイナソーJr.の影響はさることながら、ケヴィンが当時影響を受けていた60年代のサイケ・ポップの甘いメロディやヴェルヴェット・アンダーグラウンドやラモーンズなどのＮＹパンク〜ガレージなシンプルなメロディ・ラインに男女混声ヴォーカルが乗り、ノイジーなフィードバック・ギターが融合し官能的に響く。またプライマル・スクリームのファースト・アルバムの説明でバーズのソフト・サイケ期のサウンドが引き合いに出されるように〝C86〟との親和性も生まれ、アノラッキーな要素が加わったことにより、ギターポップ・ファンのなかにはLazy期の作品を愛でる人も少なくはないだろう。
　ジャングリーなギターと疾走感あるメロディ、ビリンダのコーラスが印象的な〝I Don't Need You〟や〝You've Got Nothing〟なんて（おそれずに言いますが）至高のギターポップ以外のなにものでもない。Lazy期のスタイルは後にマイブラのＤＮＡとしてペインズ・オブ・ビーイング・ピュア・アット・ハートに代表されるバンドたちにもしっかり受け継がれることとなる。

＊1『クロスビート』2012年8月号

### My Bloody Valentine
### Geek!

Fever (1985)

A1 No Place To Go
A2 Moonlight
B1 Love Machine
B2 The Sandman Never Sleeps

### My Bloody Valentine
### The New Record By My Bloody Valentine

Kaleidoscope Sound (1986)

A1 Lovelee Sweet Darlene
A2 By The Danger In Your Eyes
B1 On Another Rainy Saturday
B2 We're So Beautiful

### My Bloody Valentine
### Strawberry Wine

Lazy Records (1987)

A1 Strawberry Wine
B1 Never Say Goodbye
B2 Can I Touch You

### My Bloody Valentine
### Sunny Sundae Smile

Lazy Records (1987)

A Sunny Sundae Smile
B1 Paint A Rainbow
B2 Kiss The Eclipse
B3 Sylvie's Head

大藤桂

デビュー作「This Is Your Bloody Valentine」発表後、ティナが脱退、デビーが加入し〈Fever Records〉より1986年に12インチ・シングル「Geek!」と7インチ・シングル「No Place To Go」をリリース。デイヴのゴシック色強いヴォーカルとジーザス&メリーチェインを意識しているかのようなノイジー・ギターが遠くで鳴り響いている。この頃はクランプスやバースデイ・パーティなどに影響を受けたガレージ・サウンドを奏でているが、メンバー交替ごとにバンド・サウンドが変化していく。翌86年〈Kaleidoscope Sound〉から「The New Record By My Bloody Valentine」をリリースし、英国のNME紙が1986年の有望なバンドをコンパイルした伝説のコンピレーション・タイトルであり、シーンの名称である「C86」と共鳴するようなギターポップな作品に仕上がっている。その翌年、プリミティヴスが設立した〈Lazy Records〉より第一弾シングル12″「Sunny Sundae Smile」がリリースされる。

私の初めての「Sunny Sundae Smile」は大学生のときに行ったクラブ・イベントだったと思う。記憶はやや曖昧ではあるが、90年代なかばから後半にかけての渋谷系ブームが過ぎたぐらいのころ、クラブ・イベントといえばオールナイトが普通で、ロック系のイベントも数多く開催されていた。とくに下北沢はその拠点となっていて、Club QueやBASEMENT BARがあり、ZOOからリニューアルしたSLITSでは現BIG LOVE仲さんのESCAPEや米国音楽BALLROOMがあった。恵比寿にはCOLORSやMILK、池袋のMADAM CARRAS、吉祥寺のBar drop、あるいは服飾系のイベントなども含めるとネオアコやギターポップのイベントが毎日どこかで開催されているような状況だった。原体験としてマイブラを初めて聴いたのが大音量だったのはラッキーだと思っていて、ノイジーなギターに疾走するメロディとパッパラー・コーラス（ギターポップ・

ファンにとっては〝パパパ〟や〝ナナナ〟とか〝パッパラー〟などのコーラスが入っている曲は至高）の大アンセムに心持ってかれたのは忘れられない。こうなったらレコードで欲しくなるのが人間の性で、しかし調べてみるとメガレア・アイテムであることを発覚。だから手に入れたのはだいぶ後のことで、大枚払って購入したのはこれが最初で最後。マイブラのレコードはいまでも入手困難アイテムとして市場では高値で取引されていて、ネオアコやギターポップのイベントではこれをレコードでかけることが、ある意味ステイタスのような状況もあったし、こうした独特なカルチャーがその後オブスキュア・ネオアコやギターポップのレコードの高騰にも繋がっていると個人的に思う。90年代のギターポップ系のイベントはテン年代頭ぐらいまで続いていた。もちろん〝You Made Realize〟も〝Soon〟も人気曲だがLAZY期の作品はクラブ・ヒットした1曲となって受け継がれている。

さて、「Sunny Sundae Smile」リリース後、ビリンダ加入後のLAZY第二弾シングル「Strawberry Wine」がリリースされる。ケヴィンのヴォーカルとビリンダのコーラスの儚げに重なりあうツイン・ヴォーカルがここで確立し、輪郭が不明瞭な甘美でありながらも爽やかな音像とギターの鳴り響き方やノイズ感は後の作品に繋がる要素が窺えるものの、ここで聴けるマイブラの楽曲は完璧なギターポップ・サウンドだ。ちなみに当時はYouTubeがあったわけでもないので簡単に聴けるものではなく、入手困難だったこの楽曲が聴けるようになったのは、ミニアルバム「Ecstasy」をコンパイルした『Ecstasy &Wine』だった。これはLazyがバンドの了承を得ないまま勝手にリリースしたことで揉めたいわくつきのアルバムで現在も廃盤となっている。マイブラの作品のサブスクが解禁されても〈Creation Records〉以前の作品に関しては入っていないので、ケヴィンにとっては黒歴史ぐらいに思っているかもしれないが、LAZY期の作品は楽曲そのものの良さも堪能できるので、ぜひどうにかして聴いて頂きたい。

大藤桂

# My Bloody Valentine
# You Made Me Realise

Creation Records（1988）

A1 You Made Me Realise
A2 Slow
B1 Thorn
B2 Cigarette In Your Bed
B3 Drive It All Over Me

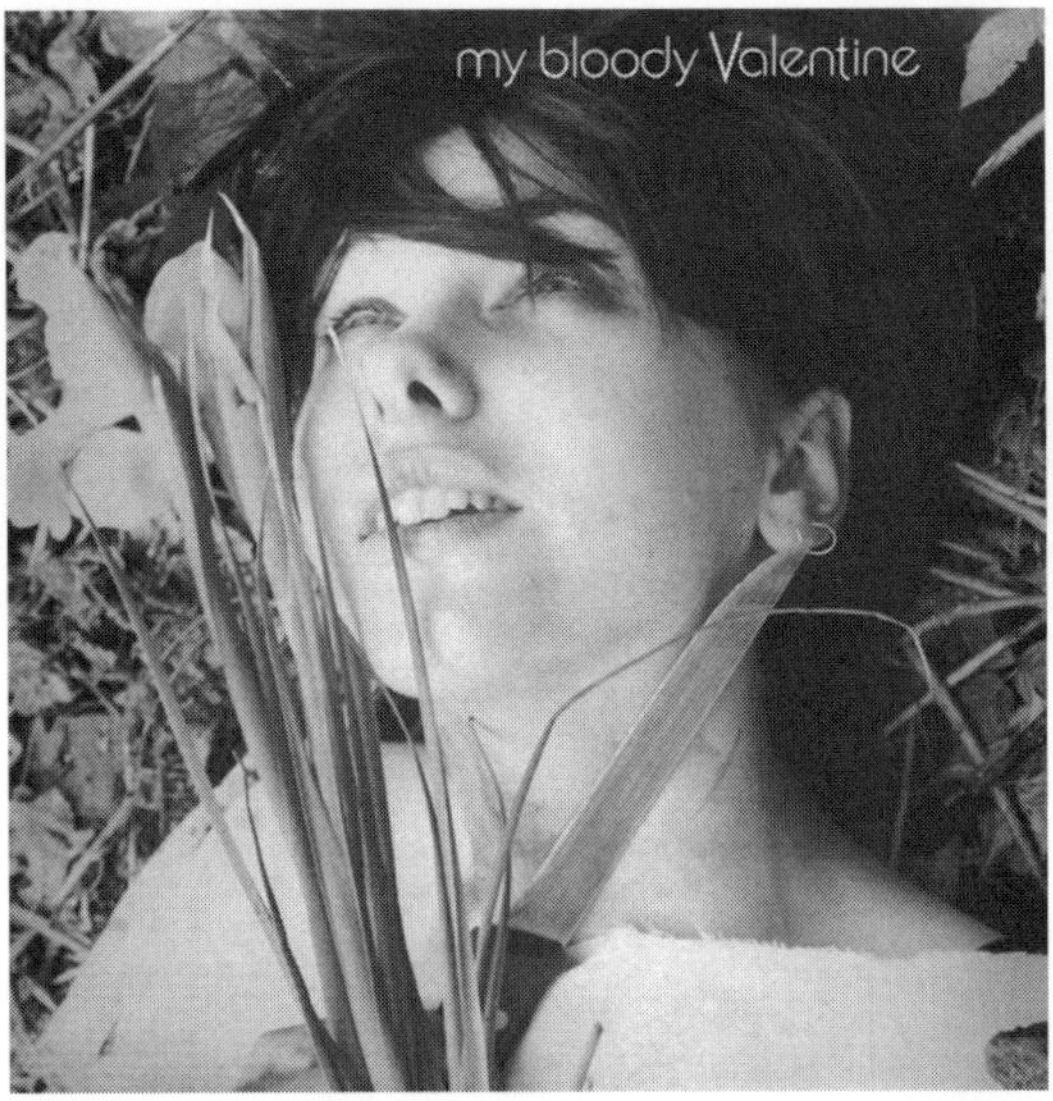


070

「Strawberry Wine」、『Ecstasy』を経て、ライヴにも対応できる力強い楽曲にシフト・チェンジしつつある頃に、Mr.クリエーションことアラン・マッギーと運命の出会い果たし、〈Creation Records〉移籍後最初のシングルとなった衝撃の1枚。アラン・マッギーのインタヴュー（＊1）では当時ケヴィンが好きだったソニック・ユースへのオマージュ曲として当初EPの5曲目として収録される予定で、それをアランがリード・トラックに推したという。アラン大正解。前作までの〝C86〟にも通じるギター・ポップ〜アノラック然とした雰囲気からは一転、ナイフを突きつけられた少女のジャケットが物語るかのように、印象的なイントロの狂暴なまでのノイジーなギターリフと強硬なドラムは不穏感を増長させながらも、それと相反するような爽快ささえも感じてしまう疾走するメロディが融合された奇跡的な1曲。

この曲で思い出すのは、待ち焦がれたMBVを観たいがために行った2008年のフジロック。ライヴ前の転換時にステージにアンプが積まれていくさまを見てるだけでテンションがぶち上がったもので、爆音と轟音の本編はもちろん最高だったが、やはりオーラスの〝You Made Me Realise〟での20分は続いたと思われるホロコースト・セクションのノイズ・パートという最大の山場には歓喜した。まさに伝説のライヴだった。

また、〝Slow〟ではヒップホップからの影響を公言したりとさまざまな実験的な試みが具現化されている。とくにこの曲ではケヴィンが生み出したギター奏法の〝トレモロ・アーム〟で作り出されたサイケデリックな音像を堪能することができる。この手法は他に類をみないもので、シーンに衝撃を与えた。いずれにしても〝Slow〟には、以降のマイブラの代名詞ともいえる白昼夢のような甘美な歪みがあり、それが抽象的かつ退廃的そして官能的な歌詞と見事に溶け合っている。

最後に〝You Made〜〟をクラブで流すDJさんへ。ノイズ・パート前でカットアウトせずひともフル尺でかけてほしい、お願い。


（※1）アラン・マッギー・インタヴュー（2013年英XFMラジオ取材）

## My Bloody Valentine
## Feed Me With Your Kiss

Creation Records（1988）

A1 Feed Me With Your Kiss
A2 I Believe
B1 Emptiness Inside
B2 I Need No Trust

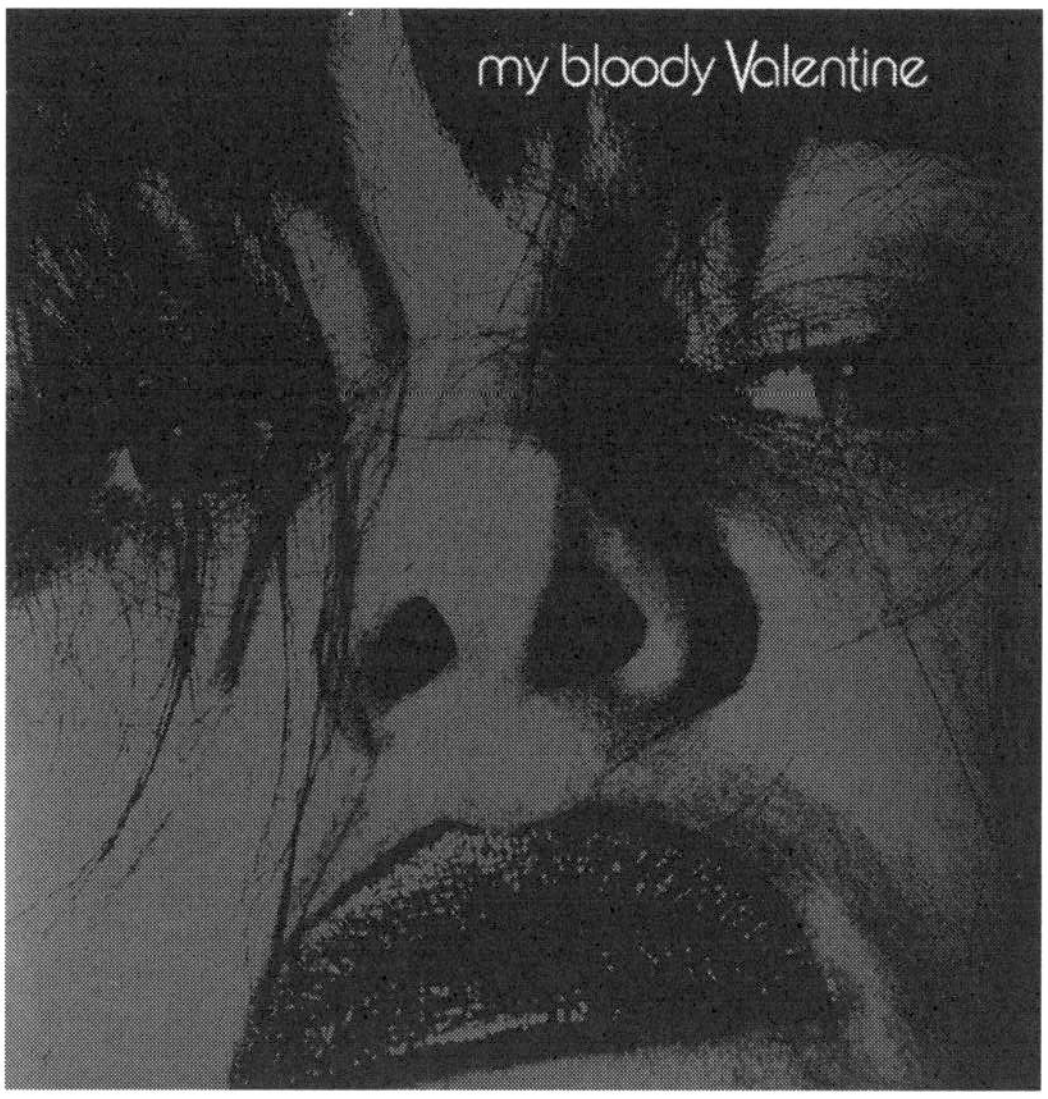


「You Made Me Realise」リリース後、バンドはすぐにアルバム『Isn't Anything』に向けてのレコーディングを開始。その過程で生み出されたのが本作であり、ある意味では先行シングル的な内容ともいえる。
そのタイトル曲〝Feed Me With Your Kiss〟は、彼らのレパートリーのなかでもひときわ淫靡でおどろおどろしく、それでいてユニークな楽曲だ。ヘヴィでハードコアなギターとディストーション・ベースのユニゾンリフ、そのキメが一拍ずつ増えていくイントロと間奏、そしてエンディングが強烈なインパクトを放ち、ライヴでも人気が高い。ケヴィンとビリンダが交互に歌いつないでいくのは、ケヴィン曰く「まるでフランク・シナトラの時代を思わせるトラディショナルなスタイル」だが、それをソニック・ユースやダイナソーJr.仕込みのギターアンサンブルと組み合わせることで、シリアスさとユーモアを兼ね備えた楽曲に仕上げている。
他にも、わざと舌足らずに歌うケヴィンのヴォーカルや、後半でその歌に深くエコーがかかるところなど、まるでマリファナのトリップ体験を音像化したような〝Believe〟や、機関銃のようなドラムフィルが圧巻の〝Emptiness Inside〟、ティンパニのごとく打ち鳴らされる呪術的なドラムがヴェルヴェット・アンダーグラウンドの〝Venus in Furs〟あたりを想起させる〝I Need No Trust〟など、全体的にダークなトーンの楽曲が並んでおり、ゴス色の強かったバンド初期を思い出した人も多いだろう。
いわゆる「娼婦」風のメイクをしたビリンダが、「わざとuglyな表情で撮影した」というジャケット写真も強烈で、カニエ・ウェストがこのデザインをあしらったTシャツを着てプレミアがついたり、Supremeが2020年4月に出したバンドとのコラボコレクションで、本作をモチーフにしたりとヴィジュアル的にも人気が高い。

黒田隆憲

**My Bloody Valentine**
**Isn't Anything**

Creation Records（1988）
Domino／ビート（2021）

A1 Soft As Snow（But Warm Inside）
A2 Lose My Breath
A3 Cupid Come
A4（When You Wake）You're Still In A Dream
A5 No More Sorry
A6 All I Need /
B1 Feed Me With Your Kiss
B2 Sueisfine
B3 Several Girls Galore
B4 You Never Should /
B5 Nothing Much To Lose
B6 I Can See It（But I Can't Feel It）

イアン・F・マーティン（江口理恵・訳）

マイ・ブラッディ・ヴァレンタインがシューゲイザーというジャンルのアイコン的な地位を占めているバンドだというのは不思議なことだ。シューゲイザーはギターのディストーションによる夢見心地なオーラを纏う、穏やかなインディー・ロック、またはポップぐらいの意味合いしか持たないことが多い。まるで、ケヴィン・シールズ、ビリンダ・ブッチャー、デビー・グッギにコルム・オコーサクが1987年に発表したミニ・アルバム『Ecstasy』で、決定的な創造性を表明した後、そのままそこに留まったとでもいわんばかりだ。しかし、実際には（最初からMy Bloody Valentineという名に込められていたように）、激しく本能的な暴力と、甘さや情緒とが共存し、バンドの1988年のフル尺のデビュー・アルバム『Isn't Anything』では、そこに妥協のない実験的な側面が加わった。

　このアルバムを、30年以上にわたって残り続ける影響の恩恵を受けた状態で聴くと、最も印象に残るのは、シューゲイザーから連想される音の夢見心地な情景よりも、実験的なパンク・アルバムに聴こえることだ。シールズは、ダイナソーJr.の『You're Living all Over Me』が彼のギターのスタイルの進化に影響を与えたことを認めている。いっぽう、『Isn't Anything』は、ソニック・ユースの『Daydream Nation』がリリースされてからわずか33日後に発売された。そういった背景を考えるとすぐに合点がいくアルバムだと思う。

　オープニング・トラックの〝Soft As Snow (But Warm Inside)〟は、希薄でありながら、タイトに圧縮されたドラムスの連打が閉所恐怖症的な雰囲気を醸し出し、グッギの厚い、唸るようなベースラインが耳に迫って圧迫し、歪んだギター・パートは長く残るレイヤーとしてではなく短い反復で刺してくる。曲が歪んだギターの質感にはっきりと覆われているところでも、緊張感のあるポスト・パンクやNo Waveのダイナミクスが音楽を支えている。〝(When You Wake) You're Still In A Dream〟では、マイ・ブラッディ・ヴァレンタインがもっともソニック・ユース的な、ほとんどモータリックのビートとスラッシュ・ギターによる騒々しいパンク・トラックのようだ。〝Several Girls Galore〟ではゆらゆらと揺れる不安定な、拷問のようなギターが曲を貫き、60年代のガレージ・ロックを解体したワイヤーのような演奏によるアレンジを船酔いするようなサイケデリックに傾倒させている。『Isn't Anything』のアルバムを通して、テクスチュア、空間とリズムがどのように相互作用を及ぼすかという実験が貫かれており、シューゲイザーや同種のドリーム・ポップが一般的には敬遠しがちな方法でリスナーの潜在的な注目をひきつけている。

　とくに、バンドの初期のソングライティングがいい加減なガレージ・ロックとジャングリーな60年代ギター・ポップに根差していたため、1988年にバンドに起こった変化は、かなり衝撃的だったが、ケヴィン・シールズのアメリカのノイズ・パンクとプロト・グランジの発見は物語のほんの一部に過ぎない。彼がマリファナと出会い、フェンダーのジャズマスター／リヴァース・リヴァーブ・ペダル・コンボを入手したことで、彼の心とギターにどこか仄暗くて歪んだものがもたらされ、それが音楽にアンビエントなテクスチュアと同時に、どぎつく角ばった要素をもたらしたのだ。

　メンバーの顔が露出過度な写真の断片として描写されたジャケットのアートワークや、シールズとブッチャーのヴォーカルが音の渦にかき消される様子は、バンドが常に、明確に音楽のなかで定義される存在へと焦点をずらそうとしているかのようだ。そのかわりに、ギターと、もしかするとより重要なエフェクターがリードを執りはじめる（自然な成り行きとして、シールズのジャズマスターがバンド・メンバーを『Loveless』のジャケット写真から完全に締め出すという方向に旅だった）。

　〝Lose My Breath〟では持続低音と反復が貫かれ、アコースティック・ギターが基本のリズムをかき鳴らし、ブッチャーのヴォーカルはメインのリフレインで次第に言葉のない歌で鳴くような感じで後退していく。もう少しロックな〝Cupid Come〟

でもパーカッシヴなギターがビートに合わせてかき鳴らされる同様のパターンだ。いっぽう、〝No More Sorry〟ではリズム・セクションがベースと微光のようにゆらめくシンバルの純粋な質感のある轟となり、曲を牽引しつつも形式にとらわれない、波のように執拗に押し寄せる自然の力のようだ。このような靄のかかった不快なギターのテクスチュア、持続低音のレイヤー、不満げな、または距離感のあるヴォーカル、構造的なエレメントの曖昧さと純粋なノイズとスタティック（静止）のカタルシスを起こさせる壁の組み合わせは、リスナーと音楽の中のパンクな実験の激しい主張との間に、かすんだ、距離を置くレイヤーを創造するのに役立つ。

　しかし、『Isn't Anything』ではこれらの音の対立とアンビエント的なテクスチュアの要素というふたつの力が完全に対立しているわけではない。パンクがその引き裂かれたエッジを強調するのに対し、マイ・ブラッディ・ヴァレンタインはテクスチュアの要素を、異なる闘争的なエレメントに内在する暴力の上にかかる、焦点をぼかしたレイヤーとして作用させている。比較的単純なレベルでは、〝You Never Should〟のような曲でヒスノイズや叫ぶギター・ノイズがより型にはまったロック的な衝動に、歪んだレンズの役割を果たしているのを聴くことができる。このような瞬間こそが、このアルバムがもっとも一般的な（決して悪い意味ではない）シューゲイザーに近いサウンドになっているのではないだろうか。だが、バンドがこのふたつの要素を極限にまで高めたときが、もっとも興味深いものにもなる。〝Feed Me With Your Kiss〟をアルバムのリード・シングルかつ唯一のシングルに選んだのは、勇気のある選択だった。力強く前進しながら常に崩壊の危機に瀕しており、大きな騒乱のなか、声は揺れ、脆くなる。さらにパワフルなのが〝All I Need〟で、不明瞭なヴォーカルの、リズムのよろめく鼓動と複雑な、半分切り離されたようなメロディの上で、成層圏にまで伸びる光線のようなギターが吠えている。

　『Isn't Anything』がいまだにとても新鮮に聴こえるのは、彼らが何の重圧もなく、期待も抱かずにこの作品に挑むことができたからかもしれない。初期のEPやミニ・アルバムのときのように、彼らはまだ自分たちが本当はどのようなバンドであるのかわかっておらず、その分、自由に探究することができたのだ――たくさんの新しい玩具と、それらを駆使して実験したいという衝動に音楽の方向性を後押しされて。その結果、作品を通してマイ・ブラッディ・ヴァレンタイン自身や、彼らに影響された後続のバンドや作品が、永遠に、完全には捉えることのできないエネルギーと緊張感あふれるものとなったのだ。

interview
『Isn't Anything』オフィシャル・インタヴュー

質問：粉川しの
通訳：坂本麻里子

# あの当時、僕たちは……レコーディング中に睡眠欠乏状態になるとどうなるか？ってことを実験したっていうかな。

――あなたにとって『Isn’tAnything』はどのように評価、位置付けられている作品ですか？

KS（ケヴィン・シールズ）まあ、あれが自分たちにとってのファースト・アルバムだったね。初めてスタジオで長く時間をかけたアルバムでもあったし、それに……あれはとにかく、なんというか、かなり自由で、実験的な時期だった。1988年の夏のことで……そうだな、もっとも楽に作れたアルバムだったのは間違いない。

――レコーディングにまつわる逸話として有名なのが、あなたたちが毎日2時間くらいしか寝ていなかったというものです。

KS ああ、うん。

――そうしたあなたたちのコンディションによって本作のサウンドメイクにどんな影響がありましたか？

KS あの当時、僕たちは……レコーディング中に睡眠欠乏状態になるとどうなるか？ってことを実験したっていうかな。その主な理由としては、レコーディングに5日間しかなかったからで。それまで、僕たちがひとつのレコーディング・セッションにつきスタジオで過ごしたのは5日が最長期間だった。ところがこの作品では、6週間も時間をもらえてね。それで、睡眠欠乏状態の実験をそこでも続けていった。ところが1ヶ月経ったところで、「これ以上無理、たくさんだ！」と（苦笑）。実験の結果僕たちの学んだ教訓があれだったというのかな。だから、実際にああやってみたし、僕は『Isn'tAnything』のレコーディング作業のほとんどを、それこそロクに寝ないで、1日3時間以下かそこらの睡眠時間でやっていった。とにかく、必要最低限の睡眠時間でね。ただ、1ヶ月ほど続けたところで、僕たちもとにかく消耗し焼き切れてしまった。そこで、睡眠不足な状態をレコーディングのテクニックとして使うのはやめにしたんだ。でも、あれはたしかに意識が変容した状態を生み出してくれたね。それが、音楽を作る際の姿勢に役立ったってはいた。

――レコーディングの時間自体はわりと短時間で済んだと伺っています。

KS　うん。

――『Loveless』が膨大な時間を要したのと対照的にも思えますが――

KS　その後は22年かかったし、次のアルバムは44年後かも（苦笑）。

――（苦笑）ご冗談を。で、実際この2枚のアルバムではレコーディング時の環境、メンバーのコンディション、苦労の度合い、ゴールの設定は全く違うものだったんでしょうか？

KS　いや、大差なかったよ。さして違いはなかった。僕たちの暮らしぶりにせよ、日常にせよ、あの2枚の間ではだいたい似たようなものだった。でも、要するに、スタジオでの作業がやや難しくなった、そういうことだろうね。どうしてかと言うと、『Isn't Anything』を作ったとき、僕たちはかなりラッキーだったと思うんだ。あの作品で一緒に仕事した相手は全員良い連中だったから。ところが『Loveless』は、その面であんまり運に恵まれなかった（苦笑）。だから、スタジオがちゃんとしていないと別のスタジオに移ったし、こっちを理解してくれない仕事相手（エンジニア等）がいたら代わりの人に来てもらったり……だからまあ、レコーディングのプロセスがそれまでに較べるとやや運の悪い、当たり外れの多いものになった（苦笑）。ただ、ひとつ言えるのは――僕たちが実際にレコーディングをやっていた間、それはほぼすべて良い経験だった。良い時間を過ごしたし、レコーディング環境も良くて、一緒に作業にあたってくれたのはみんな良い人たちだった。だから基本的に、僕たちが（『Loveless』の）レコーディングのごく初期段階で決意したのがそれだったんだよね、「オーケイ、わかった。〈クリエイション〉や金銭面等々、たしかにいくつか問題がある。ただ、肝心なのは、自分たちのなかに本当に良いレコードが潜んでいるってことなんだ」と。要するに僕たちは、スタジオ内での問題他、いかなる外的要因も自分たちにいっさい影響しないようにしたんだ。音楽そのものを守ることに専念した。だから、僕たちが録音して残った音源、あれらはいずれも、良い雰囲気の中でレコーディングしたものだったよ。

――運が良かった／悪かったの差こそあったものの、あの2作であなたの目指したゴールは基本的に「良いレコードを作ろう」であり、その意味では2作の間にあまり違いはなかった？

KS　そうだね。僕たちとしてはたんに「次のアルバムを作るぞ」という思いだったし、実際、僕たちのやっていたのはそれだったわけで（笑）。あぁ……だけど、失敗に終わったレコーディング・セッションを何度かやったことがあったんだ。1989年のはじめ、1月と5月だったと思う。あれらは完全にボツのセッションだったわけではなく、"Moon Song"と『Glider E.P.』収録の"Don't Ask Why"はどちらもあのセッションから生まれたものだ。ただ、あの時点で僕たちはEPをすべて完成させてはいなかった。1月に5日間スタジオに入りEPを録るはずだったのが、そうはいかなかった。4曲録ってミックスまでやったものの、その出来に満足できなかった。で、5月に再び5日ほどスタジオ入りし、そこで2曲録ったもののそれもいい出来とは思えなかったし、セッションを2回やってもまだ良いEPが仕上がっていないぞ、と。だから『Loveless』に着手したときの僕たちは気を引き締め直し、良いレコーディングをやれる場／環境に改めてフォーカスした、僕たちはあの頃、プロダクションに対するそれまでとは異なるアティテュード、パブリック・エネミー等々のヒップホップのプロダクションだったり、あるいはダイナソー・ジュニアといったバンドにもインスパイアされていた。


という。スタジオ内で何かトラブルが生じたら、そこで……レコーディング作業を一時停止し、何もかもが満足のいく良い状況になるまで待ち、その上で作業を再開する、と。それがあったからなんだよ、以前よりもっと時間がかかったのは。それに、『Loveless』制作中に僕たちが一時的に奇妙な期間に陥った、というのもあったし。あれは1990年の夏だったな、3ヶ月くらいの間、僕たちはフィードバックをさんざん録音して実験し、フィードバックのためにあれこれこさえていた。そういった、頭がおかしくなっていたとまでは言わないけれども、確実にこう、エキセントリックになっていた期間は若干あったね。

　そうは言いつつ、あのレコードの大半は、かなりノーマルな流儀で録ったものだよ。僕たちはこれだというサウンドをモノにするのには時間を費やしたとはいえ、レコーディング作業そのもののほとんどは、非常にこう、のびのび本能的にやったものだった。たいがいは1、2テイクか3テイクくらいしか録らなかったし、それらを皆で聴き返して、「うん、2テイク目で決まり、これだ」みたいな。何も、〝苦痛に満ちたつらいレコーディング・プロセス〟ではなかったんだよ（苦笑）。だから、あれらの音源を実際にレコーディングしていた際の自分の記憶は良いものばかり、みたいな。ただ、あの期間、僕たちの周囲ではクレイジーな出来事がたくさん起きていた、それだけのことであって。

――本作のレコーディング時のあなたを突き動かしていた最大のモチベーションとは？

KS　そうだな……僕たちはとにかく、自分たちはとても自由だし、かなり意欲を掻き立てられている、そう感じていた。それに、僕たちはとても、とても生（き）のままで純粋なレコードを作りたいと思っていたし、だから、自分たちは……そうだな、僕たちがやろうとしていたサウンド、求めていたプロダクション、そして「こうなりたい」とあこがれていたのは……基本的に、僕たちは多くの音楽につきまとっていた姿勢の多く、それらを拒絶していたんだね。かつ、僕たちはあの頃、プロダクションに対するそれまでとは異なるアティテュード、パブリック・エネミー等々のヒップホップのプロダクションだったり、あるいはダイナソー・ジュニアといったバンドにもインスパイアされていた。ああした音楽の生々しさには強い霊感を受けたし、ただ、僕たちはそれと同時に、あれらとはまったく違うもので実験も重ねていた。だから総じて言えば、僕たちはかなりこう、自分たち独自の方向感覚で進んでいた、というか？ ここで自分が言いたいのは、きっとこういうことだろうな――自分たちはとても自由だったし、非常にオリジナルなことをやろうとしていたわけではないにせよ、とにかく、優れたアイディアが自分たちには山ほどあった。でも、僕たちはまた、自分たちの受けた影響を表に見せることにも抵抗がなかった、と。

——極度の緊張感と脱力感、荒れ狂うカオスと唐突な静寂、死と官能といった具合に、『Isn't Anything』はあらゆるアスペクトで分裂や矛盾を感じるアルバムです。

KS なるほど。

——たとえば「Sue Is Fine」が途中で「Suicide」に転じる〝Sue Is Fine〟などもありますし——

KS ああ、でも、興味深いのは……〝Sue Is Fine〟の歌詞、あれは……(一瞬ためらう)。オーケイ、だから、あの曲にはちょっとしたストーリー/背景があるんだけれども、でも、でも……根本的に、あの歌詞は実験の一部というのかな。〝意識の流れ〟の実験、すべてを試しに即興でやってみた結果、という。だから要するに、あの曲を聴いているといろんなことがたくさん起きているのが聞こえるし、ちゃんとした「これ」というひとつのものには聞こえない。コーラス部では「Sue is fine...sueisfine...suicide」とスライドしていく、と。で、僕はあそこで、ある意味、あのどちらともを歌っているんだ。完全に本能的で自然に浮かんだまま歌っている。とにかくインプロみたいなものだったし、それに、そうなった理由は……あの曲は、僕たちのとある知り合いにインスパイアされたものだったからなんだ。その人はメンタル・ヘルス面で問題を抱えていて、脈絡なくいろんなことを口走る状態になることがあってね。それは基本的に、意識の流れがそのまま出て来るようなものだ、と。なので、あれは素直に表したものというか、自分たちが実際に知っていた人びとについての歌に過ぎないんだ。それに、僕たちは一時期、スーって名前の子と同居していたこともあったし(苦笑)。そんなわけで、あの曲はそういったことを詰めた一種のちっちゃなタイム・カプセルというのかな。歌の歌詞を思いつくというよりも、精神面で少々異常をきたしている人の状態になり、そこに共感して書いた歌詞、みたいなものだ。

——なるほど。その〝Sue Is Fine〟も含め、先ほども言ったように、『Isn't Anything』の総体的な美学には矛盾、ときにカオスとすら言えるコントラストがあると思うのですが、これはあなたが意図した表現だったと言えますか? それとも、このアルバムで重要だった自由さゆえに様々なことを試した結果、こうなったのでしょうか?

KS まあ、あのアルバムのどの曲も……すべてではないかな、でもあれらの曲のほとんどにおいて、僕たちはそれぞれの曲で毎回何かしら違うことをやっていたんだ。僕たちは別に他のバンドを模倣しようとしてはいなかったし、すでに誰かのやってきたことをそれと同じ方法でやるつもりもなかった。だから……僕たちからすればあれはカオスではなかった。そうではなく、あれは新しいやり方に過ぎなかったんだ。ただ、他の人びとにとっては、あのやり方はどうもあまり一般的ではなかったらしい、と。でも、僕たちは一緒に暮らすことでさまざまな極端な場面を味わってきたし、そんな僕らからすればあれはノーマルだった。それに、さまざまなアイ

僕たちのやっていたことの多くは、とにかく実験であり、新しい発想だったわけで……

だから、ほんと、あれは新たなアイディア群の誕生みたいなものだったんだね。

ディアをはじめとする、僕たちのやっていたことの多くは、とにかく実験であり、新しい発想だったわけで……だから、ほんと、あれは新たなアイディア群の誕生みたいなものだったんだね。

――例えば〝All I Need〟や〝Several Girls Galore〟でのあなたのギター・プレイは、本当にユニークで過激で予測不能、何度聞いても背筋がゾクゾクしてしまいます。それは時に、ギターがギターであることを拒んで暴れているようにも聴こえますし、ギター・サウンドの可能性を深掘りしているようにも聴こえます。

KS　とにかくまあ、何か違うことをやっていたってことだよ。これまでとは違う新たなやり方を見つけ出していた、という。例えば〝Several Girls Galore〟のような曲で言えば、あそこでのギター・プレイはレーシング・カーが出す音からも影響されていたし。だから、F1のレースなんかを想像してもらえば、車が「ギュワァァ……ン、ギュワワワワァァン!」みたいな轟音を出すわけでさ。純粋に音楽からだけではなく、そういった音楽以外のものからも僕は同じくらい影響される。〝All I Need〟なんかにしても、あの曲には実際、波がぶつかって砕けるような感じのエフェクトがかかっているわけだし。あれにしたって、僕は……たんに自分が聴いたことのある他のバンドのサウンド云々以上のことを考えていたし、とにかく何か新しいものだ、自分にはそう感じられた。あのギターを弾いていたとき、僕は他の既存の音楽のことは考えず、無心でやっていた。だから、何であれ、演奏していたときに自分の頭のなかを過っていたものは、音楽的なあれこれではなく、むしろ非音楽的なものの方と強く関わっていただろうね。

――そんなあなたにとってギターとはいかなる相棒ですか？　自身の一部、手の延長で直感的に鳴らしうるものか、もしくはより手ごわい道具、いわば飼いならせない野生の馬のようなものなのか。

KS　その両方だな。というのも、リズム感、それに基本的な演奏というのは本来、直観的にやれるようになっていくものだから。だから自分自身の延長であり、ギターと自分とはその一部に、演奏していると音楽とひとつになる。自分がやっている何もかもを逐一考えたりしないし、とにかくプレイするのみ。そうだな、だから、歩行するのにちょっと似ている。自分は一歩、また一歩、また一歩踏みしめている……という具合に歩を進めていくわけだけど、細かく考えずにただ実際に歩いている。それでも、「自分は歩いている」という意識はちゃんとあるし、やっぱり注意して歩きもするし、自分が何をやっているかのアウェアネスはあるわけ。それと同じことで、とにかく音楽を演奏しているし、そこで自分自身もギターの一部になっていく、と。けれどもまた、サウンドそのもの、という面もあるんだよね。特に音量に関してそうだけれども、演奏中に一定の法則に沿わない動きをすると、ギターの音がとんでもないことになる場面が生じる。だからある意味、一体化していつつ、同時にそれをコントロールしてもいる、と。その面では少し、野生の雄馬に似ているね。


（構成：編集部）

# My Bloody Valentine and dissolving the teenage ego
# ティーンエイジャーのエゴ自我の溶解

イアン・F・マーティン
（江口理恵・訳）
written by Ian F. Martin
translated by Rie Eguchi

あなたの10代の頃の泣きの音楽は何だっただろうか？
若き心が折れそうになった時、切望の痛みを和らげたり、鎮めたりするために手を伸ばした音楽は何だろう。

最近、知り合いのミュージシャンたちとこの話になり、ある人はエモの、泡立つような不安のアンセムを選んだ。もうひとりは、ヴィジュアル系のメロドラマ的なロック・バラードを挙げた。自分にとっては、シューゲイザーがそれだった。あまりよくないシューゲイザーであっても、自分のなかのスイッチが押され、批判的な能力が奪われて、自分の内なる世界に、ある種のパニックのような秩序を課すために作り上げた構造の境界線を曖昧にする。それはティーンエイジャーのフロイト的な葛藤による心痛、恥、不安やストレスを解消するのに最適な音楽であり、病的なほど甘いハーモニーで傷をさらけ出し、ノイズとディストーションの白熱でそれらを焼灼し、麻酔にかけられたような状態で、距離をおいて眺めることができたのだ。

ロックンロールは、サイキックな媒介が相互作用する境界領域に存在する。この体験のスリリングな部分は、ロックスターのエゴ（自我）が、ロデオの馬と化したリビドーのイド（自我の基底をなす本能的衝動）に乗って危険に翻弄されながらも、生の衝動による暴動を明確に表現する危ない光景だ。アサーションと自己制御と、制御できない恐ろしさの感覚の狭間の緊張感は、決してロックンロールから生まれたわけではないが、アーティストが感情のロデオのなかで、パフォーマンスを超越したものを探究しはじめると、より興味深い、強力な表現の形式が見出される。ザ・ドアーズは、音楽の黙示録さながらのクレッシェンドに溺れそうになりながらも、ジム・モリソンの詩的でシャーマン的なエゴを神話のような地位にまで高め、双方の感覚の緊張感を高めた。そのいっぽうで、ザ・バーズは〝霧の8マイル(8Miles High)〟のハーモニーのなかなどに個々のシンガーたちのアイデンティティーを溶解させ、伝統的なロックンロールを構造から引き裂いた。多くのアーティストが制御への闘争を放棄し、意識下に沈む方法を模索した。ドラッグは潜在意識の世界への滑らかな移行を促し、エフェクターやスタジオのディストーションはギターのハードなエッジをぼやかし、引っ掻き、反転させたりした。そして、ロックスターのエゴの象徴的な表現の心のスイッチが切られ、リラックスして下流へと流されはじめた。

ある意味、アンビエント・ミュージックは後者の傾向の究極の表現であり、自我を超えた音楽で、予言者の知恵のようにリスナーに口述されるのではなく、ゆったりとそこに存在する家具のようにデザインされたものだった。しかし、マイ・ブラッディ・ヴァレンタインが1980年代のアイルランドに最初に登場したとき、彼らはよりシャーマン的なロックスターの伝統を受け継いでおり、オリジナル・ヴォーカリストのデイヴィッド・コンウェイがジム・モリソン風のヴォーカルを真似し、バンドはザ・クランプスのゴシック・ロカビリーのような雰囲気を発していた。

これは単純に、彼らが登場する直前の数年間に現れた多くの影響力のあるバンドの勢力範囲に含まれることになったことを表している──ザ・ティアドロップ・エクスプローズやエコー・アンド・ザ・バニーメンといったバンドがパンクから出現したが、彼らはロックスターのペルソナを、明らかにサイケデリックな形で取り込んでいた一方、ガレージ・ロックのコンピレーション『ナゲッツ』の原始的なサイケデリックの影響は、多くのパンク世代を悪酔いさせていた。MBVの1985年のミニ・アルバム、『This is Your Bloody Valentine』（ベルリン録音）と「Geek」EP（最終的な本拠地となるロンドンでの録音）を聴くと、同時代のザ・マイティ・レモンドロップスのように印象的ではあるものの、世代を決定付けることのない、ジャングリー(不調和)なインディー・ロック・バンドへと成長し、1980年代以降は自分たちの居場所を見つけられずに終わったバンドと似たような進化を遂げていると想像するのは容易い。

だが、マイ・ブラッディ・ヴァレンタインが将来の発展に向けて示した道のひとつは、初期の録音の、フロアを擦る厚いファズのレイヤーであり、〝The Last Supper〟で追加されたオルガンの持続低音の唸りは、コンウェイのヴォーカルのロックスターの威勢を強調している。ジーザズ&メリー・チェインのような、曲を通して流れるシューっというディストーションの爆音は、ときとして機材に収まりきらない音を象徴し、パンク風DIYの限界という現実と、表現しようと必死な感情の間で葛藤している。しかし、このサウンドには何か他のヒントもあるかもしれない——それは、ぼやけた現実への不安感や不安定な領域という感覚だ。

この感覚は、当時は、彼らと同時代のARケインの、1986年のデビュー・シングル「When You're Sad」(さらに夢見心地なB-SIDEの〝Haunted〟)で、より多く表現されていたもので、マイ・ブラッディ・ヴァレンタインはゆっくりと何か似たような所へ向かう横道の方向性を感じとっていた。1986年の「The New Record By My Bloody Valentine」と翌年の「Sunny Sundae Smile」EPではディストーションはそのままに、曲は歪んだポップなメロディーと、コンウェイが声に皮肉なエッジを効かせて歌う、気どりとグロテスクさの対比が表現された歌詞のスタイルへとシフトしていった。そこには、1960年代の英国のちゃちなサイケデリアやシド・バレットの不穏な響きと、パンク時代の自堕落な喜びとが混ざり合い、〝Paint a Rainbow〟の「赤い目と青い唇/君のなかは冷たくて安全だ」のような歌詞が暗示する、ネクロフィリアのまわりで、子どもじみた花や虹のイメージが踊っている。気味の悪い夢のような感覚があるが、リード・ヴォーカルのコンウェイに焦点を当てたバンドであることにかわりなく、彼が歌詞の一行一行に抑揚を加え、リスナーの感情の旅を誘導し、音楽の潜在意識の世界との知的な仲介者として、自分を通して感情を翻訳していく。

1987年半ばに、コンウェイは脱退した。表層的には、シンガー兼ギタリストのビリンダ・ブッチャーがその後任となったが、非常に重要な点は、彼女がただの後任ではなかったことだ。リード・ヴォーカルのかわりに、ブッチャーの登場により、マイ・ブラッディ・ヴァレンタインはふたりのバック・シンガーのいるバンドのようになり、彼女のソフトなヴォーカルが、ケヴィン・シールズの不満げなつぶやきと音の距離を保ちながらスペースを共有するようになったのだ。この変化は、彼女の加入直後に発売されたシングル「Strawberry Wine」や、ミニ・アルバム『Ecstasy』でとくに印象的だった。ファズとジャングルの混合はそのまま、音楽の大部分を特徴付けてはいるが、ヴォーカル・アレンジの変更は曲をすぐさま制御できない夢見心地な空間にし、まるで音楽の核心部分のエゴが捨て去られたかのようだった。

音楽の中心に焦点を当てた誘導、説明や翻訳なしでようやく境界線がぼやけはじめ、緊張感が漏れ出して、音楽がより無定形でアンビエントな形になっていくようだ。ビリンダ・ブッチャーがヴォーカルを分散させることで、ダイナミクスをもたらすと同時に、バンドにもう1本のギターをもたらした。〝Clair〟といった曲では、より豊かなテクスチュアと曲を満たすノイズにより、バンドの方向性がようやく明確に感じられるようになった。『Ecstasy』は、〝(Please) Lose Yourself in Me〟という楽曲で締めくくられるが、このタイトルは、音楽が目指す方向性のマニフェストのようである——アンビエントが他の方法で明確に定義された自意識に絡みつき、混乱させるのだ。

1960年代のバンドが現実とアイデンティティーの曖昧な状態に触れたとき、多くの場合、それは探究と解放の文脈のなかにあり、自由を求め、自分と他者との間の分裂を打ち破ることだった。この理想には、本質的には自分自身を主張して称賛するロックスターのエゴとは相反する、どこか共同体的なものがあり、長くもたなかったのには驚かない。その変化は1970年代から80年代にかけての心理と不安を定義づけたものと同じように、個人的な表現に焦点を当てたことだ。実際、マイ・ブラッディ・ヴァレンタインがデビュー曲をリリースした1985年1月当時、UKチャートの最大のヒット曲のひとつは、「Shout, shout, let it all out!（叫べ、叫べ、すべてを吐き出せ！）[*]という個人主義的な心理の叫びを結集して作られたものだった。そしてマイ・ブラッディ・ヴァレンタインには、自己への集中を曖昧にしたり遠ざけたりしながらも、常に親密で個人的なものがある。それは欲望のみならず、痛み、拒絶、そして恥を強く意識し、自我とイドとの悩ましい関係だけでなく、超自我の飽くことのない再生産性をも意識した音楽なのである。

1988年、マイ・ブラッディ・ヴァレンタインはEP「You Made Me Realise」をリリースした。この作品以降も進化を遂げてはいるが、これは彼らが初めて本当に自分たちらしいサウンドの作品で、言ってみればもっとも親密なヴェールの背後から自分たちを観察しているようなバンドの音だ。タイトル・トラックで繰り返し遠くに聴こえる「No, no, no fault of mine（違う、違う、違う、自分のせいではない）」という叫びや、2曲目の〝Slow〟での「Got the rush, I don't feel no shame（快感を得た、恥ずかしいとは思わない）」という主張が、閉塞的な罪悪感（シールズの生い立ちから、とくにアイルランドのカトリック色に根差した罪悪感）に対抗する呪文のようにかかげられている。

〝You Made Me Realise〟で、このようなプレッシャーに対抗するために彼らが用意した音の武器は、恐るべきものだ。デビー・グッギのベースは唸ってグラインドし、雷のようにゴロゴロと鳴り、シールズのギター・サウンドは他のバンドにはない独特のねじ曲がり方や歪み方をしている。ブッチャーのヴォーカルと、ゴロゴロ鳴り、グラインドし、ヒスノイズをたてるギターのレイヤーが調和的に共鳴する。音楽が聴く者を夢の世界へと誘うが、それは心地よい夢ではない。腱が引き裂かれ、暴力が存在し、何かが激しく破壊されて、嵐が吹き荒れる。それにもかかわらず、どこか快適でバブルに包まれたように、残忍さからは切り離されている。曲はひとつのコードに集約されながらディストーションと静の停滞を繰り返してレイヤーを重ねておき、すべてを焼き尽くす――あらゆる恥、恐怖、憎しみ、涙、そして自己の混乱を。
マイ・ブラッディ・ヴァレンタイはこの1曲で、ティーンエイジャーであることに耐えられるようにしてくれたのだ。

*ティアーズ・フォー・フィアーズ〝Shout〟

与田太郎

## My Bloody Valentine
## Glider

Creation Records (1990)

A1 Soon
A2 Glider
B1 Don't Ask Why
B2 Off Your Face

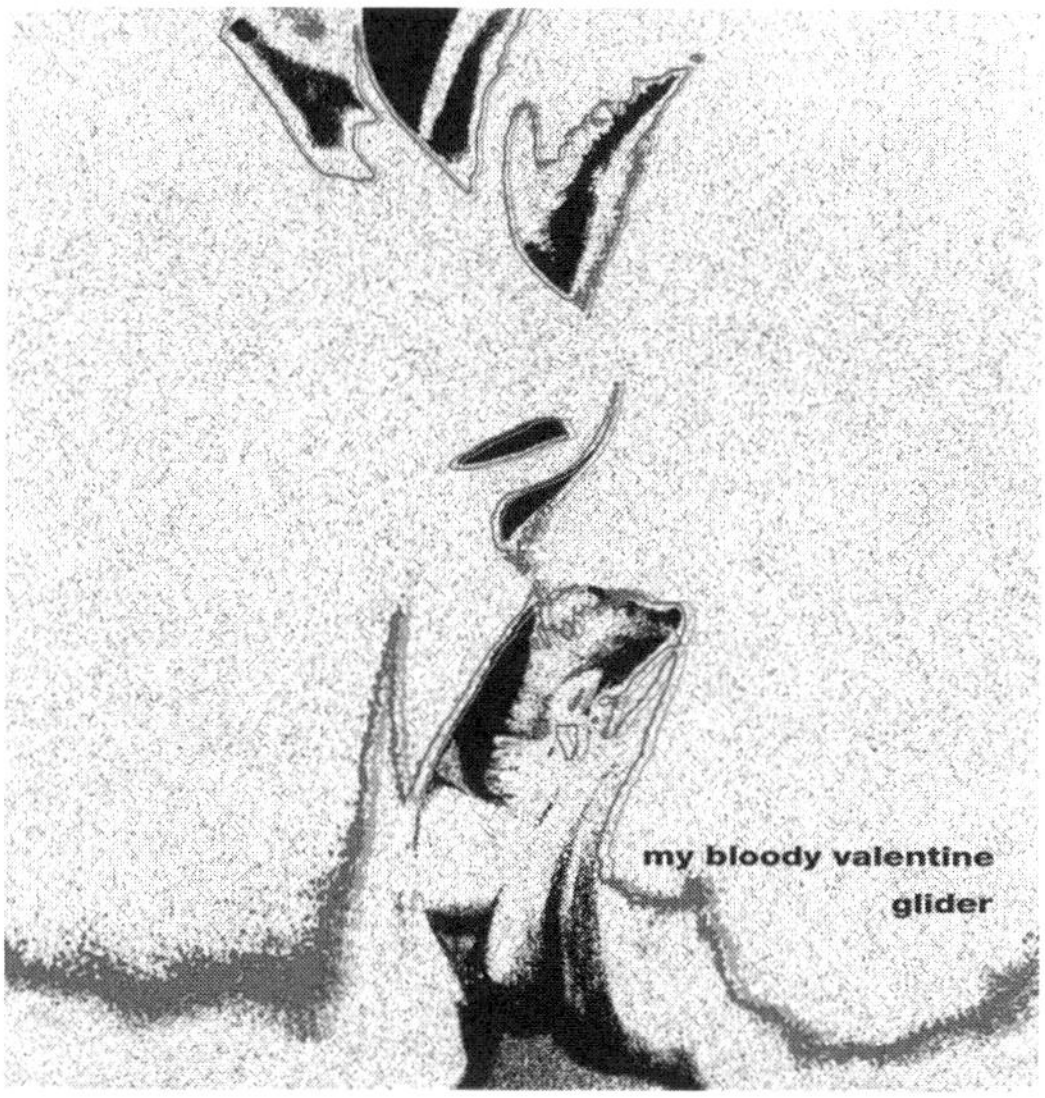


１９８９年から１９９１年の3年間はインディー・ロック好きにとってかつてないほど濃密な3年だった。89年のローゼズの1stを契機に、音楽から時代の変化をリアルに体感することができた。決定的な事件は90年2月に発売となったプライマル・スクリームの「Loaded」と4月に発売となったマイブラの「Glider」だ。インディー・キッズにとってはどちらもその時点でほぼ未体験のダンス・ビートだったが、〝Loaded〟がすべてを肯定し輝かしい未来を謳歌するのに対し「Glider」の1曲目に収録された〝Soon〟はフットボール選手が重要な一戦に挑むような闘志と目眩を感じるような緊張感があった。確信に満ちた力強さはどちらも共通していたが、〝Soon〟の視界が揺れて目の焦点があわず、胸に熱いものがこみあげる感覚はこれまでまったく聴いたことのないサウンドだった。
シーケンス・フレーズ、ブレイクビーツのループにシンセ・パッドのように滲ませたヴォーカル、そこに切り込んでくるギターのサウンドはまるで余計な帯域をカットしたシンセのように鳴るのだが、ギターとしての芯はしっかりとある。ダンス・トラックのマナーで作られているこの曲の斬新さは30年経ったいまでも色褪せていない。
90年代はダンスが新しい意味を獲得した時代だ。〈クリエイション〉のアラン・マッギーも88年からアシッド・ハウスに夢中になっていた。ボビー・ギレスピーやケヴィンも彼に連れられてアシッド・ハウスのパーティに行っているが、そこで触れたパーティーの感覚がこの2曲の直接の契機となった。アラン・マッギーは80年代前半に〈クリエイション〉のコンセプトはパンクとサイケデリック・サウンドの融合と言っているが１９９０年はそこにダンス・ビートが加わった。僕はこの数年後レイヴで〝Soon〟が正確になにを表現していたのか、目眩のように揺れる視界のなかではっきりと理解した、順序はＵＫと逆だったけど。

野田努

## My Bloody Valentine
## Glider E.P. Remixes

Creation Records（1990）

A1 Soon（The Andrew Weatherall Mix）
B1 Glider

この時期のUKのインディー・ロック・バンドは、あるいは『NME』のようなロック紙内部においてもダンス・カルチャーを受け入れるかどうかで二分されていた。MBVはプライマル・スクリームのようにそれにのめり込みはしなかったが受け入れはしたバンドだった。〝Soon〟のリミックスがその証左として記録されている。しかしながらこの絵に描いたような多幸性バレアリックなダンス・ヴァージョンは、いつ聴いたのかによって印象はずいぶん異なるだろう。リアルタイムにおけるこれはインディー・ロック・バンドのもっともクールな形態から放たれた未来であり、愛の時代のアンセムだった。アンドリュー・ウェザオールのリミックス仕事において、ドラッグの力もあって幸福そうに思えた時代にリンクしたもっとも初期の一群に入る。ハッピー・マンデーズの〝Hallelujah〟、ニュー・オーダーの〝World In Motion〟、プライマル・スクリームの〝Loaded〟……これらの仲間の1枚で、ところがセント・エチエンヌの〝Only Love Can Break Your Heart〟になってくるとメランコリーが前景化し、ジ・オーブやジャー・ウォブルでのリミックスになるとダブ色が強まり……フラワード・アップを手掛ける頃にはもはや別の表情に変わっている。
〝Soon〟のPVを観るとどうにも気恥ずかしさを覚えるのは、かつては自分もあんな風景のなかにいたからだけれど、しかし、そう、なんかね、やはりこのリミックスもこっ恥ずかしい。サンプリングされた「行こうぜ」というかけ声、ラテンのパーカッション、ゆったりとしたファンクのリズム、お決まりの女性の声、とことん開放的なヴァイブと若者文化における快楽主義と。これから先、こんな風にオプティミスティックな音楽が生まれてしまえる時代が来るのだろうか。かつて未来だった音楽はこの暗い現在においては完璧な〝過去〟となっている。

清水祐也

## My Bloody Valentine
## Tremolo E.P.

Creation Records（1991）

A1 To Here Knows When
A2 Swallow
B1 Honey Power
B2 Moon Song

〈クリエイション〉のスタッフだったエド・ボールの持論によれば、しつこくアルバムを催促するレーベル・オーナーのアラン・マッギーへの当てつけだという〝Soon（もうすぐ）〟を収録した前作『Glider』に続いて、〝To Here Knows When（いつだか知るためにここへ来る）〟を収録した4曲入りEP。ケヴィン本人は否定しているそうだが、そう勘繰りたくなるのもわかる謎めいたタイトルは、ビートルズの〝Tomorrow Never Knows〟を連想させる（字面もどことなく似ている）。実際、ケヴィンは同曲を収録したビートルズの『リボルバー』をフェイヴァリットに挙げているが、トルコのベリーダンスのカセットからリズムをサンプリングしたという〝Swallow〟は、同時期のジョージ・ハリスンにも通じる東洋趣味な異色曲だ。
一方で、EPのタイトルの由来にもなったギターのトレモロ・アームを駆使した〝Honey Power〟は、バンド初期を思わせるアグレッシヴな一曲。モノラル録音とフィードバック・ノイズの積み重ねによって生み出された〝To Here Knows When〟の強烈な音塊は、フィル・スペクターのウォール・オブ・サウンドや、片耳が聴こえなかったビーチ・ボーイズのブライアン・ウィルソンに触発されたものなのだろう。ビリンダとの愛の交感のような官能的な曲が並んだ本作において、ケヴィンが歌うラストの〝Moon Song〟はまさに初期のビーチ・ボーイズのような甘いメロディを持っているが、それを掻き消すようなディストーション・ギターと、辛辣な歌詞が不穏な余韻を残す。
曲間を〝コーダ〟と呼ばれる短いアウトロで繋ぐことによって、単なる寄せ集めではないトータルな作品として提示した本EPは、『Loveless』の予告編であると同時に、バンドの別の可能性を感じさせる、示唆に富んだ一枚だ。

杉田元一

## My Bloody Valentine
## Loveless

Creation Records（1991）
Domino／ビート（2021）

1 Only Shallow
2 Loomer
3 Touched
4 To Here Knows When
5 When You Sleep
6 Only Said /
7 Come In Alone
8 Sometimes
9 Blown A Wish
10 What You Want
11 Soon

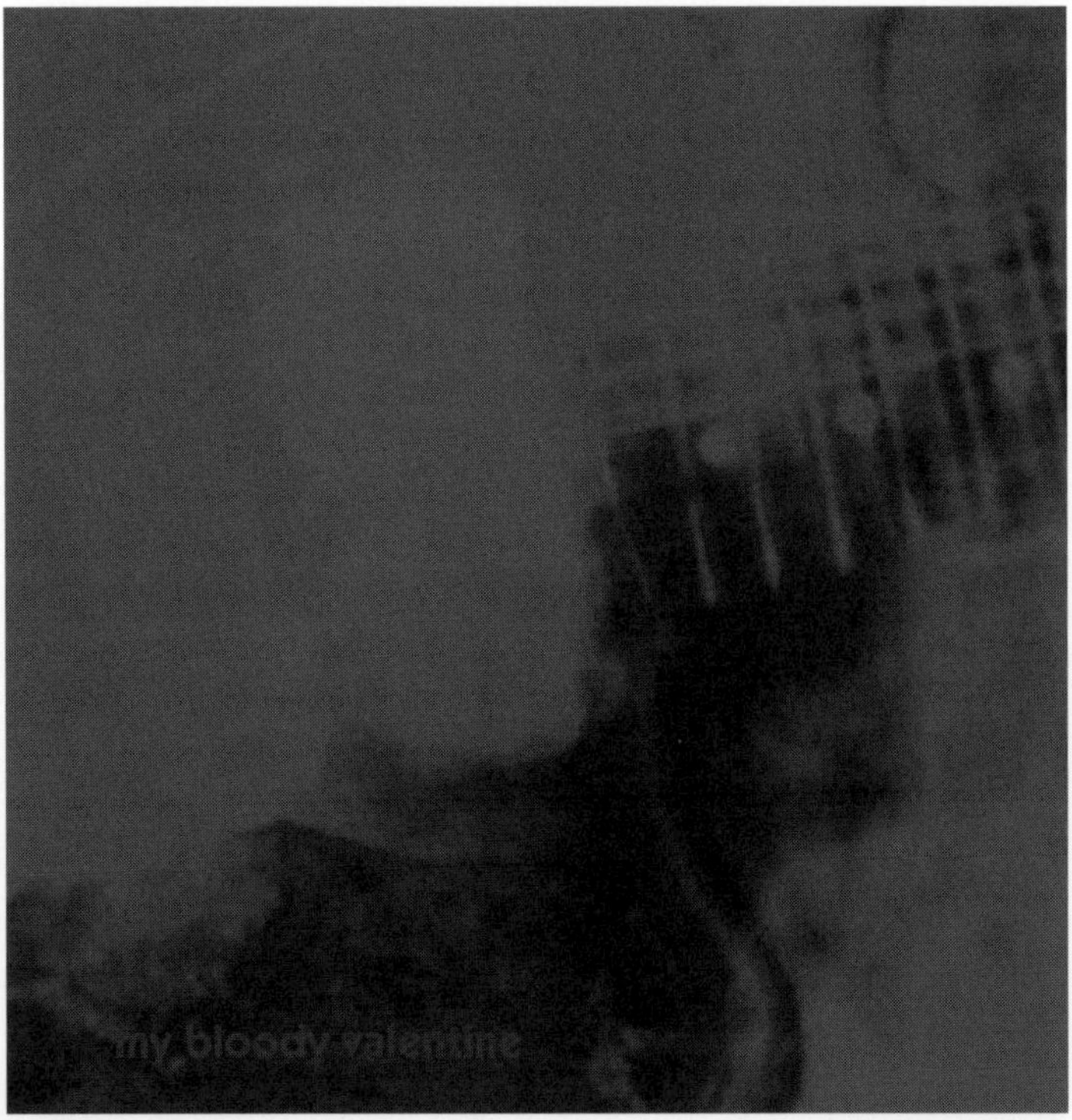

『Loveless』がリリースされる半年ちょっと前のこと。僕はそれまで勤めていたクラシック系出版社を退職、洋楽ポピュラー音楽雑誌の編集部に転職した。

その雑誌で取り上げられていたのは基本的にはメインストリームの洋楽アーティストで、ガンズ・アンド・ローゼズとかボン・ジョヴィとかブルース・スプリングスティーンとかが表紙を飾る雑誌だったんだけれど、僕が編集に参加するようになった頃、アメリカやイギリスから新しい感覚を持ったアーティストがどんどん登場するようになり、それにあわせて少しずつ誌面も様変わりしていき、やがて表紙にライドとかニルヴァーナとかブラーとかKLF（これはちょっと大丈夫かな？とは思ったけど）が登場したりするようになった。僕が『Loveless』に最初に出会ったのはその頃だ。

最初の会社でクラシック雑誌の編集をやる前、80年代半ばから僕はFM雑誌の編集をしていた。70年代から80年代にかけて音楽ファンのミュージックライフを支えたのはアナログ・レコードとFM放送だった。FM雑誌には各FM局が放送する予定の曲目、演奏者、演奏時間、放送する音源の詳細が掲載されていて、リスナーはそれを見て興味のある放送を事前に知り、これはと思うものがあればそこに書いてある時間を計算してそれに合うテープ（カセットがメイン）を用意、当日はステレオセットやラジカセの前に陣取り、放送がはじまるのを待って録音ボタンを押す……それが音楽好きの日常だったのだ。あの時代はおおらかな時代で、新譜アルバムが丸ごとオンエアされることもあったから、お小遣いに限度のあるティーンエイジャーがライブラリーを充実させるためにFMエアチェックは必須だったし、だからFM雑誌の需要もどんどん大きくなっていった。最初は番組表メインのパンフレットみたいな作りだったものが、売れ行きが伸びるに従ってレコード会社やオーディオメーカーからの出稿がどんどん入り、インタヴュー記事なども充実するようになっていき、FM誌は音楽専門誌のひとつとしてその地位を着実なものにしたのである。とは言ってもやはり専門誌と比べるとページ数は限定されているから、当然のように取り上げるアーティストはオンエアされることの多い人気アーティストのものが中心となる。なので、僕もそういうビッグネームの記事をたくさん手掛けていたのだった。

いっぽうでその時期はイギリスやアメリカから新しい感覚を持った音楽がいろいろとやってきていた時期でもあり、まだ若かった僕はむしろそういった音楽のほうに惹かれていた。まあ、若い時期にはよくあることである。売れ筋の音楽なんてクソだって思っていたわけだ（笑）。

その後FM局が増えるに従って、だんだんアルバム単位のオンエアが少なくなり、トークの合間に曲が流れるようなスタイルがメインとなったことでFM誌はその役割を終え、1990年代の終わりまでにはそのほとんどが消滅した。そして僕はFM誌の編集部を去り、お隣のクラシック雑誌の編集部に移った。

FM誌の3、4倍ものページ数を持つ分厚いそのクラシック雑誌には、毎月のようにモーツァルトやベートーヴェン、またカラヤンといった巨匠たちの記事が誌面を飾っていたのだが、限られたページしかなかったFM誌に比べたらページ数も段違いに多いし、もっとモダンな音楽の記事も作れるんじゃないかと思って企画を提出しまくった。だが、それらはことごとくNGを食らう。曰くその雑誌の読者層は極めて保守的、現代音楽のレヴューページはあるにせよ実際ゲンダイオンガクなど聴く人は少ない、この雑誌にはいちおう現代の音楽（クラシックではなく、ポピュラー音楽の分野での現代）を紹介する「今月のポピュラー」というページもあるが、それについては毎月のように「今月のポピュラーはいらない！　廃止せよ！」というお叱りのハガキが来ていることはおまえも知っているだろう……など。僕は編集長の方針とことごとく対立し、とうとう僕はその編集部を追い出されることになる。まあ、若気の至りである。もっとも僕は追い出される前に、ひとつだけ現代音楽の特集をやらせてくれ、とその編集長に頼み込んで、それは（おそらく編集長の温情もあり）実現したのである。

その特集は「同時代の響き」というタイトルで、扉ページにはジョルジオ・デ・キリコの抽象画を引用したニュー・オーダーのシングル「Murder」のジャケットをバックに「同時代音楽宣言」めいた言葉を披瀝したものである。記事ではジョン・ケージやクセナキス、その当時ブームになりつつあったエストニアの作曲家アルヴォ・ペルトやアルフレート・シュニトケなどを取り上げたが、僕としてはどうせこの雑誌で最後の特集だからというなかば確信犯的にスペースメン3のドローン・アルバム『Dreamweapon』をジャケット付きで紹介した。

英〈Fierce〉からブートレグとして出された『Dreamweapon』の最初のリリースは1988年にロンドンで行われた44分に及ぶドラムレス、3本のギターと1本のベースのみによる〝An Evening Of Contemporary Sitar Music〟のライヴ音源1曲のみの収録だった（その後収録曲を増やして〈Space Age〉から正規盤化）。このアルバムはその音楽の没入感も素晴らしかったのだけれど、それ以上に驚いたのは、ドローンの世界を徹底的に追求したアメリカの作曲家ラ・モンテ・ヤングの「Dream Music」と題したテクストがライナーノーツとしてジャケットに掲載されていたことだった。これは僕にとって衝撃だった。これはポップ・ミュージックと現代音楽の出会いでしょ！と興奮して（笑）そのことをコラムとして書いた。バンドのロゴとトレードマーク、アルバム名が記されただけの黄色字のシンプルなジャケットと、ラ・モンテ・ヤングのアルバム・ジャケット――出たばかりの『The Second Dream Of The High Tension Line Stepdown Transformer From The Four Dreams Of China』だったか、『The Well-Tuned Piano』だったかもしれない――を載せた。ヤングのジャケットは両方ともヤングとそのパートナー、マリアン・ザジーラが製作したインスタレーション「Dream House（夢の家）」、もしくは「Theatre of Eternal Music（永久音楽劇場）」に足を踏み入れたときに見える風景を感じさせる、不思議な曖昧さを感じさせる色合いのものであった。「Dream House」の内部には紫、もしくはネオンピンクの光が淡く満たされ、スピーカーからドローン音の波が途切れることなく流れ続けている。掲載したページがモノクロだったのでその色彩感はまったく伝わらなかったと思うが（苦笑）。まあそれはともかくとして、この特集をもって僕は編集部を去った。1991年5月のことである。

その後、前述した洋楽雑誌に籍を置くことになるわけだが、僕が入ったとき、編集部には僕よりはるかに若い、はたちそこそこの青年がアシスタントとして働いていた。青年くんはそれまでその雑誌がメインで取り上げていたタイプの音楽――青年くんのフェイヴァリットはブルース・スプリングスティーンとブライアン・アダムスだった――が好みで、その頃台頭してきた新しいタイプの音楽についてははっきりと「僕はまったくわかりません」と言っていた。そこまで言い切られるとむしろすがすがしいなと思ったし、その青年くんは仕事もできたので、とくに業務上問題はなく仲良くやっていけていた（と思う）。
2、3ヶ月たって編集部に慣れてきたころ、当時〈クリエイション・レーベル〉を日本でディストリビュートしていた日本コロムビアからMBVのセカンド・アルバムの試聴用カセットテープが編集部に送られてきた。その封筒を受け取り、宛先を確認した青年くんは、徹夜の連続でなかば人事不省状態で机に突っ伏していた僕のところにやってきて「杉田さん、なんか〈至急〉って書いてありますよ」と言いながら僕を叩き起こし、封筒を手渡した。なかば朦朧としながらそれを受け取り、目をこすりながらその封筒を開封した。なかには資料とカセットテープが入っていた。
そのテープには「マイ・ブラディ・バレンタイン／愛なき世界（当時の表記ママ）」と書かれていた。

1991年の2月にリリースされたMBVのシングル「Tremolo E.P.」冒頭

の"To Here Knows When"を聴いた時の衝撃を思い出す。前年にリリースされた「Glider E.P.」のダンサブルな"Soon"も素晴らしかったが、それをさらに上回る衝撃。轟音グライド・ギター、畝るフィードバック、亡霊のような淡いリズム。これは新しかった。『Isn't Anything』も斬新なサウンドだったけれど、"To Here Knows When"はその（当時は）意味不明すぎるタイトルを含めて、とんでもなかった。これはもうポップ・ミュージックじゃない、と思った。

そんなことを思い出しながら、僕はラジカセの再生ボタンを押した。スネアの連打で"Only Shallow"がはじまる。『Isn't Anything』のオープニングと同じ……と思う間もなく、雷鳴のようなギターの奔流。その混沌が静かなアンビエントに収斂していくと、またしても歪んだギターが轟音で寄せては返す「Loomer」が開始されるがわずか3分足らずで混沌は白昼夢めいたインスト"Touched"に取って代わられ、そしていつの間にかあの"To Here Knows When"へ。後半、突然見知らぬ地平へと放り出される。シングルとは違うエンディングを経て、ポップな"When You Sleep"から、荘厳さすら漂うミドル・ナンバー"I Only Said"へ……目眩にも似た感覚を味わいながら音の洪水に浸っていたところ突然音が途切れた。カセットのAサイドが終わったのである。せっかくいいところだったのに……という思いとともにカセットを裏返し、再びプレイボタンを押した。クラシックなサイケデリック・ナンバー"Come In Alone"から再スタートし、寂寥感のあるバラード"Sometimes"、ビリンダの天国的に美しいヴォーカルが舞う"Blown A Wish"、冒頭からグライド・ギターがうねり、フルートのオブリガードが花を添える"What You Want"、そのラストから1分以上に及ぶ管楽器のようなサンプリングによるブリッジを経てついにアルバムは"Soon"に到達する。すごいな、これは……1回聴いただけでこのアルバムが『Isn't Anything』とまったく違う地平に到達していることがわかった。僕はもう一度ラジカセのプレイボタンを押しながら、資料に目を落とす。ジャケットがカラーで印刷されていた。それは後になってアンガス・キャメロンが撮影した"Soon""To Here Knows When""Only Shallow"のヴィデオからスチールに起こして加工したものだと判明するが、途切れることなく延々とフィードバックが続く『Loveless』を聴きながらこのジャケットを見たときに僕の脳裏に浮かんだのはラ・モンテ・ヤングの『The Second Dream ～』と『The Well-Tuned Piano』だった。ジャケットのイメージにも共通したものを感じるが、しかしなによりこの『Loveless』は、それまでのポップ・ミュージックにはほとんど見ることができなかった「無限の持続性」「永遠に止まない音楽」という性格を内包したことで、MBVがそれまでと別次元に移行したことを知らしめた『Isn't Anything』をも軽々と超えてみせ、「永久音楽劇場」で鳴り続けることを許された、いまのところ唯一のポップ・ミュージックなのではないかという思いを、そのときの僕は24時間以上寝ていないためにハレーションを起こした頭で抱いていたのだった。

ふと気がつくと隣にいた青年くんは、ヘッドフォンを付けてブライアン・アダムスを聴きながら校正をしていた。

その青年くんは30年たったいまでも付き合いがある。先日道端でばったり会ってしばらく話をした。

「そうそう、そう言えば最近マイブラがなんかアツいみたいですね。いろんな雑誌で見かけますよ。リリースされたときずいぶん杉田さんに〈おまえこれ聴け〉って言われて辟易したもんですけど、あれから30年も経ってこんなに評価されることになるとは思いませんでしたねえ。いや、杉田さんの慧眼には恐れ入りますよ」

「おお、やっとマイブラの凄さをわかってくれたか」

「いや、全然わかんないです。だいたいなんで同じアルバム2枚カップリングして出してんですか？ 杉田さんに『Loveless』散々聞かされた後に一緒に試写会で見たクローネンバーグの『裸のランチ』と同じくらいわかんないっす」

人間ってなかなか変われないものだ……。

interview
# 『Loveless』オフィシャル・インタヴュー

**非常に霊感に満ちた状態のなかで作られた作品だったということ。それにもうひとつ、あの作品の何もかもに関して「ずばりこうあるべき」という、とても強いアイディアが僕のなかにあったからじゃないかと思う。**

質問：小野島大
通訳：坂本麻里子

――2021年で『Loveless』リリースから30年がたちます。30年も前に作った作品がいまだに参照され続け、今日もこうしてあらためてインタヴューされるほど深く広い影響を与え続けていることについて、どう思いますか?
KS いい気分だね。うん、いい(苦笑)。忘れ去られるよりはいいし、いまなおあの作品を大事にしてくれる人がいるという事実を嬉しく思う。しかも新たな世代のリスナーも発見しているし……それに、発表からこれだけ経てば、昔聴いて気に入った人も忘れていたっておかしくないわけで。ただ、そんな人たちもこの作品に再会できてるってことだろうね。だから、そうだなぁ……たまたまそういう成り行きになった、と。うん、不思議なものだ。ちょっと奇妙だね。フフフ。でも、いい気分でもある。
――『Loveless』はなぜこれほど長い生命を保ち続け、多くの人びとに聞き継がれる名作となったのでしょう? 作品として優れているのは当然として、それ以外の要素があるとすれば、それはなんだと思いますか?
KS それは思うに……あれが非常に、非常に霊感に満ちた状態のなかで作られた作品だったということ。それにもうひとつ、あの作品の何もかもに関して「ずばりこうあるべき」という、とても、本当に強いアイディアが僕のなかにあったからじゃないかと思う。それはレコーディングする前から何もかもわかっていた、という意味ではなくて、あのレコーディング中は、何をやっていても「これは正しい/間違っている」の違いが歴然としていたってことなんだ。混乱がいっさいなかった、みたいな? だから、あれはこう、自分に

60年代初期製の古いVOXアンプ、Sあれは実はグレイトな、素晴らしいアンプだし、世界最高のアンプのひとつだよ。それで僕たちはあのアンプを使いはじめ、実際、あれが僕のサウンドで実に大きな役割を果たすようになった。


まるで……パートナーがついていた感じ。ただし、そのパートナーは自分とは別の次元にいる、みたいな。

――ほう。

KS　あるいは……幽霊ってのとも違うんだけど、そうだな、〝ここ〟ではなく〝そこ／そっち〟に存在する誰か、というのに近い。で、そのパートナーというのは、要は――他にいい形容が浮かばないからこう呼ぶけれども――インスピレーションだった、と。あるいは一種の案内役、と言ってもいい。というわけで、僕はとても……本当に、非常に集中した状態だったし、明晰に冴えていた。と言っても、知的に頭で理解していたわけではないよ。思考プロセスではなく、感覚がクリアで、絶え間なく〝わかって〟いた、という。あるいは、正しい方向感覚が常にあった、と言ってもいい。で、それくらい直観的な作品だったからこそ、きっとこう……直観のパワーのおかげで、時間を越えたものになれているんじゃないかな？　直観というのは、いくら論理的に考えても行き当たらないものなわけで。

――なるほど。

KS　だから基本的に、あれはロジカルな思考から外れたところにあったインスピレーションから導き出された作品だね。それにもうひとつ、このアルバムは聴く人間の精神状態次第で変化するんだ。あのレコードをよく知っている人間であっても、これまでとは違うものが聞こえた、という経験をしたりする。それは聴く人間の側も常に変化しているからだし、だからあの作品も常に違って聞こえる、というね。

――『Loveless』は1989年2月にロンドンのスタジオでレコーディングが開始されたということですが……

KS　（さえぎって）あ、いや……2月の時点では『Loveless』に取り組んでいたわけではなくて1月からレコーディングをはじめたんだけど、そのとき作ろうとしていたのはアルバムではなくEPなんだ。で、要はそこでしくじった。4曲録ってミックスまでやったものの、自分たちとしても「失敗したな」と感じたセッションだった。続いて5月にも何かやろうとしたものの、それも失敗に終わった。結局、『Loveless』を録りはじめたのは89年の9月なんだよ。その頃までにはレコーディングの環境面において僕たちが抱えていた問題の数々は、解消して視界がクリアになっていた。それまでの僕らには明瞭さが欠けていたんだ。1月と5月に自分が作っていた曲も決して悪い内容ではなかったものの、とにかくあれは、『Loveless』のように焦点が絞れたものではなかった。あるいは、ソウル（魂）か何かが宿っていなかった、と言ってもいいかな。そんな状況が好転するのに1989年の夏までかかったんだよ。

――そうだったんですね。レコーディングをはじめた時点であなたの頭にアルバムの全体像やイメージ／青写真があったというよりも、むしろ直観的に作業を重ね試行錯誤を重ねながら〝何か〟を見つけ出していった、というのに近かったということですか。

KS　うん、そう。だから、その意味では僕たちも多くのバンドと同じようにやっていたんだよ。レコーディングをはじめたのは9月から11月にかけてだったな。そこで20か22本くらいバッキング・トラックを録って。いや、20本だったかな？……たぶん21本だったはずだ。（独り言のようにつぶやく）たしか〝Song 21〟もあそこに入っていたし……いや、ということは23？　それとも25？　正確な数字は思い出せない。ともかく、そこからかなりスピーディに、そうだな、12月までには、アルバムがどんなものになるか、そしてそれ以外の何もかもはっきりしたんだ。というわけで、僕はそこで「Glider」（90年4月発表）の仕上げに取りかかったんだよ。要するに制作プロセスとしては、9月にアルバムのレコーディングを開始し、歌のとっかかりになるアイディアを20本かそれ以上クリエイトしたところで、EPの制作に本格的に集中しはじめたということ。というのも、「なるほど、これらの楽曲はアルバム向けになりそうだ。そしてこれはEP向けに作る曲だ」とわかったから。その1曲、〝Soon〟はアルバムにも収録されることになったけど、〝Don't Ask Why〟は（1月および5月の）オリジナル・セッションからの曲だ。で、（アルバムの概要が掴めて）曲の振り分けの見当がついたし、「アルバムには入れないけれども、これらの曲でEPを作ろう」と思ったんだ。
——なるほどね。
KS　「Glider」は、たしか1990年の3月頃に完成させたはずだ。その作業を終えたところで1ヶ月間くらいツアーに出た。だから、その間はアルバムにはいっさい取り組んでいなかった。ところがアルバム制作を再開した1990年の夏は僕たちが少々クレイジーになっていた時期で、3ヶ月ほどずっとフィードバックの実験に明け暮れてていたんだ。その成果が〝To Here Knows When〟に活かされたんだけどね。そこから『Loveless』にあらためて数ヶ月取り組んだところで、今度は「Tremolo E.P.」（91年2月発表）に集中することになった。レコーディング、ヴォーカル録り、ミックス等何もかも済ませてあのEPを発表し、そこからさらに6ヶ月後くらいに『Loveless』を完成させた、と。
——なるほど。結局完成したのは91年の9月でした。これほどレコーディングが難航したのは、主に何が原因だったんでしょうか？
KS　でも、アルバム制作のためにスタジオで過ごした時間という意味では1年と10ヶ月なんだよね。だからそんなに長いとは感じなかったよ。そのほかにEPの制作やツアー、フィードバックやシーケンサー他での実験にえんえん費やした妙な時期が3ヶ月ほどあったけどね。2枚のEPを僕たちは真剣に捉えていたし、単なるシングルでも、手っ取り早く作ったテキトーな曲をB面に入れたEPでもなかった。あれらのEP収録曲は、どのアルバム曲にも匹敵するくらいのシリアスさで扱ったんだ。だから、4曲入りEPとは言え、曲の扱いや接し方、制作の手間や

ロックやポップはだいたいにおいて、歌い手のパーソナリティおよびエゴの彼ら特有の表現がポイントだから。

で、さっきも言ったように僕たちの歌い方はそれとは別の歌唱法、ジャズやフォークから発したものの方に近い。

その価値という意味では、アルバムをやるのと変わりなかった。

――レコーディングの難航は機材面での制約やスタジオでのトラブルも大きかったと聞きますが――

KS　っていうか、はじめた時点では自分たちの機材すら持っていなかった（苦笑）。それが、僕たちの抱えた最初の問題だった。トラブルに見舞われようにも、機材をそもそも所有していなかったわけ。機材購入の資金は出るはずだったんだけど、そのほとんどは実現しなくてね。だからどうなったかというと、僕たちはとにかくさまざまな機材を借り、スタジオにあったアンプ等を手当たり次第使ってアルバムを作りはじめた。

でも、おかげでいくつか素晴らしい発見もあった。不運と幸運は常に隣り合わせってわけさ。僕はいつだってそうやってはじめたし、僕のギター・プレイに対する姿勢もすべてそこからはじまったんだよ。友人が（フェンダー）ジャズマスターを貸してくれたことがあってね。それまで僕には大した機材がなくて、質の悪いギターをいくつかと小さなアンプしか持っていなかったから。で、彼は「お前、EPを作るんだろ？　だったら俺の機材を使えよ」と言ってくれて、それが「You Made Me Realize」になった。他人の機材を借りたおかげでトレモロ・アームのついたギターをプレイするチャンスが突然降って湧いたということ。本当に楽しめた。あれを使えば自分には何かを表現できる、できる何かを表現できるな、と思った。『Loveless』を作ったときも、制作開始時点での僕たちはわずかな機材しか持っていなかった。ところがスタジオにたまたまあったアンプのいくつかが60年代初期製の古いVOXアンプでね。あれは実はグレイトな、素晴らしいアンプだし、世界最高のアンプのひとつだよ。それで僕たちはあのアンプを使いはじめ、実際、あれが僕のサウンドで実に大きな役割を果たすようになった。『Loveless』のギター・サウンド面において非常に重要な部分を占めることになった。さっきも話したように、自分の頭のなかにアイディアがあって使いはじめたわけではなくて、たまたま機会に恵まれたんだよね。これだと思うものを発見したし、それ以降は良い機材を見つけて借りるのに時間をかけるようになった。自分でやっと一台買ったのは、正直、２００８年の再結成のときだった。

――ええ〜そうなんですか。

KS　ああ。『Loveless』でVOXアンプは巨大な位置を占めているとはいえ、すべてレンタル機材だった。というか、あのアルバムで使ったどのアンプも、ほぼ全部が借り物だったんだよ。でも僕には機材やアンプについて知識があった。それまでに、借り物とはいえアンプは山ほど試してきたからね。だから、僕たちがあのVOXアンプを発見した時もむしろ、「ワオ！　これは特別だ！」とわかった。これは本当にスペシャルなサウンドだと。〈クリエイション〉のやり方のひとつがそれで、彼らには僕たちのための機材購入用資金も、あるいは僕たちに支払うお金もなかったとはいえ、その代わりにやってくれたのがレンタル会社との間に信用貸しの関係を築く、みたいなことだった。だから、僕たちはいろんな機材をレンタルして、スタジオに持ち込むことができたんだ。

――ところでMBVの音楽性は、あなたの弾くギター・サウンドとともにビリンダ・ブッチャーとあなたの囁くような独特なヴォーカルも重要な要素です。

KS　ああ、でも、その点は面白いな。というのも、僕たち自身はあれを囁くようなヴォーカルだとは感じていないから。あの歌い方は、非常に……集中しているし、静かでもあって、かといって必ずしも囁き声ではない、というのか……言葉では説明しにくいんだけれどもね、うん……。

――91年の初来日時に私はあなたにインタヴューしてますが、「なぜ囁くように歌うのか」と訊くとあなたは「ニルヴァーナみたいに歌いたいけど、呟き込んじゃってできないから」と答えました。
KS　ああ、うん（苦笑）。
――それを私はジョークと受け止めましたが、実際、メンバーのヴォーカル・スタイルがMBVの音楽のスタイル、音楽の構造を規定したところはあったんでしょうか？
KS　そうだね、うん。かなりそう。僕たちの歌い方というのは……ひとつ例をあげるとしようか。思い浮かべて欲しいんだけど、あの……やれやれ、あれは何て名前だっけ……南米発の音楽で、女の子、イカネマから来た？　うーん、とっさに思い出せない……。
――〝イパネマの娘〟？　ボサノヴァの名曲の？
KS　それだ！　ボサノヴァというのは実はジャズの歌い方の一種で、シンガーの歌い方、そのトーン／調性が楽器のそれに近い。僕たちの歌い方のスタイルは、もっとそっちと繋がっている。つぶやくような歌のスタイルという意味でもそうだし、あるサウンド……一種の静けさみたいなものも共有している。とくに『Loveless』で顕著だけど、あの作品での僕たちの歌い方は――うまい表現が浮かばないけど敢えて言えば――周波数レスポンス的なものをもたらしていて。実はそれは、ディストーションのかかったギターにかなり似ているんだ。だからぴったり溶け合う。ディストーションとあのヴォーカルの調波が、奇妙な具合に、ひとつになるんだよ。逆にすごく大声を張り上げたハードな歌い方だと、ヴォーカルにディストーションのかからない限りそうはいかない――ああ、というか、それもありだな。それこそカート・コベインみたいにディストーションのかかった激しい歌い方であれば、ギターともハモる。ただ、そうではなく、ヴォーカルが中間域にいてたんにラウドに歌うだけだと、それは（ただのロック）っぽく聞こえてしまう。ギターから分離して聞こえるんだ。で、僕たちとしては、ヴォーカルを一種の楽器のように捉えつつ、でももっとボサノヴァ的に考えよう、と。楽器では調性、トーンが重要だからね。だからなんだよ、たとえばビリンダの声とキーボード・サウンドでやったように、オーヴァーダブしたパートとヴォーカルとが溶け合っているのは。ある意味、何もかもは僕たちの作り出しているトーンの一部、というか。そういう楽器的な資質を備えているっていう。
――なるほど。面白いですね。
KS　うん。まあ、聴き手のアテンションをヴォーカルに集中させるのとは異なるアプローチ、ってことだね。しかもディストーションとあのサウンドのせいで、ボサノヴァのようには聞こえない。ただ、調性という考え方でいけば、あの歌い方は（ロックよりもむしろ）ジャズ的な歌唱ともっと繋がりがあるし、一部のフォークの歌唱とも関わっているね。歌うとき、フォーク・シンガーは自分個人をパーソナリティとして歌に強く打ち出そうとしない。彼らシンガーはむしろ、何かを伝達するための媒介に近い存在なんだ。それは20世紀のロック／ポップ流の歌唱とは異なるものなんだよね、というのもロックやポップはだいたいにおいて、歌い手のパーソナリティおよびエゴの彼ら特有の表現がポイントだから。で、さっきも言ったように僕たちの歌い方はそれとは別の歌唱法、ジャズやフォークから発したものの方に近い。というか、それに限らず、ヴォーカルが「私に注目して！」と主張することのないような、そういうフォルムを持つあらゆる音楽の方に近いんだよね。

（構成：編集部）

# Learning to love "Loveless"
# 〝愛無き〟を愛することを学ぶ

ジェイムズ・ハッドフィールド
（江口理恵・訳）
written by James Hadfield
translated by Rie Eguchi

すごくしっくりくるアルバム、というものがある。初めて偉大な音楽を聴いたときに感じるゾクゾクするようなスリルと瞬時に納得する感覚は、誰もが経験したことがあるだろう。人生において、なぜこのような天才的な作品に長い間触れることがなかったのだろうと思ってしまうほどに。

そのいっぽうで馴染むまでに長くかかるものもある。初めて、あるいは10回ぐらいかけてもわからないものもある。自分の場合、『Loveless』を理解できるようになるまで、少なくとも10年程かかった印象だ。

マイ・ブラッディ・ヴァレンタインの2作目のアルバムは、多くの意味で画期的な作品であり、その後の10年間、鳴り響くことになるロック・ギターの新しい表現法を生み出した。シューゲイザーはどうでもいい。エフェクターを数珠繋ぎにしてノイズの壁をつくった、あらゆるオルタナティヴ・ロック・バンドは、マイ・ブラッディ・ヴァレンタインからなんらかの恩恵を受けていると同時に、グループがもたらしたインパクトは、より広範囲にまで広がった。ビリー・コーガンやジ・エッジ、ボーズ・オブ・カナダが彼らに影響を受けたと公言している。

しかし、『Loveless』の特徴はそれだけではない。30年経ったいまも、このアルバムを際立たせているのは、アルバムの実際の音の〝聴こえ方〟である。自分が初めてこの作品を耳にした2000年頃、まるでカセットテープからカセットテープに延々とダビングが繰り返され、その過程ですべての切れ味を失ってしまったものであるかのように感じた。4トラック録音のデモ・トラックでさえもっと刺激的な音のものを聴いたことがある。これが皆が称賛してきた画期的なアルバムだというのか？

自分が『Loveless』を聴く準備ができていなかったというわけではない。少なくとも理論的には。

90年代後半は、エレクトロニック・ミュージックを深く掘っていた頃で、最初はトリップ・ホップ、ケミカル・ブラザース、オービタルからワープ・レコーズやニンジャ・チューンなどのレーベルに傾倒していった。ポスト・ロックが自分の定番の好物となり、1998年のレディング・フェスティヴァルでモグワイを観てから分厚いギターとフィードバックの恍惚としたパワーに目覚め、BBCラジオ1のジョン・ピールの番組を聴いて、より奇妙なサウンドの世界に開眼した。さらにケヴィン・シールズが愛してやまないザ・キュアーの1989年の映画的な大作『Disintegration』は、まさに『Loveless』の前身ともいえるもので、とくに興味を持った。

しかし、90年代の音楽には私も含めほとんどのリスナーが気付かないような別の動きがあった。グレッグ・ミルナーの信頼できる音楽録音の歴史を記した『Perfecting Sound Forever』によると、CDの登場以来レコード会社は自社の作品を他社のものより大きな音で鳴らすための、激化する競争から抜け出せない状況に陥っていたという。1997年にリマスターされたザ・ストゥージズの『Raw Power』やレッド・ホット・チリ・ペッパーズのクリッピングされ過ぎた『Californication』などの悪名高い例を耳にしたことがあるだろう――一般的なそのやり口は、強引なマスタリングのテクニックを用いてCDの最大振幅を超えさせて、小さな音量でもスピーカーから爆音が聴こえるようにすることだった。

『Loveless』から3年後、〈クリエイション〉はこのアプローチを代表するようなアルバムをリリースすることになる。オアシスの『Definitely Maybe』では、〝ブリックウォール（レンガの壁）〟と呼ばれるマスタリング方法でアルバムのダイナミック・レンジを均一にし、ギターのアタック音を情け容赦ない一斉射撃のようにするやり方が採用された。それはリアム・ギャラガーのヴォーカルのように、交通量の多い道路や賑やかなパブの喧騒のなかをも切り裂くようなサウンドで、それ以後の10年間にリリースされたメインストリームの音楽の大半がこれをデフォルトに設定したほどだ。

『Loveless』はこれらすべてに先んじていた。CD時代の初期のリリースの多くと同じように、CDのフォーマットの技術的な限界を超えようとはしなかった。また、レコードで聴くと音が良いアルバムというわけでもなかった（少なくとも、シールズが多大な労力を費やして完全なアナログ・リマスターを行い、スタジオでの音に近づいたと語った2017年発売のLPまでは)。当時『Loveless』は、CDが提供する拡張されたダイナミック・レンジを利用するために録音されたものと考えられていた――結局それは、レコード会社がすぐに使い捨てにすると決めたクオリティとまったく同質のものだったのだが。

このアルバムの巨大なパラドックスは、このようなオーディオのおたく的な側面と、あらゆるHi-Fi機器を断固として拒否した組み合わせでできていることである。何を信じるかによるが、このアルバムの制作費としてクリエイション・レコーズには£140,000から£250,000ほどかかってしまったにも関わらず、そのように高額な値札から連想されるような輝きは一切ない。シールズは、アルバムは〝針の上の綿毛〟のようなクオリティを持っていると説明している。スティーリー・ダン風というわけでもない。私が「下手なカセットテープでダビングしたような」と言及したのはこのような意味からだ。すべてが、とても……濁っていた。

いま思い返してみると私はあながち間違ってはいなかった。シールズのトレモロ・アーム奏法がギター・サウンドを刷新したように、『Loveless』の制作とミキシングは、それまでのほとんどの常識を覆すものだった。80年代におけるロック・ミュージックの美学は完璧なライヴ体験の再現であり、各パートを個別に録音して、可能な限りクリーンな音質にして編集で操作できるようにし、その後、全体にリヴァーヴとノイズゲートをかけてアリーナでライヴを聴いたときのような効果を模倣することだった。

『Loveless』も、シールズが演奏しているドラムス以外のところに限っては(ドラムスもほとんどがサンプリング)、このアプローチに似た方法をとっている。シールズもまたライヴの経験を連想していたが、それはU2やブルース・スプリングスティーンの大きなショーのようなサウンドではなく、小さなヴェニューでのPAの、低音を抑えた中音域にすべてを詰め込んだようなサウンドだ。パブリック・エナミーの最初の2枚のアルバムは重要な参考資料だったが、彼はローリング・ストーンズやビートルズ、そしてミスター・〝ウォール・オブ・サウンド〟ことフィル・スペクターなど60年代のアルバムで聴かれた初期の制作スタイルを呼び起こしていたのだ。

これが、『Loveless』の大部分がモノラル録音され、各トラックがミックスの中心に堂々と鎮座していた理由であり、80年代に流行した極端なステレオ・セパレーション(ステレオの左右チャンネルの分離)や、Hi-Fiサウンドへの執拗なこだわりに対する反抗だったのだ。私がかなりの不快感を覚えた、あの不明瞭な質感も意図的なものだった。シールズは2003年のインタヴューでこう語っている――「エッジをぼかして、クリアにしようとはしなかった。人びとは本当にクリアなサウンドを求めて多大な努力をしていたが、基本的には、それでリスナーの経験を半減させてしまっただけだから」と語った。

このようなことができるほど自信のある(あるいは無謀な)アー

ティストはほとんどいないからこそ、リスナーのほうから彼らに歩みよるのだ。アルバムに関わった大方のエンジニアは――シールズとコルム・オコーサクを除いて16人もがクレジットされていた――バンドのやり方はすべて間違っていたと主張した。いまでもなお、インターネットの掲示板界隈のオーディオ・ファンの間で激しい議論が交わされているアルバムのなかで、もっともHi-Fiではない作品だろう。

自分自身が、『Loveless』を受け入れられるようになったプロセスは、長年の音楽を聴く経験によりリスニングの習慣が進化してきたこともあるが、2008年にロンドンのカムデン・ラウンドハウスでのバンドの再結成ライヴを観たことも影響している。シールズが言うように、リスナー側もこのアルバムを聴くにあたって多くの作業が必要だということであれば、ライヴ・バンドとしての基本的な力を体験することは私に精神的支柱となる基準点を与えてくれたのだ。

いま、このアルバムのオリジナルCDヴァージョンを聴くと、その後の10年でリリースされた音楽の即効的な効果を求めて激しく圧縮された音がいまでは単なる苛立ちにしか感じられないほど、心を奪われる魅力がある。そうはいっても完璧な効果を得るためには、注意深く耳を澄まし、音量をいくつか余計に上げる必要があるが、それが『Loveless』の特別なところでもある。『Loveless』は、自ら愛を乞うてはいないのだ。

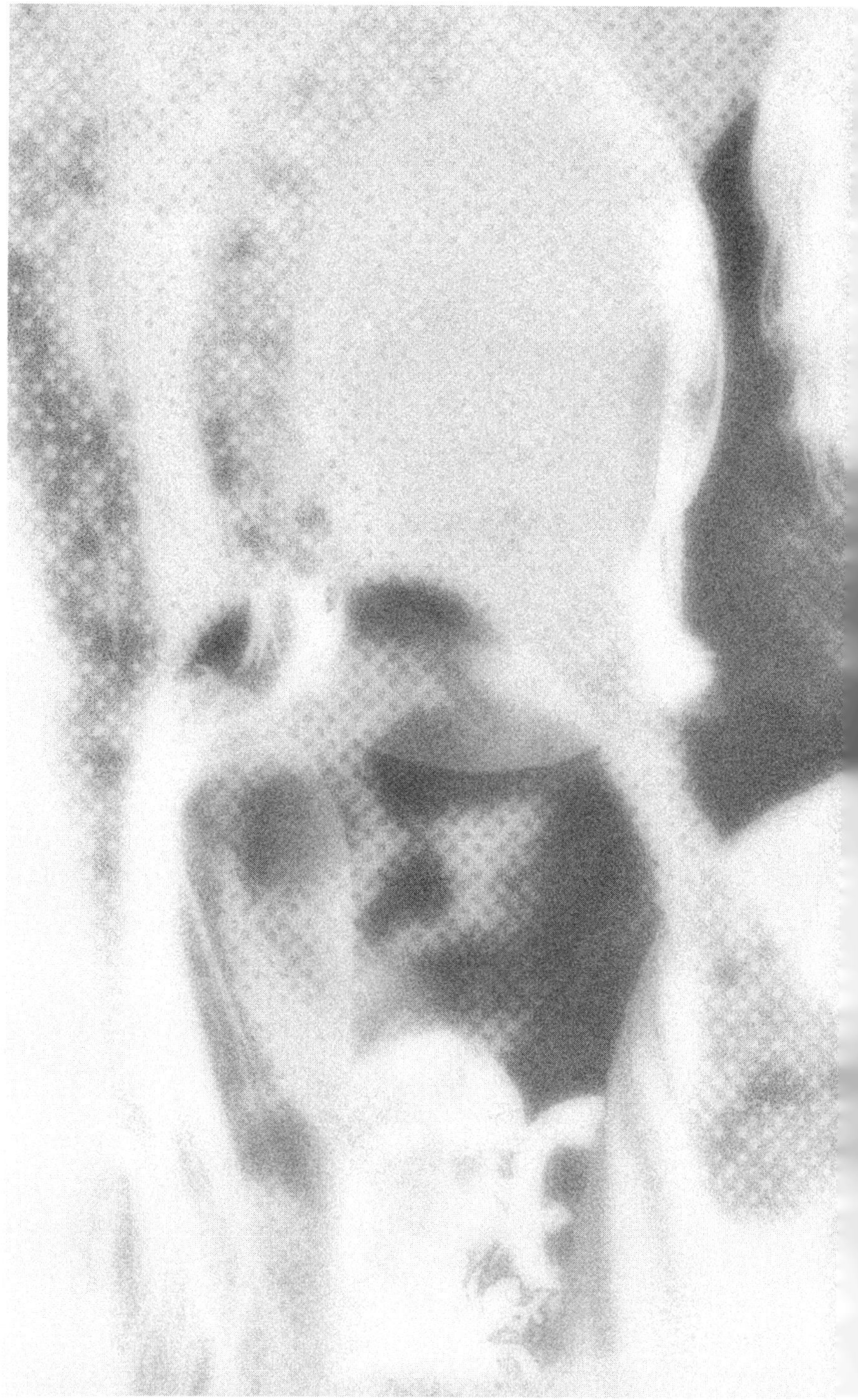

黒田隆憲

## My Bloody Valentine
## Ecstasy And Wine

Lazy Records（1989）

A1 Strawberry Wine
A2 Never Say Goodbye
A3 Can I Touch You
A4 She Loves You No Less
A5 The Things I Miss
B1 I Don't Need You
B2（You're）Safe In Your Sleep（From This Girl）
B3 Clair /
B4 You've Got Nothing
B5（Please）Lose Yourself In Me

デイヴ・コンウェイがバンドを脱退、代わってビリンダ・ブッチャー（v）が加入し初めてレコーディングされたシングル「Strawberry Wine」と7曲入りのミニ・アルバム『Ecstasy』をコンパイルした編集盤。リード・ヴォーカルを失ったバンドは解散し別名義での再出発も検討したが、思い直してロンドンのローカル音楽誌にメンバー募集をかけオーディションを行う。そのとき、ケヴィンそっくりの歌声でドリー・パートンを歌ったビリンダのことをメンバー（とくにデビー）が気に入り、晴れて正式メンバーとなった。
もともとリードを取るつもりがなかったケヴィンとビリンダによる男女混成ヴォーカルは本作の特徴のひとつ。声質のよく似た二人の儚げでどこか官能的な歌声は、バンドのトレードマークにもなった。それからザ・バーズにインスパイアされた、12弦ギターのキラキラとしたサウンド。このふたつの特徴とジーザス＆メリーチェインに影響されたフィードバック・ギターによって、本作はいまもファンの間で根強い人気を誇っている。ちなみに〝Clair〟の最初と最後に挿入されている歓声は、ザ・ビートルズのライヴ・アルバム『The Beatles at the Hollywood Bowl』からサンプリングしたもの。
マスタリングのミスや予算不足などにより、当時バンドが持っていたパワフルな演奏力がうまく封じ込めなかったことや、レーベルがバンドの許可なくリリースした経緯などもあって、現在オフィシャルのディスコグラフィからは外されている本作。しかしヒッピー＆フラワー・ムーヴメントを彷彿とさせる「Strawberry Wine」や、とびきりポップな「Never Say Goodbye」、ケヴィンの元カノで後にラッシュを結成するエマ・アンダーソンからの影響を思わせる〝(Please) Lose Yourself in Me〟など神曲盛り沢山なので、機会があったら聴いてみてほしい。

後藤護

## My Bloody Valentine
## m b v

Creation Records（1991）
Domino／ビート（2021）

1 She Found Now
2 Only Tomorrow
3 Who Sees You
4 Is This And Yes
5 If I Am
6 New You
7 In Another Way
8 Nothing Is
9 Wonder 2

２０１３年に満を持してリリースされた、22年ぶり3枚目のアルバムが『mbv』である。しかし、22年の歳月は重い。ビートルズの活動期間10年の倍以上、一人の赤ん坊が4年制大学を卒業して新卒社会人になるのとピッタリ同じ期間、つまり子供が大人に成熟するのに充分な時間が前作から経過したということだ。ましてや90年代を代表する名盤『Loveless』をリリースしてからの沈黙ということで、その重さはひとしおだった。
しかしこうしたタイムスパンに類例がないわけではない。『Since I Left You』でゼロ年代を決定づけたアヴァランチーズが次作『ワイルドフラワー』をリリースするのに要した16年、ガンズ&ローゼズが大作『ユーズ・ユア・イリュージョン』の後に『チャイニーズ・デモクラシー』をリリースするまでに要した17年と、かつて傑作を出したり一世を風靡したバンドが不死鳥のごとく再生するためには、長い沈黙期間を、さながら錬金術の「黒の過程（ニグレド）」のように必要とするのも何となくわかる。とはいえ、『mbv』の立ち位置ともっとも近いところにある作品は、意外にも同じく２０１３年に公開されたアレハンドロ・ホドロフスキーの23年ぶりの新作『リアリティのダンス』である。22年と23年という近似もさることながら、ホドロフスキーの映画が、これまでのオカルトでマカロニでエクストラヴァガンツァな作風から一気に自伝的で内省的な作風に変化したというのが、『mbv』に一脈通じるのだ。20年の歳月は、人を大人にさせるのに十分な時間である。
そうした「内省のモード」の作品である点をはっきりさせるためにも、『mbv』という作品のサウンドや曲構成のディテールを解剖しないことにははじまらない。まず全9曲のアルバムを繰り返し聴くなかで気づいたのは、本作が3曲ずつの計3ブロックに分かれているという点だ（ピッチフォークの評も同意見だった）。まず前作『Loveless』を踏襲した第一パートが来る。1曲目〝She Found Now〟はギターのみで作られた、そしてもっともギターを重ねて作られた曲。マイブラ印のトレモロアームを用いたエレキギターもダブルトラックで重ねているらしく、音の厚みが圧倒的だ。2曲目〝Only Tomorrow〟はアルバム内でもっともヘヴィーに歪んだギターがビリビリと痙攣的で、途中ふとヴィオラかヴァイオリンのような弦の音が轟音のさなかに不気味に浮かび上がり、ヴェルヴェッツのジョン・ケイル的アプローチを思わせる。3曲目〝Who Sees You〟はイントロのドラムに『Loveless』第1曲目の〝Only Shallow〟の切り込み方に近いものを感じた。この曲は最後唐突にブツ切れて、数秒間のブランクが設けられていることからも、この3曲目までが第一の「ラヴレス・パート」だと察しがつく。

続いて4〜6曲までの第二パートはドリームポップ路線。4曲目〝Is This And Yes〟はE-mu Vintage Keysのオルガンを使用したチャーミングな1曲で、「ブライアン・ウィルソンや、そのチルドレンであるステレオラブ、ハイ・ラマズ辺りを彷彿させる」と、マイブラ専門家・黒田隆憲氏がパーフェクトに評している。5曲目〝If I Am〟はモジュレーションをかけたワウギターを駆使したもっとも浮遊感のあるマシュマロ・ポップで、江戸以来続く浮世（フローティング・ワールド）としてのポップ都市TOKYOを描いた『ロスト・イン・トランスレーション』にもっとも近い世界観。クセになってしまうヒップホップのブレイクビーツのようなドラムは、ケヴィン・シールズがサンプラーで組んだドラム・パターンにコルム・オコーサクの生ドラムを重ねることで得られたものだという。6曲目〝New You〟は故カート・コバーンに捧げられた曲とケヴィン自身明言していて、死生観を問題にしている。とはいえ音楽的にはカートが愛したグラスゴー・サウンドのようなポップセンスが光る一曲で、悲しげでいて親しみやすさがある（ちなみにケヴィンはパステルズの曲のリミックスもやっている）。カート追悼で第二部を締め括ると、本作でもっともアグレッシヴな第三部へなだれ込む。7曲目〝In Another Way〟は途中で何度かリズムが軍隊の行進（マーチ）調に変化するが、次の曲がインダストリアル、最後の曲がジェットエンジン・サウンドという点を踏まえると、全体にハードで男性的な第三部は「ミリタリー・パート」と呼ぶことができるだろう。8曲目〝Nothing Is〟は96〜97年ごろにケヴィンがドラム・ループの実験をするなかで生まれた曲ということで、その時代のナイン・インチ・ネイルズなどに近いインダストリアル・メタル調。ヴォーカル皆無、ほとんど猪突猛進という感じで、「両性具有（アンドロギュノス）」と形容されることの多いマイブラ・サウンドのなかでは異色のマッチョぶりだと言える。最終曲〝Wonder 2〟はマイブラ新境地で、ドラムンベースとシューゲイザーが融合した「ドラムンゲイザー」としか呼びようのない一曲。ジェットエンジンの音を模してフランジャーで作り上げられた轟音は、11歳のときに初めて録音した音が掃除機だったというケヴィンの少年時代へのレミニッサンスが感じられるタルホ式ミュージックで、飛行機や掃除機のノイズにセンス・オブ・ワンダーを刺激されて止まない「微熱少年」（松本隆）の、常に地上数センチ浮かんでいるようなA感覚的浮遊性がある。

以上のように全曲解説を試みたが、肝要なのは『m b v』が先述した『リアリティのダンス』のように、20年近い歳月を経て内省のモードに至ったという点だ。①『Loveless』とは全く異なるサウンドとインタヴューで強調するケヴィンは、ではなぜ冒頭3曲に『ラヴレス』と比すべきサウンドを配したか、②実は本作が93〜96年ごろに取り組んだ過去の断片をかなりの部分で利用して作られたブリコラージュ的1枚であるということ、③沈黙期間にフォロワーともエピゴーネンともつかぬニューカマーたちが続々と「ポスト・ラヴレス」的サウンドを構築したこと（なかにはビリンダ・ブッチャーズという神をも畏れぬ名づけを行った者も）、この三点を踏まえれば、作品は嫌でも内省的な方向へ、つまり過去の自分とどう向き合うかが問題になるはずだ。

最後にそうしたクリエイター心理に迫ってみたい。本作が90年代中頃に取り組むも中途断絶した過去素材を再利用して、新たなアイディアと繋ぎ合わせることで生まれた一作であることはすでに述べた。その意味でケヴィンも崇拝するブライアン・ウィルソン『スマイル』と似た作られ方とも言えるが、意地悪な見方をすれば、死体（過去素材）の断片を継ぎ接ぎして統一体に仕立て上げた「フランケンシュタインの怪物」だとも言える。例えば〝Only Tomorrow〟という曲は四つのバラバラのセクション（このsectionなる語は死体解剖を連想させる「切断面」も意味する）を繋ぎ合わせてひとつにしたと、ケヴィンはインタヴューで明かしている。つまり——これは必ずしも悪い意味で言うのではないが——新発見術（アルス・ノヴァ）（神の業）から組み合わせ術（アルス・コンビナトリア）（人間の業）へと、マイブラは22年の歳月で移行したのだ。

『Loveless』は一回きりの「発明」だったと思う。ゼロ年代以降エレクトロニカ〜アンビエント方向からのシューゲイザー再評価が進み、その要素を取り入れたサブジャンルが一気に叢生したが、残念ながらマイブラ嫡子とも言える「ニューゲイザー」に関しては——その差異なき反復が「ジャンルの美学」とは言い条——殆ど模倣の域を出ていない（フェネズやディアハンターなど、このジャンルと重なりそうで重ならない境界線上のミュージシャンにこそ聴くべきものが多い気がする）。とにかく後進世代が明らかにしたことは、ギター、ベース、ドラム、ヴォーカルが文目（あやめ）を失ってメルトダウンしていく甘美なラヴレス・サウンドの夢幻世界に、二度目はないということだ。無論本人たちですらその例外ではない。キャリアの初期において歴史的傑作を出したアーティストは、それを「超える」飽くなき努力に邁進する者（例えばプリンスやレディオヘッド）、「超える」のではなくいかに「向き合う」かであると悟る者（例えばNasやオアシス）など大きく二種類に分かれる気がしていて、マイブラのケヴィンは、前者に寄りつつも、やはり後者のタイプだろう。『Loveless』を「超える」というより、その過去と「向き合う」ことで形になったのが『m b v』である。『Loveless』という一回限りの新発明術（アルス・ノヴァ）があり、それをどう距離化するかというプロとしてのジレンマなりアイロニーの類が生じ、結果として断片としての過去素材（それは過去の記憶であり、自分の断片でもある）を中心に組み合わせ、繋ぎ合わせることで、神（『Loveless』）と向き合い、ひいては己と向き合う内省的な傑作『m b v』が生まれたのではないか。

ところで、『Loveless』は90年代に流行した「エクスタシー」のドラッグ体験をサウンド・ペインティングしたものだとケヴィンは説明しているが、そうした境界侵犯的な恍惚感や多幸感は『m b v』には希薄で、むしろジャケの「青」が示すようにそこには「覚醒」した内省（リフレクション）があり、サウンドにはグリッドがある。かつて「You made me realize（君が僕を覚醒させた）」と歌ったバンドは、その言葉を自分自身に送り返したのである。即ち『Loveless』のカオスな幻覚世界を鏡の反射（リフレクション）で背中越しに見送りつつ、このバンドはポール・ヴァレリーの言うように「後ろ向きに前に進んだ」のだ。

interview
『mbv』オフィシャル・インタヴュー

# 振り返ってみると、1996年の段階で描いていたのは、世のなかが〝終わり〟に向かっているようなイメージだった。

質問：黒田隆憲
通訳：染谷和美

――『Loveless』から実に22年ぶりとなるサード・アルバム『mbv』の制作は2006年からスタートした旧作のリマスター・プロジェクト（リリースは2012年）がきっかけではじまったと聞きました。その経緯について、あらためて聞かせてください。

KS　1996年の秋くらいから、いろんなアイデアを書いては録って、ということはしていたんだ。で、1997年の3月か4月くらいには20個くらいのアイデアがまとまっていて、インスト曲のなかにはすでに完成しているものもあったのだけど、他のアイデアはギターのリフだけとか、メロディだけだとか、未完成の断片ばかりできちんとレコーディングすることなくそのままになってしまった。それからおよそ10年後、2006年に旧作のリマスター・プロジェクトが立ち上がったとき、過去のマテリアルをいろいろ引っ張り出していたときに、当時の断片をあらためて聴き直すきっかけがあってね。「これ、アルバムにできるかもしれないな」と。……いや、「これは絶対に完成させたい」と強く思ったんだよ。

――それはなぜでしょう。

KS　96年とか97年に自分が目指していたもの、あるいは当時自分が影響を受けていたものが、2006年になってより明確に見えるようになったというか。しかもいまこの時代に作ることが非常に有意義で有効的だとも思えた。まあ、実際の作業に入ったのは2011年になってしまうわけだけどね（笑）。ただ、それでもなおコンテンポラリーなサウンドだなと思えたし、ちっとも古く感じなかった。要するに、僕が時代の先を行き過ぎてしまっていたということだ。これだけの時間が経ってようやく、アルバム作りを心地よく進められることができたというわけ。

振り返ってみると、1996年の段階で描いていたのは、世のなかが〝終わり〟に向かっているようなイメージだった。つまり世界的に大きな変化が訪れ、それに伴うストレスがあり、それを乗り越えた先にはリズムに関しては、この曲もクラシックなヒップホップからの影響がある。とあるアーティストのビートを拝借しているんだ（笑）。


きっと明るい未来、モダンで未知の世界が訪れる……みたいな感覚を曲にしたかったんだ。まあ、〝テーマ〟とまでは言わないけど、そのときに持っていた〝フィーリング〟みたいなものは、２０１１年においてもまだ有効だったし、もっと言えばより明確になったような、そういう感覚があった。

――その間、私たちは９１１（アメリカ同時多発テロ）や３１１（東日本大震災）を経験していますしね。

KS　96年～97年のころは、僕が感じて音にしたいと思っていた〝フィーリング〟を、みんなはピンとこなかったと思う。それが２０１１年のレコーディングに入ったときには、当時よりも多くの人がその〝フィーリング〟を持つようになっていたと感じていた。そしていまに至るわけだけど。

２０１１年、もしくはアルバムがリリースされた２０１３年の段階では、『ｍｂｖ』についてあまりインタヴューなどでは語っていなかった。何故なら、まずは作品を聴いてもらって、ありのまま感じて欲しかったからで、僕のほうから作品に先入観を植え付けたくなかったからなんだよね。でも、いまなら話せることもいろいろあると思う。本来なら、『ｍｂｖ』で描いた未来にいまの僕らはいるはずなのだけど、相変わらず世のなかは混乱しているだろう？　だからこそ、「混乱を超えた先の希望」について描いたこの作品をいまこそみんなが共有してくれるような気がしているんだ。

――過去に録ったさまざまな断片を現代の解釈で組み合わせ、そこに新たなギターやヴォーカル、その他の楽器を重ねることで、このアルバムはタイムレスな響きを生み出していると思ったのですが、そのことについてはどう思いますか？

KS　おそらくそれは、このアルバムが〝ある特定の時代〟を歌っていないからなのだろうね。要するに、〝そこから先の未来〟について歌っているわけだから。繰り返されるサイクルのようなこの状況をいつか抜け出し、〝本当の未来〟が訪れたときに振り返ってみて初めて、「あの頃のことを歌っているんだな」と思えるんじゃないかな。

――当時、ケヴィンは本作について、ザ・ビーチ・ボーイズの『Smile』を引き合いに出して語っていましたが、その意図はどこにあったのでしょうか。

KS　ブートレッグも含めて『Smile』はよく聴いていたんだ。聞いた話によれば、『Smile』のレコーディングというのは、ひとつのことを順番に進めていくのではなく、複数のパートを同時に進めながら最終的にひとつにまとめていくやり方だったみたいだね。おそらく僕は、その手法について『Smile』を引き合いに出して語っていたんじゃないかな。各パートはバラバラに進んでいるかもしれないけど、エネルギーとしては同じところへ向かってリニア（一直線）に進んでいくというか。僕らのやり方は、『Smile』とそっくり同じというわけではなかったけどね。

――実は、今作の方が『Loveless』よりもディストーションを多用し、極端なギターサウンドになっていると聞きました。『mbv』で目指していた音像は、どのようなものだったのでしょうか。
KS　『Loveless』ではVOXの小さいアンプを使ったのだけど、『mbv』ではFender Tweedの54年製を使用した。とにかくアンプのヴォリュームを思いっきり上げて、スピーカーがビリビリ震えるくらいドライヴさせていたんだ。
——その一方で『mbv』は、『Isn't Anything』や『Loveless』に比べてケヴィンのメロディメーカーとしての魅力が、より前面に打ち出されているように感じました。例えば〝New You〟の洗練されたメロディ、メジャー7thコードの使い方などバート・バカラックやロジャー・ニコルスなどを彷彿とさせるのですが、この曲はどのようにして生まれたのでしょうか？
KS　たしかにバート・バカラックの影響もあるし、さらに遡るとボサノヴァからの影響がバカラックを通じて入ってきているとも思う。あと、これは奇妙に感じるかもしれないけど、プリンスの影響もあるんだよね。
　実は〝New You〟のメロディの半分はカート・コバーンが亡くなった後に書いたものだ。僕は彼の訃報を聴いてものすごくショックを受け、しばらくそのことばかり考えていた。カートのような立場にもし自分がなったら……などと考えてしまってね。だから、ある意味でこれは〝死〟についての曲でもあるし、別れの曲でもある。死者への別れではなく、生者に対する死者からの別れのような。そういう死生観を歌った曲に仕上がった。
——この曲は変拍子も印象的です。
KS　リズムに関しては、この曲もクラシックなヒップホップからの影響がある。とあるアーティストのビートを拝借しているんだ（笑）。あと、この曲にはちょっとした面白いエピソードがあってね。デモを作ったのがたしか94年で、『mbv』のなかではもっとも古くから着手している曲なんだけど。最終的にアルバムに入ったヴァージョンはドラムやヴォーカルは入れ替えているけど、そのときにはすでに完成形に近い状態だった。そのデモをワーナーブラザーズのお偉いさんが耳にして、とても気に入ったらしくてさ。当時人気があった『フレンズ』というドラマあっただろ？　そのイメージアルバムを制作中で、そこに使いたいと言ってきたんだ。しかもすごい使用料だった。25万ドルだったかな（笑）。でも、僕らにとってこの曲はとても大切で、自分たちの作品として使いたかったから、お断りした。当時の僕ら、無一文でお金に困ってたのにね（苦笑）。
——〝Is This And Yes〟は、『ペット・サウンズ』期のブライアン・ウィルソンやそのフォロワーであるステレオラブ、ハイ・ラマズにも通じるものを感じたのですが、その辺りのアーティストは意識しましたか？
KS　ブライアン・ウィルソンやバート・バカラックの影響はもちろんあったし、とくにあの頃はそれが

ときを経て、より「筋が通ってきた」ように僕も思う。
突き詰めれば本作は、とてもポジティヴな作品だ。

強く出ていたかもしれない。ただ、ステレオラブはどうかな。大好きなバンドだから影響を受けていたとしても不思議じゃないし、可能性はあるかもしれないけど、意識はしていないと思うよ。96年にレコーディングしているので、その頃にステレオラブやハイ・ラマズがどんな作品を出していたか、ちょっと思い出せないしね。ショーン・オヘイガン（ハイ・ラマズ）に関しては、そもそも好きなコード進行がとてもよく似ているので、同じような音楽が好きなミュージシャン同士という感じはする（笑）。〝Is This And Yes〟はドラムパターンをいろいろ実験していて生まれたもので、コード進行に関しては昔ながらのブライアン・ウィルソン・スタイルというか、クラシックなソング・ライティングだよね。

――ここ最近のライヴでレパートリーに組み込まれている〝Only Tomorrow〟は、元々あった複数の曲を組み合わせて作ったと聞きました。そうした制作プロセスにより、『Loveless』の楽曲に比べて曲の構成が複雑になっています。

KS　あれは、「とりあえず録ってみようか」ということで、メロディとギターリフをインプロビゼーションで弾いてみたり、違うキーを試したり、違うプレイスタイルを試したり、あーでもないこーでもないと悩みながら作ったものを「じゃあ、全部まとめちゃえばいいんじゃない？」となって、複数のパーツを組み合わせたんだよね（笑）。実際に組み合わせてみるまではうまくいくかどうかわからなかった。やってみたらうまくいったけどね。

――〝In Another Way〟は、ケヴィンが参加していた『XTRMNTR』期のプライマル・スクリームを彷彿とさせますが、この曲はどのようにして作られたのでしょうか。

KS　この曲に着手したのは96年だから、プライマルの『XTRMNTR』よりずっと前にあった（笑）。当時、ドラムのループをいろいろ組みながら新しいリズムパターンを模索していくうちに出来上がった曲だよ。ビリンダが歌っているところのギターリフとか、同じリズムだけどアプローチを変えてみたり、ギターの代わりにシンセを鳴らしてみたり、ギターサウンドを変えてみたり、いろんなことを試みている。それでもまとまって聴こえるのは、ドラムが引っ張っている曲だからかもしれないね。

――この曲のドラムはとてもパワフルですが、音作りやレコーディングの仕方が何か特別だったのでしょうか。

KS　基本的にこれはサンプリングとループのみで作っている。かなりいろいろ試したので3パターンくらいレイヤーされていると思うよ。

――本作ではかなりEBOW（イーボウ）を使用していて、それはプライマルのライヴに参加したことがきっかけだったとか。

KS　イーボウは映画『ロスト・イン・トランスレーション』のサウンドトラックに提供した楽曲でも使っている。タイトルは忘れちゃったけど（〝Goodbye〟）。シタールをフィーチャーしたトラックの上に、イーボウで発振させたギターの音を重ねた。あれはコンピュータに取り込んでから、机に座りデスクトップに向かってギターを弾いたのだけど、そうやってイーボウを使うようになったのは、たしかにプライマル・スクリームのライヴがあったからだよ。

――インスト曲〝Nothing Is〟は、ほぼドラムとギターだけで作られているのに妙に引き込まれます。

KS　これも結局は、ドラムのループをいろいろと実験しているなかで生まれた曲だね。96年～97年の頃は、そんなことばかりずっとやっていたんだ。ギターに関してはループではなく、自分でとにかく弾きまくっている。あとシンセも重ねてあるよ。すごく感覚的な楽曲なんだけど、制作している段階から「これは何か良くなりそうだぞ」という直感があった。実はものすごく複雑なのだけど、エネルギーもあって、聴いているとどんどんテンションが上がっていくような曲に仕上がったし、そうなるだろうと思いながら作っていたのを覚えているよ。

――〝Wonder 2〟は、フランジャーのエフェクト効果が全面的にフィーチャーされていて、これもいままでのMBVにはなかったサウンドだと思います。

KS　このやり方って、J・マスキスが先にやっていたんだよね。それを知っていながら何故同じことをやったかというと、僕がイメージしていたのは飛行機が飛び立つときのサウンドだったからなんだ。グゥオーーー!!とか、ゴゥゴゥゴゥ……とか。ここではフランジャーだけじゃなくて、リヴァース・リヴァーブやディストーション、コンプレッサーなども通している。しかも、ギターではなくドラムに通しているところがポイントだよ。よく「フランジャーを通したギターサウンドが……」みたいな書かれ方をするのだけど、ギターにはかかっていないんだ。

――『mbv』はレコーディング、ミキシング、そしてマスタリングのプロセスを、ほとんどアナログで行ったと聞きました。アナログにこだわったことで、他の作品と比べてどのような違いが生まれましたか?

KS　当初はPro Toolsで仕上げることも考えていた。元の音源というか96年、97年に制作していたマテリアルはアナログテープに録っていて、それをPro Toolsに取り込んでエディットしていくこととかね。でも、実際にやってみるとしっくりこなかったんだ。〝昔のサウンド〟〝いまのサウンド〟みたいにしっかり分かれてしまう気がしたんだよね。それならいっそ、Pro Toolsのことは忘れてテープオンリーでいこうと。ただ、アナログのみでやるとなると、かなり制約が多くなる。その制約が工夫を生み出し、作品にいい効果をもたらしたともいえるけど。とにかく、〝求めるサウンド〟に重きを置いて、追求していった結果アナログテープがしっくりいったということだね。

――以前、ケヴィンはこのアルバムについて「いままでになかったような、心のこもったアルバム」「より深い愛について、『受け入れる』ということについて書いた歌詞」とコメントしていました。その真意はどこにあったのでしょうか。

KS　もしかしたら〝empathy（共感、思いやり）〟という言葉がしっくりくるのかもしれない。その言葉が全編を貫いているような気がするね。説明するのが難しいのだけど、〝spiritual〟とは少し違う。だけど、みんなで共有できる感覚というか……万人に共通する感情みたいなものが、サウンドに込められた気はしているよ。

――だからこそ、ときが経てば経つほど本作の真価がよりはっきりと見えてきているのかもしれないですね。

KS　うん。ときを経て、より「筋が通ってきた」ように僕も思う。突き詰めれば本作は、とてもポジティヴな作品だ。とくに〝Nothing Is〟などはそう。なかには〝Wonder 2〟のように、「さあ、これから未来はどうなっていくんだろう?」みたいな、不安定で曖昧な曲もあるけど、全体的には希望を感じさせる上に、「こういう視点もあるよ?」「こういう考え方もあるよ?」という別の視点を提示しているようなところもある。決して何か強いメッセージを訴えているわけじゃないけど、こういう時代だからこそ伝わるものがあると思うし、結果的にポジティヴな作品として聴かれる気がしているよ。

（構成：編集部）

## My Bloody Valentine
## EP's 1988-1991

Sony Music（2012）
Domino／ビート（2021）

1-1 You Made Me Realise /
1-2 Slow
1-3 Thorn
1-4 Cigarette In Your Bed
1-5 Drive It All Over Me
1-6 Feed Me With Your Kiss
1-7 I Believe
1-8 Emptiness Inside
1-9 I Need No Trust
1-10 Soon
1-11 Glider
1-12 Don't Ask Why
1-13 Off Your Face
2-1 To Here Knows When
2-2 Swallow
2-3 Honey Power
2-4 Moon Song
2-5 Instrumental No. 2
2-6 Instrumental No. 1
2-7 Glider（Full Length Version）
2-8 Sugar
2-9 Angel
2-10 Good For You
2-11 How Do You Do It

※Domino／ビート盤には2枚目のCDの12曲目と13曲目にふたつの隠しトラック（"Untitled"と"Don't Ask Why（Alt Ver.）"）がある

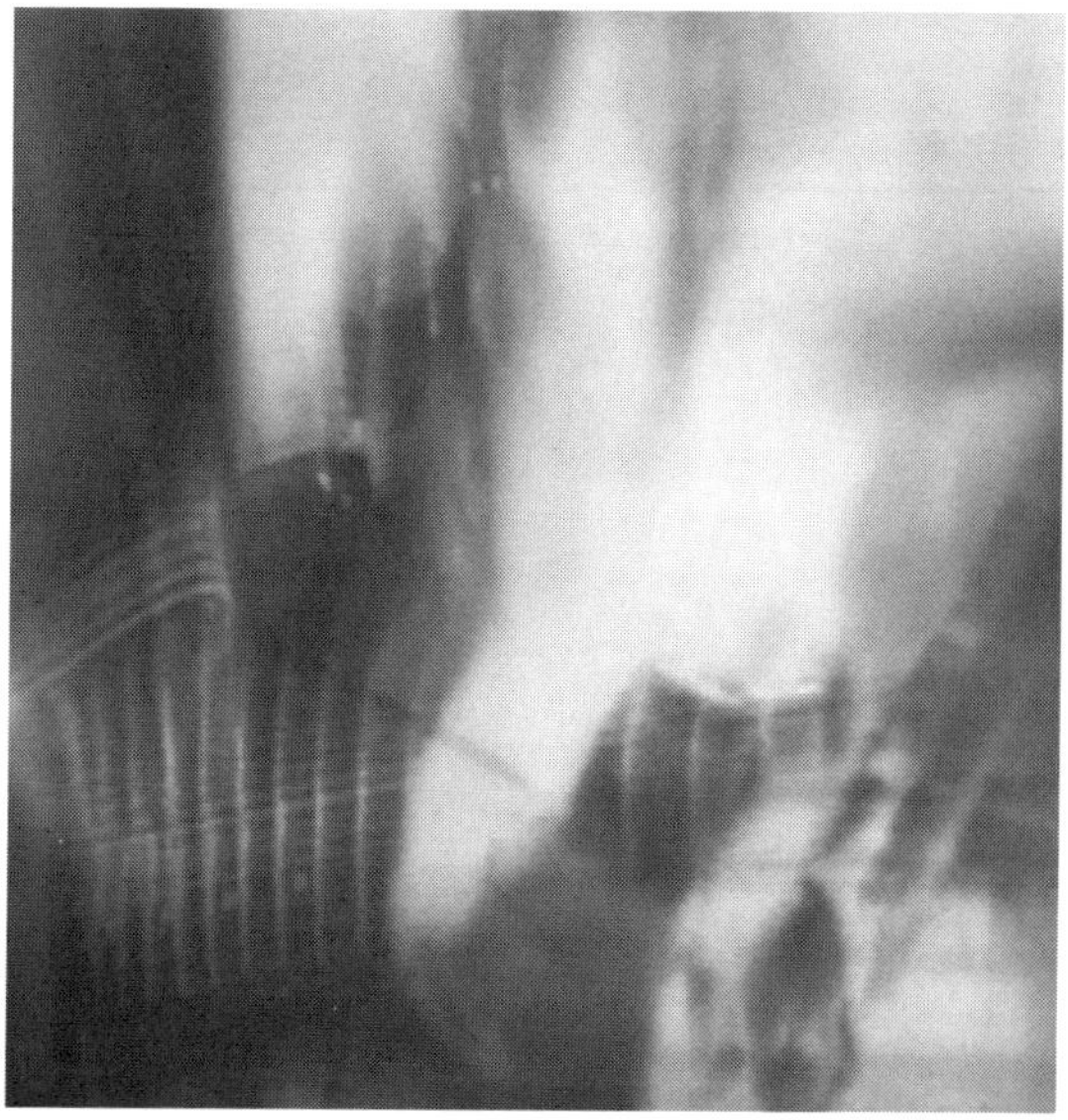
山口美波

私にとってマイ・ブラッディ・ヴァレンタイン（以下マイブラ）といえば、〝Tiger In My Tank〟（バースデイ・パーティを彷彿とさせるゴスでパンクな曲。『This Is Your Bloody Valentines』収録）なので、大半のマイブラ・ファンの方々にはおそらく信用されない書き手かもしれません。すみません。とはいえもちろん、デビーとビリンダが加入した後の「現・マイブラ（完成体）」も大好きです。ただ、そこに辿り着くまでは時間が掛かりました。
　それは私がリアルタイムのマイブラ世代ではなく、後追いで彼らの作品に触れたことが大きな原因なのかなと思います。最初に聴いたのは、やはり『Loveless』でした。同じ〈クリエイション〉でも、J1-MCやハウス・オブ・ラヴは好きだったけど、そういえばマイブラは聴いてないなと気付いた当時高1の自分（2002年）は、「なんかみんながすごいって言ってる」そのアルバムを中古CDで買ってみました。ワクワクしながら聴いてみましたが、大変生意気なことにそのときは、「あれ？　なんか意外とちゃんとした……、綺麗にまとまったアルバムなんだな」と、やや拍子抜けして、みんながいうほどの衝撃を受けることはありませんでした。そのため聴き込むこともせず、「一応聴きました、『Loveless』」という感じで棚にしまったままとなったのでした。もったいない。

そこから半年程経ち、中古レコード屋にて冒頭に書いた『This Is Your Bloody Valentine』のLPを発見。まずインディー感漂うジャケに惹かれ、よく見るとなんかメンバー編成も違うっぽいなと思い、値段も安かったので購入。聴いてみたらびっくり！ 雑でゴスい……！ 『Loveless』と違いすぎる……！ ほんとに同じバンド？ と、でっかいクエスチョンマークを頭に浮かべながら聴き進めていくと、A面の最後に登場したのが〝Tiger In My Tank〟でした。めちゃくちゃかっこいいと思いました。『Loveless』で満たされなかった感覚はそこでようやく一旦成仏した感じがしました。しかし心のどこかで「私とマイブラの関係はこれで終わりのはずがない」と漠然と思いながら、10年の月日が経過。そしてついに2012年です。この『EP's 1988-1991』のリリースがマイブラとの再会のきっかけとなりました。

「You Made Me Realise」「Feed Me Your Kiss」「Glider」「Tremolo E.P.」という4枚のEPがリリース順に収録されたこのコンピレーションではフルアルバムという完成されたフォーマットではなく、EP単位でバンドの時系列を辿ることができ、それは私がマイブラと新しく出会い直して、彼らのサウンドにより深く興味を持つ手助けをしてくれました。『Loveless』を聴いたときに感じたような「綺麗にまとまっている」という印象はなく、なんというか、終始とても不安定だった。着地点を探してゆらゆらと彷徨っているような音楽に聴こえたんです。その不安定さに心をぐっと掴まれました。まさに〝メイド・ミー・リアライズ〟な体験。

ケヴィンは〝You Made Me～〟について、「ソニック・ユースのマネみたいな感じで作りはじめた」と話していますが、結果おそろしくオリジナルな、彼らを代表するような曲に仕上がったのは、サンプラーを駆使した発明的なサウンドが云々……はたびたび語られているので置いておくとして、個人的にはソニック・ユースとマイブラでは当時摂取していたドラッグの種類（もしくは摂取の有無）が違うんだろうなと思いました。それはこのコンピを通して常に漂っている不安定さを裏付けるような気もしているのですが、この88年から91年のマイブラのサウンドは、もはやシューゲイザーというよりはドラッグの化身のようなサイケデリック・ロック。エクスタシーを散々やった後、朦朧としながらマリファナに移行し、チルアウトのその先で産み落とされた美しく未完成な何か。アルバム単位では嗅ぎ取ることのできなかったそれを、このEPコンピでようやく掴むことができたように思います。

これらのEPが制作された時代背景が、12"シングルの全盛期だったということも、各作品の仕上がりに大きな影響を与えているのかもしれません。B面にも〝Honey Power〟や〝Moon Song〟など爆弾級の名曲を忍ばせていたりと抜かりがなく、ひとつの作品集としての強烈な存在意義を各EPに感じます。そして後半に収録されているレアトラックは、サウンドスケッチ的な未完成さがありながらも、その後の作品に続いていく原型のような佇まい。パブリック・エネミーの〝Security of the First World〟からドラム・ループをサンプリングした〝Instrumental no.2〟（『Isn't Anything』の初回プレス付録7"に収録）で感じられる浮遊感は、『Loveless』への入口のように聴こえるし、〝Sugar〟（〝Pacific〟とのスプリット7"に収録）のギター・リフは、後に〝What You Want〟へ昇華したのかなと想像してみたり。

このコンピレーションはリアルタイム世代でなくとも、バンドの歴史をディープに追体験させてくれるし、ケヴィンが〈Creation〉オフィスの地下室（＊）でひたすら吸いまくっていたハッパの副流煙がこちらまで届きそうな、そんな生々しさのある1枚だと思います。

＊2011年にアラン・マッギーが主催した「Creation Night」というパーティがあり、私のバンドSHE TaLKS SILENCEも出演したのですが、そのときにアラン・マッギーから教えてもらったエピソードです。

interview
『EP's 1988-1991』オフィシャル・インタヴュー

質問：黒田隆憲
通訳：染谷和美

## クラブがものすごくたくさんあるところに住んでいて、車からも当時のモダンなダンス・ミュージックがたくさんかかっていた。そういうアーバンな環境に自分が包まれていたのも、影響として大きかったんじゃないかな。

――〈Lazy〉から〈クリエイション〉へ移籍しての第一弾EP「You Made Me Realise」で、それまでのパステルズやヴァセリンズ、ザ・プリミティヴズ的なアノラック・サウンドから大きな変貌を遂げました。この変化は、いったいどのようにして訪れたのでしょうか？
KS　ライヴ・バンドとしての僕らはいま名前が挙がったバンドよりも当初からエクストリームだった。サウンドも爆音だったし、いわゆるアノラックのジャングリーなギター・バッキングとは違う、もっとタフなものだったんだ。デイヴ・コンウェイが在籍していた時代はとくにね。実は最近、YouTubeに僕らが1985年か1986年くらいにドイツでやったライヴ映像が出てきて（注：実際は87年のポーランド公演）、それを観て我ながら思ったのは、「音源より全然いいじゃないか」ということ（笑）。レコーディングの段階ではまだ実験段階で、当時は本当にやりたかったことが上手くできていなかったのかもしれない。
――ライヴの良さが音源に反映されていなかったというか。
KS　うん。だから、「You Made Me Realise」でサウンドが変わったというよりも〝アプローチ〟が変わったということなんだよ。とくにビリンダが加入しデイヴが脱退して、僕とビリンダがヴォーカルを取るようになったばかりの頃は、ヴォーカリストとしてはまだまだビギナー状態だったしね。少なくとも僕はそう。そういう状態で作った87年の作品（「Ecstasy」と「Strawberry Wine」）は、まだそれほどサウンドについて深く考えていなかったし、本来の自分たちらしさは確立されていなかったんだろうな。その後、ライヴを続けてツアーに出て、演奏も徐々に上達していって。その段階で、アラン・マッギーが僕らのギグを見て「あ、前と全然アティチュードが変わったね」と思った。要するに、もともと僕らが持っていた〝Toughness〟が明確に音に表れるようになってきたのが88年だったのだと思う。

――当時はどんな音楽に影響を受けていたのですか？

KS　ダイナソーJr.やソニック・ユースのようなUSのバンド、それからパブリック・エネミーやエリック・B&ラキム、LL・クール・Jといったヒップホップも聴いていたけど、ビリンダと僕のヴォーカルで1年やってきて、新しいモダンな影響も取り込みつつ自分たちらしいサウンドを確立した、しかもそれをレコードにうまく落とし込むことがようやくできたのが「You Made Me Realise」なのだと思う。それ以前に僕らはラヴやバーズのような音楽も好きで、その影響ももちろん反映されている。

――リードトラック〝You Made Me Realise〟は、いまもライヴのラストを飾る、バンドを象徴する楽曲です。

KS　あの曲は二段階で発展している。最初のアイデアはベースギターを持って、小さなリハスタで音を鳴らしているうちに生まれたベーシックなリフだった。ちょっとビートルズっぽいような、ソニック・ユースっぽいような、なんてことのない楽曲で、そのベースのリフを鳴らしながらあっという間にできちゃったのが骨子の部分だ。それをもう少し面白くしようと思ってローランドのサンプラーを引っ張り出してきた。中間部分のノイズっぽくなっているところは、実はエフェクトペダルとかを踏んだわけではなくて、このサンプラーで生み出しているんだよね。

――そうだったんですね！

KS　で、このノイズ・パートはライヴでは後に30分くらいに引き延ばされるわけだけど（笑）、それは『Loveless』のデモを89年の7月に作っていたとき、低音をランブリングさせようと思って、スタジオにあったアンプを片っ端からつないで1時間くらい爆音を出していた。そうしたら自分達が〝無我の境地〟みたいな感覚になっていって（笑）、それを〝You Made Me Realise〟のあのノイズ部分に取り入れてライヴでやってみることにしたんだよね。

――このノイズ部分、〝ホロコースト〟などと呼ぶ人がいて僕は好きな表現ではないのですが……。

KS　うん、僕もその呼び方は大嫌いだよ（笑）。

――バンド内ではなんと呼んでるんですか？

KS　〝noise bit〟とか〝middle bit〟とか呼んでるよ。

――それが聞けてよかったです。〝Slow〟は当時ケヴィンが傾倒していたヒップホップ的な要素が内包されています。『Isn't Anything』の冒頭曲〝Soft As Snow (But Warm Inside)〟にもその影響は伺えますが、ヒップホップがケヴィンを魅了したのはどんなところだったのでしょうか？

当時ヒップホップはとても新しいプロダクションだったし、さまざまな音がミックスされていたのも面白かった。とくにパブリック・エネミーはノイジーかつ生々しいサウンドで、かつパンクな魅力もあったからね。

KS　当時ヒップホップはとても新しいプロダクションだったし、さまざまな音がミックスされていたのも面白かった。とくにパブリック・エネミーはノイジーかつ生々しいサウンドで、かつパンクな魅力もあったからね。同時にすごくモダンでクールにも感じたんだ。ちなみに『Isn't Anything』収録の〝Several Girls Galore〟は、「Roland TR-808のベースとドラムを思わせる」などと当時は言われたのだけど、僕らそれが何なのかよくわかっていなかった（笑）。とにかく、当時のヒップホップが持っていたマッシヴなドラムの音を再現したくて、自分たちのやり方でやった結果、ああなったんだよね。
――〝Strawberry Wine〟や〝Ecstasy〟でも使用されていた、リヴァース・リヴァーブというエフェクト効果がこの曲〝Slow〟を唯一無二にしている要因のひとつだと思います。
KS　たしかハスカー・ドゥのボブ・モールドが、インタヴューでこのエフェクターの話をしていたのを読んで「面白そうだ」と思ったんだ。ちょうど1週間くらいスタジオにこもっていたときに、試しに使ってみたらすごく気に入った。普通のディレイともリヴァーブとも違う音が作れるなと思って気づいたら全曲で使いまくったんだけど（笑）。おそらく、そもそもの使い方とは僕の場合は少し違うと思う。普通でもあのエフェクターを使っている人はほとんどいなかったんだけどね。
――このEP「You Made Me Realise」に収録された5曲のうち4曲はいまもライヴで演奏されており、ファンのあいだでも非常に人気のある作品です。あらためてこの作品をご自身でどう評価されますか？
KS　ラッキーだった（笑）。ああいう作品を作っておいて良かったと思う。あのEPは、僕らがライヴ・バンドであるということを示そうと思って作ったから、やっぱりライヴ映えするんだよね。演奏しやすいというのもあっていまもセットリストに上がるんだろうな。
――EP「You Made Me Realise」からおよそ2ヶ月後にリリースされたEP「Feed Me with Your Kiss」は、表題曲がアルバム『Isn't Anything』にも収録されるなど、ある意味ではアルバムの先行EP的な側面があったかと思うのですが、EP「You Made Me Realise」からの変化と、続く『Isn't Anything』との共通点に関しては、ケヴィン自身はどのように捉えていますか？
KS　そもそもこの時期（88年の夏頃）は、アルバムを作るつもりでスタジオに入っていた。〝Soft As Snow (But Warm Inside)〟や〝All I Need〟〝Sueisfine〟などはこの時期に録音されたのだけど、どうもアルバムとして上手くまとまらないなと思っていた頃にはすでに6週間が経っていた。「じゃあ」ということで〈クリエイション〉が、さらに11日間ロンドンの小さなスタジオを借りてくれて。そっちに移ってからアルバム『Isn't Anything』の半分くらいができ上がった。9月くらいだったかな。そのなかに〝Lose My Breath〟や〝Feed Me with Your Kiss〟なども入っていたんだ。そういう意味でこの曲〝Feed Me with Your Kiss〟は、アルバムに近いと言えるかもね。
――〝Feed Me with Your Kiss〟は、バンドのレパートリー中もっとも奇妙であり、かつポップでユニークな曲のひとつだと思います。とくにキメが1拍ずつ増えていくイントロ、間奏、アウトロが強烈なインパクトを放ち、いまもライヴの人気曲ですが、このアイデアはどこから思い付いたのでしょうか？
KS　男女ヴォーカルの掛け合いなんて、すごくトラディショナルでナンシー・シナトラの時代の曲みたいだよね（笑）。それでいて曲のアティチュードはバースデー・パーティ的でもある。ちょっと笑えるヘンな曲ではあるけど、遊び心のある曲に仕上がったかなと思ってる。決して懐古主義的な曲ではないよ。おそらく85年かそれ以前に僕らが聴いていた音楽からの影響が入っているけど、サウンド的なアプローチは新しい。まあ、割と気軽に出来てしまった曲ではあるね。

――MBVにとってユーモアはどのくらい大切ですか?

KS　僕らの音楽は、ヘヴィでシリアスな要素がある一方で、ユーモアも含まれている。要するに何でも受け入れる姿勢を目指しているんだよね。〝Feed Me with Your Kiss〟も、決してファニーなだけではないけど、間違いなくユーモアも存在していて。要するに僕ら、常に楽しもうという姿勢があって、それを追求するあまりにクレイジーで馬鹿げたところまでいってしまうんだよ(笑)。

――「You Made Me Realise」からはじまる一連のEP、アルバムをパッケージした、スタイリッシュかつ官能的なアートワークもMBVのイメージを決定づける要素のひとつだったと思います。このアートワークのアイデア、コンセプトはどこから生まれたのでしょうか
KS　基本的には僕がディレクションしている。「You Made Me Realise」は、当時僕らが共同で住んでいた家の庭で撮ったスナップショットみたいなものだよね。そうやって撮った写真をデザイナーが後からレイアウトしたり色味を変えたりして作品を仕上げていく。その過程にもすべて僕が関わっていた。「Feed Me with Your Kiss」は、ビリンダのちょっとcrazyでugly、かつrediculous(馬鹿げた風)な写真をあえて使ったのだけど(笑)、あれは僕とデザイナーの発案だ。アートワークには、コルムが関わることも多かったね。「Glider」はデビーがガールフレンドとキスをしている写真なんだけど、これは学校のトイレのようなすごく広いトイレがスタジオにあってそこで僕が撮影したものをデザイナーが色をつけて出してきた。それを僕の判断で重ねて使うことにしたんだ。

――「Glider」のモデルはデビーだったのですね。

KS　「Tremollo E.P.」は、僕が唯一ディレクションしていないアートワーク。もちろん、作ってもらったもののなかから最終的に選んで決めたのは僕らだけどね。撮影した人物もモデルだし、撮影自体には僕らは絡んでいなかった。『Isn't Anything』は、ジョー・ディルワースという人が撮影をした。最終的なイメージの決定にはバンドも関わっている。『Loveless』のジャケットは、〝Soon〟や〝To Here Knows When〟〝Swallow〟のヴィデオにも関わってくれた映像ディレクターのアンガス・キャメロンが手掛けたのだけど、彼が撮影した映像を元に、そこから僕が10点ほどスチールに起こした。そういう意味では彼とのコラボレーションと言えるね。当時はまだコンピュータが全然発達していなかったので、その場で処理するとかそんなことはできなかったから、撮影済みのフィルムを持ってソーホーにある写真が加工できる場所までタクシーを飛ばし、そこでスチールをピンク色にコンピュータ処理して……ということをやった。処理に45分、タクシー移動に2時間かかったよ(笑)。

――『Isn't Anything』からおよそ2年ぶりにリリースされたEP「Glider」で、MBVはいよいよ独走体制に入ります。ブライアン・イーノをして「ポップの新しいスタンダード」と言わしめたリードトラック〝Soon〟はどのようにして生まれたのでしょうか? この曲でアシッドハウスを取り入れたのには、どんな経緯があったのか教えてください。

KS　ハウスというよりは、自分たちとしてはやっぱりヒップホップからのインスピレーションじゃないかと思っている。当時、よく聴いていた音楽からの影響が自然に出たのだと思うけど、そもそもあの曲はメロディが最初に生まれて、次にベースのフレーズが思い付いて、それでスタジオに行ったらデビーとコルムがいたから、ふたりにリズムパートを演奏してもらってベーシックなアウトラインを作った。それを、当時

“Feed Me with Your Kiss” にも間違いなくユーモアも存在していて。僕ら、常に楽しもうという姿勢があって、それを追求するあまりにクレイジーで馬鹿げたところまでいってしまうんだよ（笑）。

リハーサルや曲作りに使っていた16トラックのレコーダーに吹き込んでいったんだ。そのときのリズムの感じ、フィーリングは完成形にほぼ近かったんじゃないかな。

——イーノも言及していた、この曲の“曖昧さ”はどこから来ているのでしょうか。

KS　ドラムの音にディレイをかけて、ちょっとモワモワした音を作ってみたりもしたけど、でもこの曲の影響がどこにあるのか、明確なイメージは僕らのなかになかったんだよね。当時僕らは南ブリクストンに住んでいたんだけど、自分で意識していたのは環境のこと。要するに、クラブがものすごくたくさんあるところに住んでいて、通りかかる車からも音楽がガンガン流れてきて。当時のモダンなダンス・ミュージックがたくさんかかっていた。そういうアーバンな環境のなかに自分がいて、そういう騒々しい音に自分が包まれていたのも、影響として大きかったんじゃないかな。

——タイトルトラック“Glider”はMBVの楽曲のなかでも、もっとも実験的な曲のひとつであり、後の“To Here Knows When”にも受け継がれる要素だと思うのですが、この曲でケヴィンは何を表現しようと思っていたのでしょうか？ 当時の実験的なサウンドメイクで思い出に残っているエピソードはありますか？

KS　これもやっぱりヒップホップの影響だと思うんだけど、とくにデ・ラ・ソウルのハッピーな感じ……あの典型的な（といって口ずさむ）、軽く弾んだベースラインがあるだろ？ ああいうフィーリングやコードの感じが、そもそもの発想としてあったはずだよ。サウンドに関してはサンプラーを駆使した。実はこの時、ギターのフィードバックノイズをサンプリングして重ねる手法を初めて試みたんだ。キーパッドが搭載されたサンプラーだったので、それを叩きながらフィードバックノイズを繰り返し重ねていった。しかも、シーケンサーもコンピュータも一切使わず、ひたすらテープに取り込んでいった。

——あの曲がまさかデ・ラ・ソウルがヒントになっていたとは想像もつきませんでした。

KS　だよね（笑）。でも、言われるとあのフィーリングを感じない？ でもそれは、あくまでも最初の取っ掛かりであって、フィードバックを重ねまくっている頃にはデ・ラ・ソウルのことはすっかり忘れていたよ（笑）。


（構成：編集部）

**Experimental Audio Research**
**Beyond The Pale**

Big Cat (1996)

**Experimental Audio Research**
**The Köner Experiment**

Space Age Recordings (1997)

杉田元一

スペースメン3。80年代のイギリスに現れたサイケデリック・バンドとしてはそのぶっ飛び具合では最右翼に入るバンドだった。活動していたのは1982年から1991年と、10年に満たない期間だったけれど、彼らの音楽の重要性はときがたつにつれ、世界中で認められるようになった。ガレージ・ロックのコピーからはじまり、どんどんその音楽性を変化させ、最終的にはロックのクリシェから自由になってドローンやアンビエント、ダンサブルな要素までを兼ね備えていったという意味では、マイ・ブラッディ・ヴァレンタインも同じ地点から出発していると言ってもいい。

スペースメン3はふたりのリーダー、ソニック・ブームとジェイソン・ピアースの確執により1991年に解散。以後ジェイソンはスピリチュアライズドとして活動し商業的成功を収め、いっぽうのソニックはSpectrumとE.A.R.（Experimental Audio Research）というふたつの性格の異なるユニットを組んでアヴァンギャルドな方向へとシフトした。

ソニック・ブームとケヴィン・シールズは1986年の終わりくらいからの付き合いがあったという。MBVはちょうどメンバーチェンジの過渡期で、ヴォーカリストはデイヴ・コンウェイが務めていたが、デイヴがバンドを脱退したため代わってビリンダがオーディションで参加。１９８７年に現行ラインナップでシングル「Strawberry Wine」とミニ・アルバム『Ecstasy』をリリースするが、「これらの２枚と、そのあとに出した「You Made Me Realise」と「Feed Me With Your Kiss」、そしてアルバム『Isn't Anything』は、もうまったく別のバンドと言っていいくらい劇的に変化した」とソニックは言う。ソニックによれば「スペースメン３とＭＢＶは、ともに〈クリエイション〉と契約する予定」があったらしい。残念ながらスペースメン３は解散に向かって坂を転げ落ちていくことになり、この稀有なふたつのバンドはレーベルメイトにはなれなかったが、ケヴィンとソニックの友情はいまでも続いているという。そしてその友情は、ケヴィンがソニック・ブームのユニット、E.A.R.に参加したことで、音として固定され、極東の我々の耳にも届くことになる。

ソニック曰く「Spectrumは他のアーティストやソングライターとバンド形式で曲や歌をメインに活動するユニットだけれど、E.A.R.としてつくる音楽は楽曲に重きは置かず、あくまで〝サウンド〟重視」らしい。E.A.R.の最初のアルバム『Mesmerised』（１９９４年）のジャケットには、「E.A.R.は、固有ではない〝Sound-Maker〟たちの緩やかな集合体である」という記載があり、メンバーとして、「ケヴィン・マーティン（現The Bug）、ケヴィン・シールズ（ＭＢＶ）、エディ・プレヴォスト（ＡＭＭ）ほか数名」とクレジットされている（ただし『Mesmerised』はソニック・ブームのソロで、他のメンバーは参加していない）。

それにしてもこのE.A.R.の〝緩やかな集合体〟メンバーの豪華さよ！　１９６０年代から活動するイギリスの即興音楽集団ＡＭＭの創設メンバーであるエディ・プレヴォストは１９４２年生まれの大ベテラン。テクノ・アニマル、ザ・バグといったユニットでも活動するケヴィン・マーティンもインダストリアルやダブステップなどのコアなサウンドを追求してきた強者だ。もちろん我らがケヴィン・シールズだってその伝説では決して負けていない。アルバムごとにメンバーを微妙に変えながら、E.A.R.は純粋な電子音からアコースティックなサウンドまで多岐にわたる音響をコントロールすることによって、刺激的なサウンドスケープを生み出す。ケージ、ヴァレーズ、シュトックハウゼン、カーデュー、クラフトワーク、イーノといった音響実験の先駆者に耳を傾けつつ、サウンドの多様性を生み出すために、ソニック・ブームは適切なメンバーを選択し、自発的な音の創出を促しながらたとえばＡＭＭとスペースメン３が、またはクラシック音楽とＭＢＶが出会ったりするような、カテゴリーレスな響きを生み出していくのだ。
E.A.R.のアルバムのうちケヴィンが参加したのは３作目（ただしレコーディングはE.A.R.としてはいちばん最初に行われている）の『Beyond The Pale』と、４作目の『The Köner Experiment』の２枚だ。
『Beyond The Pale』は、イギリスの〈ビッグキャット〉から１９９６年にリリースされた。ケヴィンは１曲のみ、アルバムのタイトルトラック〝Beyond The Pale〟にドローン色の強いTreated Guitarで参加している。アルバムにはその他ケヴィン・マーティンとエディ・プレヴォストが参加。

もう１枚の『The Köner Experiment』は１９９７年にフランクフルトの電子音楽レーベル、〈ミルプラトー〉からもリリースされた問題作だ。ケヴィン・マーティン、エディ・プレヴォストとケヴィン・シールズが参加しているのは前作と同様だが、それに加えてこのアルバムは、ドイツの〈ベーシック・チャンネル〉傘下のレーベル、〈チェイン・リアクション〉からの一連のエレクトロニック・ダブ作品で名高いポーター・リックスのトーマス・ケナーとアンディ・メルヴィグが参加していることで、当時テクノ／エレクトロニカ方面のリスナーがE.A.R.を発見する契機となった作品なのだ。アルバムのプロデュースもポーター・リックスが務めており、E.A.R.のトラックをベーシック・チャンネルがリミックスしたかのような作風になっていることが、他のE.A.R.のアルバムとの差異を明確にしている。

## David Lang, Kevin Shields

Exaucé Salt（1999）

## Patti Smith, Kevin Shields
## The Coral Sea

PASK（2008）

ジェイムズ・ハッドフィールド
（江口理恵・訳）

『Loveless』と『mbv』の間にできた大きな溝ともいえるバンドの活動停止期間中もケヴィン・シールズは完全に姿を消して注目されなくなったわけではなかった。その名を体現するようなプライマル・スクリームのもっとも騒々しい作品への参加や映画『ロスト・イン・トランスレーション』のサウンドトラックへの簡潔だが力強い貢献、そして寄せ集めのような共同制作、客演にリミックスなど、様々な活動を行う間にも、ドラムンベースやヒプナゴジア（半覚醒状態）の実験についての噂も流れてきていた。また、いくつかのハイカルチャーの世界に触れたことによりMBVが08年にカムバックするまでは演奏することもできなかったような、選び抜かれたエリート文化機関などのプロジェクトに参加していた。

90年代後半、振付家のエドゥアール・ロックが率いていたカナダのダンス・カンパニー、ラ・ラ・ラ・ヒューマン・ステップスとの活動については、『Loveless』の余波の後に、マイ・ブラッディ・ヴァレンタインが遂げたかもしれない進化の証拠を探すため、熱狂的なファンが熱心に調べ上げ、凝視していた。シールズとアメリカ人作曲家のデイヴィッド・ラングが、過酷な激しさを伴う、バレエに影響された振付のダンスとビデオ映像によるカンパニーのマルチメディア・パフォーマンス作品『Exaucé Salt』に音楽を提供している。これは１９９８年に彩の国さいたま芸術劇場で初演された作品だ。

このツアー中に販売されたCDではラングの作品が中心となっており、シールズの作品は3曲の番号付きの作品のみだった。最初の曲がもっとも長くて意外なもので、儚げな4分間のインストルメンタル曲はまるでチープな電子キーボードで演奏されたかのような曲だ。永遠に決定的な解決をみないコード進行のまわりを旋回するさまは、いまから考えると『m b v』の〝is this and yes〟の予行演習であるかのようだ。他の2曲のシールズ作品は少し長い小品といった感じで、溶解したディストーションが短い噴火となる〝Kevin Shields No.2〟から少し穏やかな、鼓動のようなギターがプラスティックみたいなキーボードの音色と相殺される〝Kevin Shields No.3〟へと切れ目なく続く。ほとんど重要とはいえない、つまり、シールズが昔の作品のために作った〝2〟（95）は、彼の熱狂的な信奉者たちの間で、お守りのような存在となっている。この曲は、一度はラ・ラ・ラ・ヒューマン・ステップスのウェブサイトでMP3としてダウンロードできるようになっていたが、その後長年、様々なクオリティのヴァージョンがオンライン上で出回るようになり、今年のはじめにようやく高品質のリップ・ヴァージョンがYouTubeにあげられた。『Exauté Salt』の楽曲よりもはるかに頑健で、歪んだギターの音がシンセのパッドのような音に何層か重ねられているが、もしかするとそれはギターのフィードバック・ノイズをサンプリングしたものかもしれない。それはまるでシールズが『Loveless』の制作で磨いたテクニックを駆使して、ヴァル・キルマー主演のファンタジー大作のサウンドトラックのために作ったかのようなものだが、当時のアトモスフェリック・ブラック・メタル系のアーティストたちがやっていたこととさほどかけ離れてはいなかった。

２００５年までには、ほとんどの人がＭＢＶの長引く活動停止は永久に続くものと考えるようになっていた。そのためシールズがパティ・スミスとのコラボレーションで表舞台に現れたときの興奮は当然理解できる。パティ・スミスはその年の、ロンドンのサウスバンク・センターで開催されたメルトダウン・フェスティヴァルのキュレーションを担当した。そのコンサートは89年にエイズ関連の病気で亡くなった写真家で、スミスの友人でかつての恋人でもあるロバート・メイプルソープに捧げた散文詩集『The Coral Sea』をスミスが朗読する際に、シールズが思いやりのある伴奏者として共演したのだ。三人称で語られるこの詩は、メイプルソープが死の前に南十字星を見るための神秘的な航海に出るという空想で、紀行と回想、ホメロスの叙事詩のように飾り立てたイメージが交互に入り交じり、主人公はやがて光が消えていくのに憤慨する。

スミスは、以前にもこの作品の朗読会を試みたことがあるのだが、その頃はどうしても最後までたどり着くことができなかったと語っている。クイーン・エリザベス・ホールで録音されたメルトダウンのパフォーマンスにはエモーショナルな生々しさがあり、ときにたどたどしくなる語り口を補っている。シールズはオルガンで演奏をはじめるが、すぐにギターに持ち替え、ピッチベンドで変えたコードをそれぞれ空中に漂わせ、ゆっくりと次のコードに溶かしていく。スミスは詩の特定の行に円を描くように戻ったり、時折、歌い出したりするが、後半になってシールズがギターでゆらゆらと煌めくような音の波をつくりはじめるまで本当には飛翔せず、終盤になってから突然、火花を散らして燃え上がる。彼は明らかにこれが上手くいったことに気付き、翌年、同じ場所での再演にデュオとして舞い戻ったときには、この設定がデフォルトとなっていた。有名なトレードマークである〝グライド・ギター〟のテクニックを最大限に活用し、シールズは滲んだようなスロー・モーションのコードの連続した流れを維持するが、それはときに〝To Here Knows When〟のリフレインが無限の世界へ伸びていくかのようだ。これは死の入り口に立った人間が経験する、記憶や感覚の突然の高まりを連想させるようなスミスの詩の超越性のイメージと完璧に合致している。彼女が「There was a singing in his skull（彼の頭蓋骨の中では歌声が響いていた）」という行にたどり着いて、それを複数回繰り返すのは、彼女の協力者が発しているサウンドを説明しているからかもしれない。シールズのディスコグラフィには何度もの不思議な瞬間があったが、おそらくこれが彼がもっとも崇高な世界に近づいた作品だろう。

## Brian Eno With Kevin Shields
## The Weight Of History / Only Once Away My Son

Opal Records（2018）

松村正人

いかに寡作なケヴィン・シールズといえども、共演、共作、楽曲提供、プロデュース、リミックスなどの協働作品が両の手にみたないことはないが、ブライアン・イーノにおいてはそれが本分であるからひきもきらない。であればみじかいとはいえないキャリアのふたりである、すでにあいまみえていたとして不思議ではないし、「Glider E.P.」が初出で『Loveless』の掉尾も飾った〝Soon〟に、当時新しいポップスのスタンダードをみていたイーノであるから、とうの昔に共演をはたしているにちがいない——との大方の予想をいなすかのように、いまからさかのぼること3年、2018年の本作まで彼らはコラボレーションの封印を解くことはなかった。

本作はその成果である。収めるのは2曲。両A面あつかいで、〝The Weight Of History〟は未発表、反対面の〝Only Once Away My Son〟はリリース前年に米国のアニメ専門チャンネルの夜半から深夜帯をさす〝Adult Swim〟への提供曲で、レコード・ストア・デイズを期に音盤化にふみきった。分類上はアンビエントといっていいだろう。ただし天上的な趣きはなく、主体となるのは濃密で重く空間を撓ませるような響きである。クレジットは連名だが、シールズがギターを、そのほかもろもろをイーノが担い、プロデュースもイーノ名義である。その点でも、じっさいの楽曲の性格からも主導権はイーノにあるが、ジョン・ケージのいう構造と素材、さらに方法

と形態の喩をもちだすまでもなく、シールズのギターがなければこのサウンドは存在しえない。

　本作は開始そうそうそのことを確信させる。〝歴史の重み〟と題したA面はゆったりと潮位が満ちるようなフィードバックにつづき、ギターをツィンバロム風に打弦する音が空間を鋭く擦過する。ほどなくイーノの託宣を告げるがごとき、歌唱とも朗唱ともつかない声が空間から染み出すようにわきあがり、時間の経過とともに変化するシールズのフィードバックと絡み合っていく。シンプルなアプローチだが、細部にわけいり耳をそばだてれば、時々刻々と変化するギター・サウンドは凪いだ海面に無数のさざ波が立つのにも似たフラクタルな動態を有しているのがわかる。モアレ状にサウンドを生成変化させる方法はつづく〝Only Once Away My Son〟にも回帰するものの、ここではリズムを強調することで〝The Weight～〟に潜在した動態を可視（聴）的な領域にひきあげる。とはいえパラメータの可変的な数値の差異をもってこの2曲を二元論に押し込めるのは正しくない。なぜなら本作には媒体や様式や戦略におさまらず、この時期を境に現在にいたるブライアン・イーノの問題意識が通底しているからである。

　本作の前年にあたる2016年イーノは『LUX』から3年ぶりとなるソロ作『The Ship』を世に問うた。立体録音技術を応用した実験に端を発したという二章立てのフルアルバムは『LUX』とはうってかわった抑制的な色彩感で、名をなしてなお変転する作家の真髄をみる思いだったが、それにもまして印象的だったのは作品の淵源にある意図である。すなわち〝The Ship〟と〝Fickle Sun〟というタイトルがさししめすもの、1912年に氷山に衝突し大西洋に姿を消したタイタニック号と、1914年に戦端をひらいた第一次世界大戦――20世紀初頭のこのふたつの出来事が示唆する人類への警句である。鑑賞の手引きの類で、このことを目にした当初私はなんと根源的で、そのぶんピンとこないテーマだろうかと嘆息をもらした。いうまでもなく20世紀初頭は産業革命がもたらしたテクノロジーの成熟をさまざまな分野に転用し、世界が飛躍的に近代化した時代であるとともに、文化の面ではモダニズムが花開いた時期でもある。その起点を問題にするのは、他人事のように人類を憂えてみせるのとはちがう、音楽の前衛と密接にからみあった自身の来歴を問い直す行為でもあったはずである。『The Ship』でイーノは自身がたてた巨大な設問に正面から向かい合い、方法的な結論をみちびきだしている。すなわち楽音ばかりか言語までも、その機能面をぎりぎりまできりつめるなかに生まれる音の場を志向／思考することであり、かすかな旋律をともなう声と、アンチ＝ロマン派的なアンビエント・サウンドからなる〝The Weight～〟〝Only Once～〟を特徴づける形式もまた『The Ship』の〝After Wave〟とみなしてさしつかえない。それをふまえてことばに目を転じると、「歴史の重み」なる表題もまたその延長線上にあるのがみえてくる。イーノの詩作は意味の余白をたぶんにふくむのですべての意図を汲み尽くすのは容易ではないが、〝The Weight～〟の主題はきたるべき救済であるのはまちがいない。あのザ・バンドが〝The Weight〟でとりあげた原罪としての重荷を下ろす（わけあたえる）約束の日を彷彿する主題を、童謡めいた質朴な旋律に沿ってイーノは囁くようにつむいでいく。カップリング曲のタイトルでもある〝Only Once Away My Son〟の一節には歴史における負荷はキリスト教社会に由来するとの考えがほのみえるが、そのような単純明快な結論へ短絡することも、戒めるふしもがある。この可変的な解釈のあり方は再生するたびにまるでちがって聞こえる音楽、聴くことで変わりゆく、原義との異同を承知でたとえるなら「開かれた作品」を模索するイーノの姿勢そのものだといえまいか。その思念は『The Ship』の翌年の『Reflection』（および同名のアプリケーション）として現実のものとなるのだが、当時をふりかえり、あらためて本作に針を落とせば、ケヴィン・シールズの氾濫するフィードバックと玉虫色の音響こそ、イーノの夢見た、生成変化としての音そのものだと、思いあたるのである。

**Hope Sandoval & The Warm Inventions**
**Bavarian Fruit Bread**
Rough Trade（2001）

**Hope Sandoval & The Warm Inventions**
**Through The Devil Softly**
Nettwerk（2009）

**Mazzy Star**
**Seasons Of Your Day**
Rhymes Of An Hour Records（2013）

**Hope Sandoval And The Warm Inventions**
**Until The Hunter**
Tendril Tales（2016）

大藤桂

マイ・ブラッディ・ヴァレンタインのドラマーであるコルム・オコーサックとマジー・スターのヴォーカリストであるホープ・サンドヴァルが組んだユニットがホープ・サンドヴァル＆ザ・ウォーム・インヴェンションズである。マジー・スターは80年代前半にLAのネオ・サイケ・ムーブメントであるペイズリー・アンダーグラウンドの筆頭株であったレイン・パレードのギターのデイヴィッド・ローバックと、ドリーム・シンジケイトのケンドラ・スミス、グリーン・オン・レッドのキース・ミッチェルとでクレイ・アリソンを結成、それはオーパルへと発展しアルバム2枚を発表した後、ケンドラ・スミスが脱退し新たなヴォーカリストとしてホープを招きマジー・スターがスタート、90年代のアルバムを3枚発表した後活動休止が続く。そんな折、ホープは1996年にマイブラのデビーが在籍しているスノーポニーのライブを観に行った際に、コルムを紹介されたことがきっかけでこのユニットが生まれることとなる。

2001年のファースト・アルバム

『Bavarian Fruit Bread』は、アコースティックを基調としたアシッド・フォークやブリティッシュ・フォークの味わいもあり個人的には一番聴いたアルバムだ。オープニング曲のジーザス&メリー・チェインの〝Drop〟のカヴァーから、鉄琴音が流麗な〝Suzanne〟、さらに続くサム・ペキンパー監督の『砂漠の流れ者/ケーブル・ホーグのバラード』の挿入歌である〝Butterfly Morning〟で、彼らが敬愛する元ペンタングルのバート・ヤンシュがギターを弾きまくるという流れが何とも秀逸。もちろん? ここになくてはならないのはホープの〝魔性の〟声である。

というのもホープの歌声を初めて聴いたのは、大学生時代に出会ったジーザス&メリーチェインの1994年のシングル「Sometimes Always」。女性でありながらも、特徴的な妖艶でいてとろけるような甘い声は、姿はまだ見ぬも、美女を想起するに十分で魅了されたが、その後PVで観たおじさんキラーな実際のその姿もまた麗しかった。その後ジザメリのリード兄弟がホープに夢中になり、それがジーザス&メリーチェインを解散させた一因だったと(定かではないが)当時メディアに取り上げられ、ホープはファム・ファタールのように言われていた思い出がある。ジザメリ・ファンからは恨まれたかもしれないが、私は、意志が強そうでいて少し不器用そうなホープの肯定派だった。

そして時を経て2009年に『Through The Devil Softly』をリリース。プロデュースはホープとコルムで手掛けている。憂いを帯びた囁くようなホープの歌声と深淵へと誘う幻想的なサウンド・スケープ、つま弾かれるアコギのアルペジオや繊細なフレーズのギターが滲むフォーク・サイケデリアにマジー・スター・ファン否、ホープの歌声を待ち詫びたリスナーが歓喜する。

さらにセカンド・リリース後マジー・スター名義で2010年に15年振りのシングルを発表、久しぶりにライヴ・ツアーを行いコルムがベースとして参加している。そして2013年にはマイ・ブラッディ・ヴァレンタインが『mbv』をリリースすると、同年にマジー・スターが17年振りの復活アルバム『Seasons Of Your Day』を発表する。コルムは全面的にバックアップし、ホープ・サンドヴァル&ザ・ウォーム・インヴェンションズのファーストに参加したバート・ヤンシュも〝Spoon〟でギターを弾いている。中毒性の高いホープの歌声、そしてぼやけた幻惑的なムードは首尾一貫していて、それがマジー・スターがマジー・スターたる所以である。それから2016年には『Until The Hunter』を発表。神秘的でゴシックなムードは湛えつつ、エレクトロニクスと気怠いホープの声が交錯したオープニング曲以降、サイケデリック・フォークへと展開する。〝Let Me Get There〟でのカート・ヴァイルの気だるげな声とホープの声が重なりあうデュエットはある意味官能的だ。

このユニットに関してはホープがメインで作詞作曲を担当しており、コルムは部分的に共作を行っている印象だが、ベースとなるテイストは変わらぬもののリリースを追うごとに実験性のある試みもなされていてサウンドの心地良さは無論だが、私はきっとこの声を聴きたくて作品を追い続けるに違いない。

# 轟音の向こう側の素顔

黒田隆憲
written by Takanori Kuroda

初めてマイ・ブラッディ・ヴァレンタイン（以下、マイブラ）の音楽に触れたのはいまから31年前。１９９０年のことだ。

前年にはザ・ストーン・ローゼズのファースト・アルバムがリリースされ、マッドチェスター・ムーヴメント真っ只中。当時は大学生で、音楽系のサークルに入ってバンドを組んでいた僕は、いわゆるメジャーシーンの旧態依然とした音楽には全く興味が持てず、音楽雑誌の「輸入盤レビュー」に小さく紹介されているようなアルバムやシングルをくまなくチェックしては、暇さえあれば新宿や渋谷の輸入レコードショップを回っていた。

そんなある日、雑誌『ＭＩＸ』に掲載された桜井通開さんによるコラム「90年型ノイズギター急進派の動向」を読んでいたら、ものすごい熱量でそこに紹介されていたのがマイブラだった。「『イズント・エニシング』はおそらく、今後の10年間に計り知れないほど影響を及ぼすだろう」。いささか大袈裟な表現だなとその時は思ったのだが、10年どころか30年以上も後進のバンドに影響を与え続けているのだから、いま思えば桜井さんの予想は大当たりだったわけだ。

とにかく、それで気になり手に入れた『Isn't Anything』を憑かれたように聴く日々がはじまった。最初はあまりにも奇妙でピンとこなかったのだが、その冷たくひりついた、それでいて官能的なサウンドにいつの間にか虜になっていた。既発の音源は全て揃え、それでも足りなくてブート屋を巡ってライヴ・ヴィデオにも手を出した。『Loveless』がリリースされたのはそれからおよそ1年後だから、大して待たされたわけでもないのに当時は禁断症状のようにマイブラの音を欲していたのを覚えている。

１９９１年11月リリースの『Loveless』と、直後に行われた来日公演によって、僕のなかでマイブラは決定的な存在となった。その後の人生を狂わされたと言っても過言ではない。では一体、何がそんなに僕を夢中にさせたのだろう。それを考えるとよくわからなくなる。

マイブラの好きなところはもちろん、いくらでも列挙はできる。男2女2というジェンダーイコールなバンド編成も当時は新鮮だったし、ダボダボのスカリーズファッションが主流だったあの時期、ＮＹパンクスのような佇まいも最高にクールだった。湾岸戦争やベルリンの壁崩壊など世界情勢が揺れるなか、声高にメッセージソングを歌い上げるのではなく、あくまでもサウンド至上主義を貫く彼らの姿勢こそ「パンク」だと僕は思っていた。が、それらが果たして夢中になっている理由だろうか。なんだか取ってつけたような気がしないでもない。

実は、初来日の時に僕はケヴィン・シールズと「遭遇」している。ライヴ終了後、クルーと顔見知りになった知人に連れられ、彼らの控え室に潜り込むことができたのだ。アーティストの控え室にお邪魔するなんて、もちろん生まれて初めてのこと。しかも、相手はこの世で一番好きなバンドだ。緊張でガチガチになっていた僕に、ケヴィンもビリンダ・ブッチャーも気さくに接してくれた。思えばそのときから現在まで、ケヴィンたちの印象は全く変わっていない。

彼らが再始動を果たしてから日本で初の単独ツアーを行なった2013年、僕は密着取材を行なう機会に恵まれた。コクトー・ツインズの元ギタリスト&エンジニアで、ケヴィンと長年の友人であるタテミツヲさんの計らいにより、彼に対面インタヴューの直談判をさせてもらったのだ。ただ、それが実現するまで連日深夜に及ぶ交渉が必要となった。いざその日になってもケヴィンの納得のいくインタヴュースペースを確保するまで何度もダメ出しされるなど、いま思い返しても胃がキリキリするような1週間だった。

しかしそれからは、彼らのライヴへ行くたび「唯一の公認カメラマン」としてフォトピットでの撮影を許可してもらったり、ライヴ終了後は控え室に入れていただいたりしている。なぜこんなに厚遇してもらえるかといえば、もちろん「タテミツヲの友人」として彼らに認識してもらっているからであり、そんな僕にできる恩返しといえば、少しでも多くの人にマイブラの魅力を伝えることくらいだろう。では「使命感」だけで僕は彼らを追いかけているのか。たしかに海外遠征のたび、「俺が行かなくてどうする!」とは思うけど、それがモチベーションの全てなのかは正直よくわからない。

こうしてケヴィンたちの素顔を垣間見る機会が増えると、彼に長年付き纏っていたパブリック・イメージも、「一体何だったんだろう?」と思う。「マスコミの前にはほとんど姿を現さない気難しい人物」とは誰のことだ? もちろん、「こう」と決めたことは一切妥協しない完璧主義で頑固な一面もある。例えば2018年の来日公演の際、「ケヴィンたちが望むような大音量では、今回ライヴが出来ないかもしれない」という情報が入ったときは、タテさん曰く「これまで見たこともないほど激怒していた」らしい。そういえば2009年のライヴでは、納得のいくギターサウンドが作れずPAエンジニアを怒鳴りつけるケヴィンを目撃したこともあった。

基本的には優しく繊細で、ユーモアと愛に溢れる人。しかし、そんな恐ろしい一面も知っているだけに、ライヴが終わってカメラを担ぎ、控え室の扉を開けるときはいまでも緊張する。「今日もケヴィンは受け入れてくれるだろうか」「虫の居処が悪く、『もう二度と来るな』と言われるかも……」などと、良からぬ妄想が頭をよぎる。しかし会えば必ずにっこりと微笑み、首をクイっと傾げて「入んなよ」と合図してくれる彼の姿に毎回ホッとするのだった。

2018年、韓国の野外音楽フェスにマイブラが出演したとき、ライヴ終わりにメンバーと楽屋でくつろいでいると、彼らのファンだというフェス関係スタッフが数名訪ねてきたことがあった。どうやらサインが欲しかったらしく、メンバーもみな快く応じようとしていたのだが、その瞬間セキュリティが飛び込んできて、彼らを力づくで締め出してしまった。そのときはケヴィンが、「俺たちのファンになんてことするんだ！」とものすごい剣幕で怒っていた。常にファンを大切にするマイブラ。例えば日本でもライヴ終了後、会場の外に出待ちの人々がいれば、どれだけ疲れていてもバンを必ず停めて、サインや握手、記念写真など一人ひとりに対し丁寧に接しているところを何度も見た。

そんな彼らの人柄に魅了されている部分も当然ある。思い返せば2013年の来日ツアーのとき、ケビンとビリンダは桜のブローチを胸につけて演奏していた。これは、ロンドンに住む彼の長年の知り合いが東日本大震災のチャリティ活動に携わっており、彼女からもらったものだったという。そのことについてケヴィンは、「声高な表現をすることで、日本の人びとにショックな出来事を思い起こさせたくはなかった。桜のブローチを数日身につけることで、そっと思いを示したかったんだよ」と話してくれた。そして、原発事故のあった日本でライヴをすることについても、こんなふうに言っている。

「僕はライヴのためなら、シリアにだってイスラエルにだって行くよ。放射能の懸念なんて他のどこにだって存在する。カリフォルニアでプレイするなら同じこと。僕は愚かじゃない。それに、僕らは日本が大好きなんだ。日本が僕らによくしてくれた国というのも大きな理由のひとつだね」（拙著『マイ・ブラッディ・ヴァレンタインこそはすべて』より）

この言葉のなかには、彼の優しさと繊細さ、物事の本質を見る鋭さが詰まっていると思う。

そんなケヴィンと、いつも朗らかで愛に溢れたビリンダ、姉御肌でメンバーの誰よりも気遣いが細やかなデビー・グッギ、いつも飄々としていて掴みどころのないコルム・オコーサク。好きなバンドであればあるほど、実際に会って失望するのが怖いから、本来ならば適度な距離感を持って接した方がいいのかもしれない。でも、マイブラのメンバーは会うたびに「この人たちを好きでよかった」と心から思わせてくれる。そんな人たちに出会えたことは、人生の宝物だ。

なぜ僕はこんなにもマイブラが好きなのか、結局のところ、その答えは見つかっていない。それが知りたくて、彼らのライヴを（彼らと知り合う前から）ずっと追いかけ続けている気がする。否、むしろ「答え」などどうでもよくて、きっと僕は彼らがそこに存在していることを、ただ確かめたいだけなのかもしれない。

# あの時代の不安定な生活のなかで

久保憲司
written by Kenji Kubo

いまマイ・ブラッディ・ヴァレンタインのことを語るのはブルースのロバート・ジョンソンのことを語るのと似ていると思います。ロバート・ジョンソンは本当にクロスロードで悪魔と出会ったのか、それともニュー・オリンズにでも行ってギターの名手に会って手ほどきを受けて地元に帰ってきただけなのか。たぶんみんなが一番知りたいのはこれでしょう。なぜマイ・ブラッディ・ヴァレンタインはこんなにも僕たちを惹きつけるのか、できるならその秘密を得たいということでしょう。YouTubeにはそうやってケヴィンのギター・サウンドを解明する動画があふれています。でも誰も彼らにはなれない。いや、彼らさえあまりにも時間が経ちすぎていて、もう彼らにはなれないのかもしれないのです。

アラン・マッギーは自伝『クリエイション・ストーリーズ』で、MBVのことを「ファッキン・パステルズ」と書いていました。あーたしかにパステルズぽかったなと思います。でも僕がアランのリビングルームで彼らを観たときは、コクトー・ツインズをやりたいのかなと思いました。80年代半ば過ぎのイギリスでもっともビッグなバンドはコクトー・ツインズでした。壮大なドラムにとんでもないリヴァーヴとディレイ、レコーディングの実験をしていたコクトー・ツインズ。元々はキリング・ジョークみたいだったのに、なぜあんなバンドになったのかも謎です。時代だったんでしょうね。

とにかく、あの頃のイギリスのバンドにはいいドラマーがいなかったので、リズム・マシーンをよく使っていました。シスター・オブ・マーシー、レッドローリー・イエローローリー、スリー・ジョンズ（後者ふたつは誰も知らないか、初期のエコー＆ザ・バニーメンもリズム・マシーンを使っていたくらいみんないいドラマーを探していた）、でもMBVにはコルムがいた。彼らの強力なリズムとサウンドに、アラン・マッギーの右腕ジョー・フォスターが「もうこれで俺たちはピクシーズなんかのアメリカのバンドを見なくっていいと思った」とまで言ったほどです。

マイ・ブラッディ・ヴァレンタインにはピクシーズにも似たカオス

と暴力性がありました。ピクシーズもコクトー・ツインズと同じ〈4AD〉のバンドでしたが、あの頃はソニック・ユース、ピクシーズ、スローイング・ミュージズ、バットホール・サーファーズ、ダイナソーJr.などアメリカのバンドの方がイギリスのバンドより力強いライヴをやっていました。〈4AD〉がなぜピクシーズのようなバンドと契約したのかというとバースデイ・パーティが売れていたからです。バースデイ・パーティはオーストラリアのバンドですが、あの頃バウハウスやキリング・ジョークに対抗できる外国のバンドといえば彼らくらいだった。外国バンドの頂点はクランプスですけどね。でもクランプスが使っていたギターはグレッチなんで、グレッチを弾かなかったもうひとりのギター、キッド・コンゴ・パワーズはバースデイ・パーティのニック・ケイブのバット・シーズに入ります。そうなんですみんな繋がっているんです。

ケヴィン・シールズやビリンダたちが使っているジャガーのような普通のロック・ミュージシャンが弾かないギターをMBV以前に弾いていたのは、バースデイ・パーティのローランド・S・ハワードでした。さらにそれ以前になるとテレヴィジョンのトム・ヴァーレン（彼はジャスマスターですが、ケヴィンもジャガーではなくジャズマスターです。ジャズマスターがロング・スケール、ジャガーはショート・スケールなんです。だからジャズマスターの方が弦が長い分ヘヴィな音になります。手が小さなビリンダは弾きやすいからジャガーを愛用）がいて、同世代だとダイナソーJr.のJ・マスシスがいて、彼がバンド・デビューする前にもっとも好きだったバンドがバースデイ・パーティ。ニール・ヤングのような長髪になる前の彼は、ニック・ケイブのようなトサカ・ヘアーをしていました。ジェイはファズで空間を歪ませるくらいの大音量で演奏して、ケヴィンもそれに負けないくらいに音を歪ませるべくジャズマスターのトレモロを延々と動かしまくっていました。同時期に、なぜこのふたりが世界を歪ませるくらいギターを歪ませようとしていたのかはわかりません。たぶん世界が嫌だったのでしょう。いまではふたりはエフェクター友だちで、大の仲良しですね。

でも、もっとも世界を嫌っていたのは、後にレズビアンだったことが明かされるベースのデビーだったかなと思うのです。あのイギリスのマッチョな音楽業界のなかで、女性でレズビアンって肩身が狭かっただろうなと。MBVが活動を停止したとき彼女は仕事がなく、白タクの運転手をしていたそうです。あるときお客さんとしてラッシュのミキちゃんが乗ってきたのですが、彼女は酔っ払っていたからか運転手がデビーだとわからなかったそうです。「ミキ、わかる、私のこと、マイ・ブラッディ・ヴァレンタインのデビーだよ」と言いたかった、しかしなんか恥ずかしくって言えなかったそうです。

ビリンダもデビーと同じような人です。結婚して子供がいて、元ダンナがビリンダとケヴィンが住んでいた家に怒鳴り込んできたこともあったといいます。そういう不安定さのなかでMBVの音楽は作られていた。コリンも付き合っていた彼女がビザの問題でアメリカに帰らないといけなくなって、その不安からドラムが叩けなくなってしまい、『Loveless』はいままで彼が叩いていたドラムの音をサンプリングして作られました。

インディ・レーベルだった〈クリエイション〉は彼らが生活していくには十分なお金も渡せてなかったでしょう。そんな怒りもあのサウンドを作っていたのだと思います。また、そういうイライラを与えていたのがアラン・マッギーだからと、ケヴィンは彼に音源をなかなか渡さなかったのだと思います。もちろん完璧な音を探していたのが最大の理由でしょうけど。アラン・マッギーの自伝で初めて明かされていましたが、MBVのレコーディング費用を捻出するためにアランはガンで亡くなったお母さんの死亡保険のお金まで使っていたそうです。そこまでさせたケヴィンをアランはもう許せなくなったと書かれています。ふたりはもっと話し合っていたらよかったと思うのですが、レコーディングのために親の死亡保険を使ったなんて言ってしまったら、業界内でどんな噂たてられるかわかったもんじゃないですよ。

こうしたイギリスのインディ・シーンの混沌や不安定さ、そしてメジャーにはない独特でいいものを作りたいという強い思いが『Isn't Anything』や『Loveless』を産んだのだと僕はいま思っています。ケヴィンはアランに対して酷いことを言っていますが、アランがマスター・テープをぶんどってこなければ『Loveless』はリリースされてなかったかもしれない。『m b v』が22年後に出たことを考えると、『Loveless』があと10年くらいリリースされていなかった可能性もあるんです。『Loveless』がリリースされていなかったら、彼らはいまほど評価されなかったでしょう。でも、僕は『Isn't Anything』こそ彼らの最高傑作だと思っています。なぜみんなが『Loveless』のほうを評価するのかわかりません。あのアルバムには崩壊を感じてしまう。その崩れ落ちそうな感覚がいいのかもしれませんが、バンドとしてまとまって作られた『Isn't Anything』のほうが僕は楽しく聴けるのです。

あと最後にもうひとつ、プライマル・スクリームにケヴィンが入ったのって、アランを憎んでいる同士が仲良くなったのかなとずっと思っていたのですが、ケヴィンのあのスウィートなメロディの元ってボビー・ギレスピーですよね。普通マネするなよなと怒るところなんでしょうけど、彼に力を借りようとしたボビーは偉いなと思ったりするのです。そしてあのメロディは〈クリエイション〉のはじまりでもあるスコットランドじゃないかと思うのです。MBVはアイルランドのバンドですけど。北の音ってことでしょうね。

# 『Loveless』から広がる音宇宙

それはどこまで拡大できるのか、MBVの名作が共鳴しうる臨界を
旅しながらアルバムを探索する

# Expanding Sound universe from Loveless

Itaru W. Mita = Ambient / Drone
Masato Matsumura = Rock
Tsutomu Noda = Techno / Electronica
Shinya Matsuyama = Avant Garde / Experimental

## Rock
## ロック編
by Masato Matsumura
松村正人

Lou Reed
Metal Machine Music
RCA Victor（1975）

Dinosaur Jr.
Bug
SST（1988）

Spacemen 3
Dreamweapon
Fierce Recordings（1990）

Flying Saucer Attack
Flying Saucer Attack
FSA Records（1993）

Beach Boys
Smiley Smile
Brother Records（1967）

João Gilberto
João Gilberto ～三月の水
Polydor（1973）

Japancakes
Loveless
Darla Records（2007）

山本精一
Playground
P-Vine（2010）

表面的にはあらわれなくとも、その表現の淵源をマイ・ブラッディ・ヴァレンタインに負う作品はいくつもあるが、逆もまた真なりで彼らもまた音楽史のいちぶであれば他者からの影響はまぬがれえない。それらは水面にできた波紋のように重なり縺れ合いながら、いまだ広がりつづけている。ことロックの分野ではアンビエントや現代音楽とちがい、勝手知ったる分野なのだから関係性はみえやすいうえに作者みずから影響の有無を語ることもしばしばである。とはいえ音楽的な関係性を考察するにあたってクリエイション・レコーズの作品やあからさまなフォロワーばかりでも芸がない。ここではなるべく我田引水にならない偏りに徹したい。そのような観点から8枚を選び述べていく。チェックポイントは音響、重量、録音、旋律である。

MBVの最大の特徴はギターであるのに異論をはさまれる方はおられまい。そのサウンドをさして、私たちはしばしば轟音と評するが、シールズの意図は耳を聾するよりむしろ響きの拡張とその干渉、増幅、循環による変調した響きの探究にあり、制御不能におちいることもある音の渦にのまれることはあっても耳に痛いものではない。ディストーションやファズなどの歪み系よりモジュレータやトレモロなどに比重を置くからだろうが、それらによる変調とゆらぎで音は波という物理法則上の性格をあらわにするだけでなく、いち音ごとの差異や倍音がもたらす聴感上の効果（錯覚）はシールズの音を「粒子」になぞらえたくなる衝動をリスナーにもよおさせる。波であり粒子であるというこの二重性はいうまでもなく「光」の物理特性だが、それ以上にシールズの響きのアナロジーもかねている。すなわちきわめて特異なサウンドだが、しかしシールズほど曖昧で刹那的なギターを弾くものはいない。

ことにロックにおいては、60年代後半から70年代初頭にかけて音響の巨大化――ヘンドリックスでも村八分でもいいが――は表現と循環し合ったが、70年代なかば以降、単純化のサイクルに入ってしまった。ここでいう単純化はテクノロジーと表現の批評的な相関性であり、フレーズの細分化や演奏技術の高度化といった音楽のスポーツ的な側面を意味しない。たとえばヘヴィメタルなどの分野には大音量は欠かせないが、表現が志向するのは様式でありノイズではない。ルー・リードがあの『Metal Machine Music』（75年）でこれぞヘヴィメタルだとうそぶいたのも、いまにして思えば、バロウズのカットアップ小説『Soft Machine』（61年）に由来するヘヴィメタルの語義の余剰を剥ぎ馴致しようとする欲動への意義もうしたてだった。むろんルー・リードみずからジャケット・スリーヴで述べるとおり、ラ・モンテ・ヤング〜ジョン・ケイルら永久音楽劇場一派の影が色濃いサウンドはヘヴィさとかけ離れた重量感だが、アンプリフィケーション（増幅）回路と接続しノイズ化するギターの「音響装置」としてのあり方はロックにおけるオルタナティヴの方向性をほのめかす。

この系譜に位置しギターとノイズの関係を次の段階にひきあげたのが1991年の『Loveless』である。ロック史ではシューゲイザーの正典だが、前年のライドの『Nowhere』や2年後のスロウダイヴの『Souvlaki』など、ともに正典のいちぶをなすレコードとも『Loveless』は位相をことにする。右の意見はおもに録音に由来するのだが、あのサウンドのバランスのゆがみこそ『Loveless』の無二性であり、それにより音塊が身体性を覆い尽くし肥大化した観念と対置する、暴力的といってもいいこのバランス感覚は英国のシューゲイザーたちにかぎらず、90年代前後の米国のオルタナ勢、なかでもSST時代のダイナソーJr.やソニック・ユースあたりにも散見できる。シールズはのちにダイナソーの『Hand It Over』（97年）でともにスタジオに入っているし、MBVサウンド

の代名詞でもあるリヴァース・リヴァーブの知識をハスカー・ドゥのボブ・モールドのインタヴューで仕入れたというのだから同時代の米国の動きは無視できない。

ＭＢＶとはそれらを構造化するさいの方法の異名であり、そこでは上に述べた米国勢のみならず、隣人や同世代とも共振する時代性がはたらいている。スペースメン3やフライング・ソーサー・アタックはオルタナティヴの系譜では至近距離に位置するが、音響上のアプローチでは相同性よりむしろ補完性がきわだってくる。これまであげた作品は大半で歌はないか、あったとしても音の壁の向こうである。音響と旋律が一体化した音響構造をさしてときにシールズはボサノヴァ的と評しもする。声までもサウンドのいちぶとなるようなアンサンブルのあり方ということらしいが、余分な熱量を排した歌唱とバチーダによる涼しげな空間性はなるほどシューゲイザーにも通じる主体と作品の距離かもしれない。本稿ではこころみにこの分野の始祖であるジョアン・ジルベルトの『三月の水』をあげて読者諸兄姉のご批判を乞うが、ウェンディ・カルロスが録音を担当した本作の、ボサノヴァというにはいささかくぐもった音響空間こそシールズが念頭に置くボサノヴァのイメージにちかいのではないか。その一方で、いかに轟音にかき消され気味だとしてもブリンダやシールズのヴォーカルは概してメロディアスである、そのことは『Loveless』をまるごとカヴァーしたジャパンケイクスのアルバムでチェロやペダルスチールがになう旋律の自律性、およそ20年後の極東に原典とは別様のオルタナティヴとして再生した山本精一の『Playground』（1曲目の「Day」）にもあきらかである。この旋律線を導きの糸に、ＭＢＶの系譜学はドリーム・ポップの始原であるブライアン・ウィルソンの聴感にまで溯ることができる、あるいはフィードバックの干渉波を透かして水谷孝とケヴィン・シールズを重ね合わせることとも同義であろう——そのような夢幻を誘いながら、ＭＢＶを起点とする波紋は重なり縺れ合いながら、いまもまだたしかに広がりつづけている。

## Electronica / Techno / Trance
## テクノ編
## by Tsutomu Noda
## 野田努

Cluster
Cluster
Philips（1971）

Age Of Love
The Age Of Love
DiKi Records（1990）

The Aphex Twin
Digeridoo
R & S Records（1992）

Orbital
Lush 3
Internal（1993）

Seefeel
Succour
Warp（1995）

Microstoria
Init Ding
Mille Plateaux（1995）

Boards Of Canada
In A Beautiful Place Out In The Country
Warp（2000）

Fennesz
Venice
Touch（2004）

『Loveless』が特異だったことのひとつは、オルタナティヴ・ロック経由ヘッドバンキング系ギター・ノイズ・サウンドをセカンド・サマー・オブ・ラヴの恍惚と結合させたことだった。縦ノリのリズムをもって幸福なサイケデリアに侵入したと、ある意味これは離れ業である。それはリズムではなく、ギターポップとして認識できる臨界点で描かれた、ギター・ストロークの洪水から聞こえるあの音響によってなのだ。また、レコードでいえばA面の3曲目から4曲目、抽象的な不協和音のコラージュ〝Touched〟から壮大かつ多幸的なドローン〝To Here Knows When〟を経て〝When You Sleep〟へと流れ込む展開には、自分が生まれて初めて何かを成し遂げたときのような興奮を覚える。ケヴィン・シールズは音を作り込む能力もあったが、魅力的でセンスの良いメロディを作ることのできる才も持ち合わせていた。

　こうした、MVBにおける音響的な催眠性と感情移入しやすいメロディによってリスナーをトリップさせるスタイルは、テクノでいえばトランスと呼ばれるサブジャンルに見受けられる。ジャーマン・トランスを代表するエイジ・オブ・ラヴは『Loveless』の時代に大ヒットしたものの1枚で、崇高さと下世話さの入り混じった感覚をもっても『Loveless』的に感じられる。同じことがオービタルによるUKトランスのもっとも傑出したシングルにも言えるわけだが、(女性の)ウィスパー・ヴォイスがこれらのトラックでは有効的に使われている点も共通している。それから、ローファイで多幸感のあるテクノということでいえばエイフェックス・ツインの『Selected Ambient Works 85-92』を挙げるべきかもしれないが、ここはドローンの轟きを有効的に使っている点において荒れ狂う「Digeridoo」を選んだ。

　さらにドローンに焦点を当てたときにそのアナログに加工された音の質感を引き伸ばせば、クラウトロックにおける電子的音響実験の成果のひとつ、1971年のクラスターにまで遡れるだろうし、さもなければマウス・オン・マーズのメンバーによる遊び心たっぷりのミクロストリア『Init Ding』にまで届くだろう。そして、その音響工作の抽象性を薄暗がりにおいて継承すればシーフィールの『Succour』の1曲目〝Meol〟にもアクセスできる。いや、MBVの淡い感傷を優先させるなら、ピンポイントでシングル曲の〝Spangle〟をターンテーブルに載せるべきだろう。同曲の切ない幻覚性は、愛のファンタジーを生き抜くことができないと知ったときのメランコリーから来ている、とぼくは思っている。

「愛無き」と謳っている『Loveless』だが、当時のダンス・カルチャーとエクスタシーを起爆剤とする、暗いサッチャー時代における尋常ならぬ明るさとポジティヴなヴァイブレーションから逃れられるはずがなかった。たとえば〝Blown A Wish〟をアコースティック・ギターで再現すればおそらくバーズのようになるのだろうし、〝Soon〟にいたっては、いまあらためて聴いてみれば、絵に描いたように典型的なこの時代のサウンドであることが確認できる。90年前後のUKのインディー・シーンがパブリック・エナミーやデ・ラ・ソウルを無視するなんてことは、ほとんど不可能だった。いまはセパレイトされてしまったヒップホップとハウスだが、この頃はほぼ同時期になかば一緒になって外の世界に伝播している。新しいものが好きなUKのインディー・シーンは、それをほぼリアルタイムで受け入れていた。

　ボーズ・オブ・カナダとフェネスに関しては、アーティスト本人がMBVからの影響を公言しているという点において挙げている。ほかにドローン作家の畠山地平ももっとも初期の影響にMBV

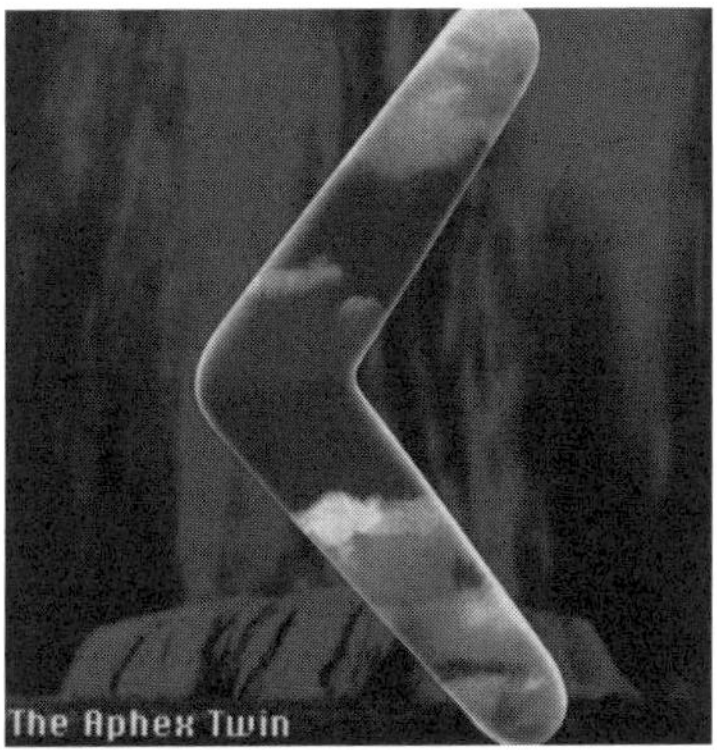

があったと話しているが、BOCとフェネスと畠山とではメソッドも作風もまるっきり違っているところが面白い。BOCに関して言えば、MBVの甘いサイケデリアをたしかに継承しているし、フェネスに関して言えば、瞑想としてのドローンでも、騒音としてのノイズでもない、メランコリーやエモーションを表現する手段としてのドローンであり、メロディとしてのグリッチであるという点において『Loveless』にリンクする。

ぼく個人のことを言えば、90年あたりまではずっとロック――それもUKのポスト・パンク以降を中心に聴いてきてはいたものの、この時期を境目としてロック離れが加速していった。もし『Loveless』がロック・バンドとは見てくれや歌詞の意味よりも音響それ自体が重要だと訴えているのだとしたら、ぼくはそっちの側に思いきりハンドルを振り切ったというわけだ。しかしながら、つまり、ぼくのなかでは『Loveless』の時代のUKインディー・ロックは、そればかりを貪っていた最後の時代の記憶であるがゆえに思い入れもある。ただし、実際に『Loveless』がリリースされたときには離陸寸前というか、ぼくの身体の2／3以上は別の惑星のダンスフロアに浸っていた。その道中においてもっとも深い森があったとしたらそれはたとえばエイフェックス・ツインの『Ambient Works Vol.2』で、じつを言えばこの企画で最初に思い浮かんだのは濃い霧に包まれたリズムのないこのアンビエント集だった。『Ambient Works Vol.2』は『Screamadelica』とは一定の距離を感じるが、『Loveless』とはどこか同胞の感性を感じる。その音響世界に侵入してしまえば、すべての日常から遮断されるという、強力な幻覚作用を有しているのだ。今回久しぶりに『Loveless』に針を降ろしてみると、歪んで雷鳴のような響きだが美しく静寂でもあるという矛盾を超越した作品であることが当時よりも明白に理解することができた。ホンモノの傑作というのは、得てしてその内部は不整合であるものなのだろう。

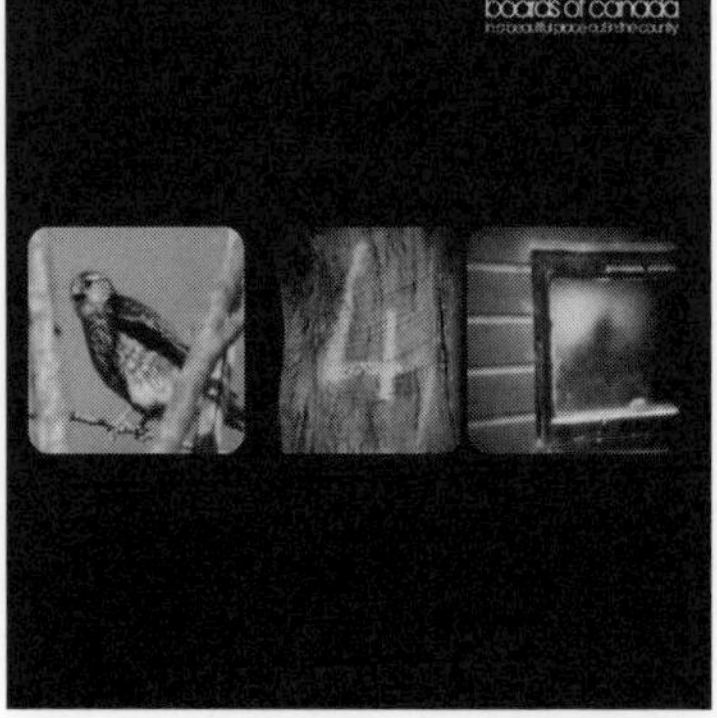

## ambient / drone
## アンビエント／ドローン編
## by Itaru W. Mita
## 三田格

Queen Elizabeth
Queen Elizabeth
Echo Special Projects (1994)

Alec Empire
Limited Editions 1990-94
Mille Plateaux (1994)

Tim Hecker
Mirages
Alien8 Recordings (2004)

Growing
Color Wheel
Kranky (2006)

Nicholas Szczepanik
Please Stop Loving Me
Streamline (2011)

Deep Magic
Reflections Of Most Forgotten Love
Preservation (2013)

M. Sage
A Singular Continent
Patient Sounds Intl. (2014)

Jefre Cantu-Ledesma
On The Echoing Green
Mexican Summer (2021)

明るいサウンドにリアリティがなくなって久しい。ベリアルやアルカといったアンダーグラウンドだけでなく、カーディ・Bやラナ・デル・レイといった時代の表層も心晴れやかなサウンドからはほど遠い。スカッとする曲として紹介されがちなAdo〝うっせいわ〟がサビ前で抑圧を溜め込むようにドラムがトラップに切り替わる展開はなんとも象徴的である。この場合、抑鬱や倦怠感にグラディエーションを与えておくことがキモで、曲調を一気に反転させてしまうとリアリティが失われることは明白だからだろう。米津玄師もキング・ヌーも乃木坂46もヨアソビもとにかくジメジメして鬱陶しい。リアリティがあって、かつ明るい音楽を聴きたければナイジェリアのヒップホップかヴェイパーウェイヴしかなくなってしまった……というのは言い過ぎか。

　僕がポップ・ミュージックに親しむようになったのは70年代なかば。カウンター・カルチャーの挫折や内省期を抜けて次第にサウンドが軽く、明るくなっていった過程を経験しているだけに、90年代後半から飛騨トンネルのように長く続き、一向に先が見えない鬱のレイヤーはやはり異常事態に思えてくる。それこそ80～90年代は特殊な躁状態だったと考えた方がいいのか、それとも明るい時代に暗いサウンドを好んで聴いていた僕としては時代の裏側に潜り込む楽しみはもう取り戻せないというだけなのか。いや、当時はダークだと思って聴いていたサウンドもいま聴くとぜんぜん暗いといえるようなレヴェルのものではないし、あれこれ思い返しているとスキャットマン・ジョンやブラックボックスまで懐かしく思えてきた。そう思って『Loveless』を聴くと、やはり当時の浮かれ気分があっという間に蘇ってくる。フガジやブラック・フラッグが〝I'm Not In Love〟をカヴァーしているような〝Loomer〟からフィル・スペクターがジャーマン・トランスに手を染めたような〝To Here Knows When〟まで『Loveless』には最初から最後まで多幸感がみなぎり、不安が夜の宙を舞っていない。どこまでも心は穏やかで、〝I only Said〟や〝Blown A Wish〟では目前に美しい景色だけが広がっていく。編集部からのオーダーはそんなマイ・ブラッディ・サウンドをドローンで展開しているサウンドをいくつか挙げてくれというものだけれど、これが非常に難しい。ドローンの多くは瞑想文化と結びついていたせいか、たいていは弛緩していて、多幸感へと導くパワフルな音楽性のものはそもそも多くないし、ドローンというのは元はアカデミックな領域のものだったせいか、感情を入れて表現する音楽ではなく、ドローンが多様な感情表現と結びつくのはクラウトロックの残骸や、とくにレイヴ・カルチャーを経てリヴァイヴァルと共に退廃を受け入れてからだったということもある。ケヴィン・シールズもメンバーだったE.A.R.やフェネスを起点とする近年のドローン・リヴァイヴァルは00年代前半に北米へと飛び火し、ティム・ヘッカーやダブル・レオパーズがこれを自由に解釈するところからじわじわとポップ・ミュージックとの接点を見出し、それまでノイズ・ミュージックとして避けられていた作家にも再評価の光が当たることでローファイなドローンにも可能性が見えはじめる。しかし、量産されるようになったローファイ・ドローンが今度は時代の雰囲気のせいなのか、多幸感とは結びつかない。グローイングでもイエロー・スワンでもどちらかといえば攻撃的で、ヘイトに近い感覚の方が際立っている。ローファイで多幸感を前面に押し

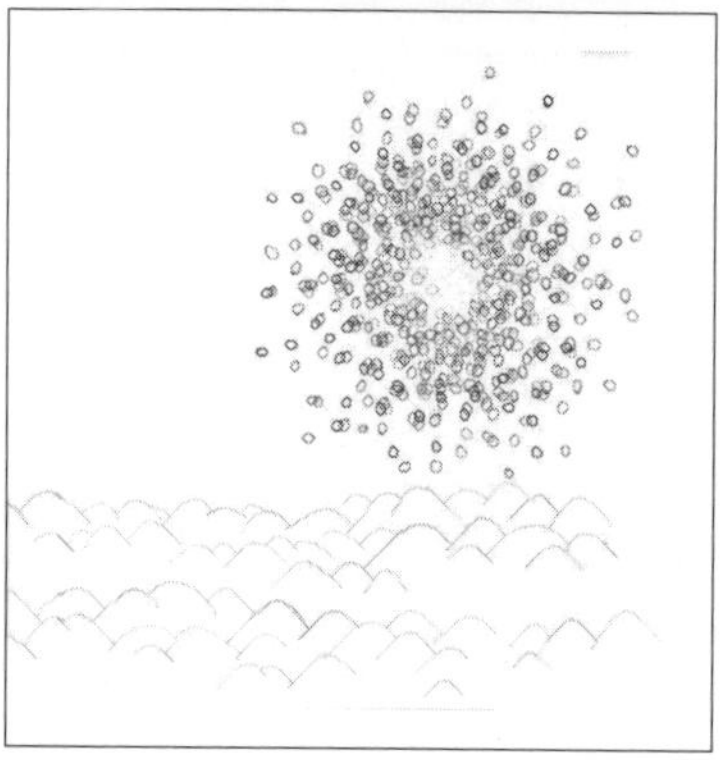

出したドローン——『Loveless』がいまだにオリジナルな響きを失っていないのは、その種の退廃的なドローンがその後はあまりつくられていないことも大きいのではないだろうか。モノマネすらあまり思いつかないというのは、なんか、スゴいかもしれない。
00年代以降にしては珍しく多幸感を漲らせたドローンとして、まずはニコラス・シュチェパニク『Please Stop Loving Me』が思い浮かぶ。外れ者が集まったようなレーベル、〈Streamline〉からのリリースというのもかなり皮肉っぽい。時間軸はかなり遡るけれど、これに過剰なツイストを加えたものがジュリアン・コープによるクイーン・エリザベス。これらはいずれもローファイ度はゼロで、『Loveless』に通じるのはロック的なヴァイブレーションのみ。多幸感を維持しつつ、ローファイ度を少しだけ注入していくとエメラルズやグローイングが浮上する。ギター2本だけで構築されているとは思えない後者の転機作『Color Wheel』は随所でフリップ＆イーノを思わせるも、サウンドの仕上がりはあまりにドライ。さらにローファイ度を上げていくとやはり中期のティム・ヘッカーは名前を挙げざるを得ないだろう。ヘッカーは元々はクリック・ハウスのプロデューサーで、ゴッドスピード・ユー！ブラック・エンペラーと近しい距離にあり、現在のようにアカデミックな手法には長けていなかった時期のドローンはロック的なダイナミズムに通じるところも多く、リヴァーブの波に飲み込まれた『Mirages』は『Loveless』をスクリュードしたようなものに聴こえなくもない。パッセージを落とすことで否応もなくダークになり、鬱に沈んだ『Loveless』になったというか。奇妙な邂逅という意味ではマシュー・セイジの名前も挙げておきたい。作風の安定しない作家だけれど、4作目となる『A Singular Continent』はジーザス＆メリー・チェインをドローン化したような曲も散見され、これも多幸感は薄らぐものの、『Loveless』とは細い糸で繋がっている感がある。

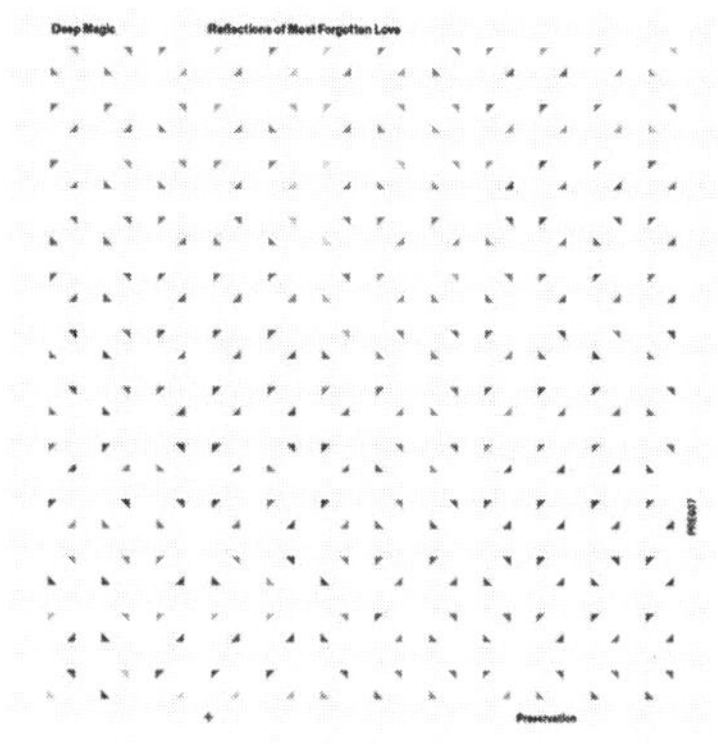


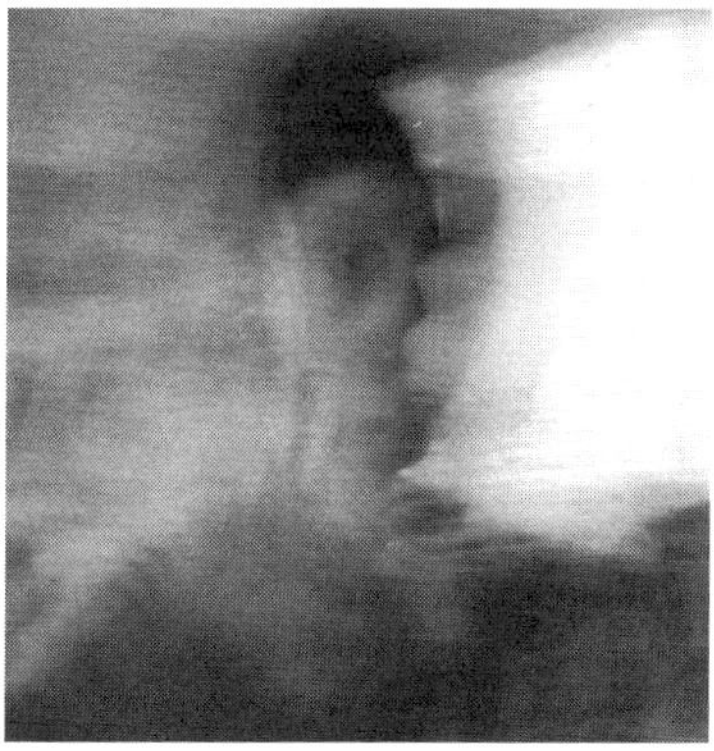

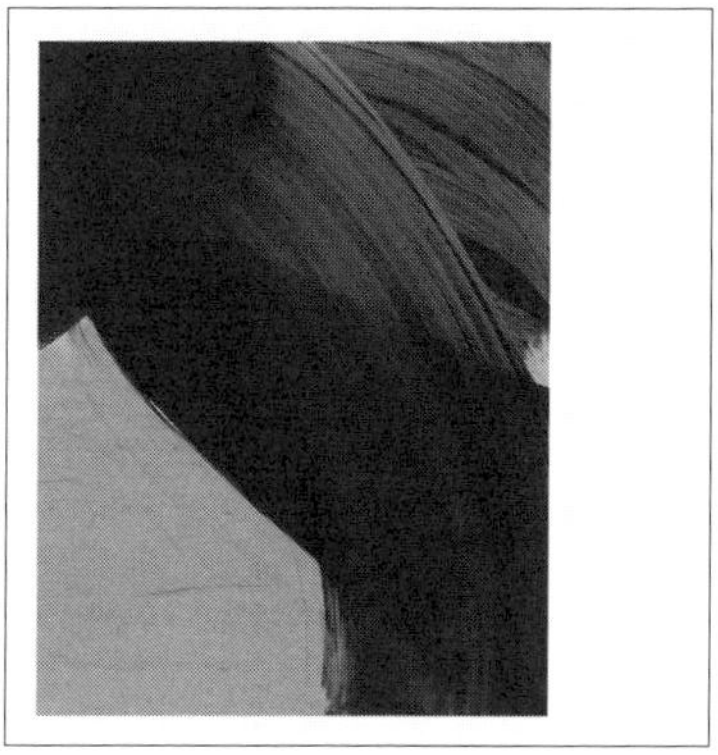

# Experimental Music
# 実験音楽編
by Shinya Matsuyama
松山晋也
Horacio Vaggione
La Maquina De Cantar
Cramps（1978）

Mother Mallard's Portable Masterpiece
Co.1970-1973
Cuneiform（1999）

ヨシ・ワダ（和田義正）
Off The Wall
FMP（1985）

David Rosenboom
Brainwave music
A.R.C（1975）

Harry Bertoia
Clear Sounds / Perfetta
Sonambient（2016）

Igor Wakhevitch
Docteur Faust
Pathé（1971）

Angus MacLise
The Invasion Of Thunderbolt Pagoda
Siltbreeze（1999）

Music of Morocco:
From The Library Of Congress - Recorded
by Paul Bowles, 1959
Dust-to-Digital（2016）
「ノイジーな重層音響のカレイドスコープ的放射による知覚麻痺とハレイションの法悦」というお題を勝手に設定させていただく。誰もがまず思い浮かべるのはイアニス・クセナキスの〝ペルセポリス〟だろうが、ここではスルー。旧約聖書のようなものだし。また、私が最も好きなテリー・ライリーの70年前後の電気オルガン&ディレイ・システムの諸作（『Reed Streams / In C (Mantra)』等〈Organ Of Corti〉シリーズ）とかドローン導師ラ・モンテ・ヤングの『The Theatre Of Eternal Music: Dream House 78'17"』、トニー・コンラッドの4枚組箱『Early Minimalism Volume One』などもいまさらなのでパス。
知覚麻痺とハレイションという点で私の一押しは、アルゼンチンの電子音楽家オラシオ・バッジョーネ（1943-）の『La Maquina De Cantar（歌う機械）』（78年）だ。祖国で現代音楽を学んだ後、米国でコンピューター音楽の手ほどきを受けたバッジョーネは60年代末に欧州に拠点を移し、電子音楽家として本格的に活動を開始した。その最初の成果がこれ。伊クランプス・レーベルの現代音楽シリーズ「nova musicha」の1枚だ。A面タイトル曲ではIBMコンピューターで完全制御された電子音の高速シーケンスがアブク状に連なり、マイクロモンタージュの波状攻撃に脳髄がぐらつく。イブラヒモヴィッチのミドル・シュートを連続百発ヘディングした感じ。B面曲〝Ending〟は3台のミニモーグとオルガンによる手弾きで、これまた微細なシーケンスのモワレ・サウンドだが、よりオーガニック＆ドラッギー。電子音の細分化だとエイフェックス・トゥインやスクエアプッシャーなどのグラニュラー・シンセの音が有名だが、ここにあるオールド・スクールならではの蛮力というか野性味は現代の作品では味わえないものだ。また、アナログ・シンセのミニマル＆多層サウンドによる幻覚空間の創出ということなら、モーグ・シンセ開発にも携わった作曲家デイヴィッド・ボーデン関係の作品も重要だ。彼が中心となって60年代末期〜70年代に活動した世界初のシンセ・アンサンブル、マザー・マラード・ポータブル・マスターピース・カンパニーの作品ではアナログ・シンセのカラフルな軟性音群が大スケールでうねりまくる。ミニマリズム系現代音楽とプログ・ロック（とくにクラウト）の掛橋といった感じか。『1970-1973』には73年のデビュー作に未発表曲も追加されている。

　トニー・コンラッドをスルーした代わりに周辺人脈から二人。つい先日亡くなったヨシ・ワダ（和田義正）は60年代に渡米し、フルクサス運動への参加をきっかけにラ・モンテ・ヤングと深く関わっていった（永久音楽劇場に参加したりパンディット・プラン・ナートの下でインド古典声楽を学んだり）が、アース・ホルン（アルペンホルン風の自作管楽器）やバグパイプなどを用いた独自の手法でラ・モンテとは趣の違う低音忘我ドローン音楽を生み出していった。独FMPから出た2作目『Off The Wall』（85年）では単一音のドローンではなくパルス的に音を放射するバグパイプと打楽器群によるダイナミックな集団即興が展開されている。同じく永久音楽劇場参加者だった作曲家／電子音楽家デイヴィッド・ローゼンブームの『Brainwave Music』（75年）は、脳波を電子音に変換させる〈バイオ・フィードバック・ライヴ・エレクトロニクス・システム＆ミュージック〉の代表作。特に瞑想状況下の脳波が複数のドローン音として錯綜する『Portable Gold And Philosophers' Stones』は吐き気を催すような酩酊感に覆われている。

　アート絡みで2枚。彫刻家や版画家、椅子などの工業デザイナーとして活躍し

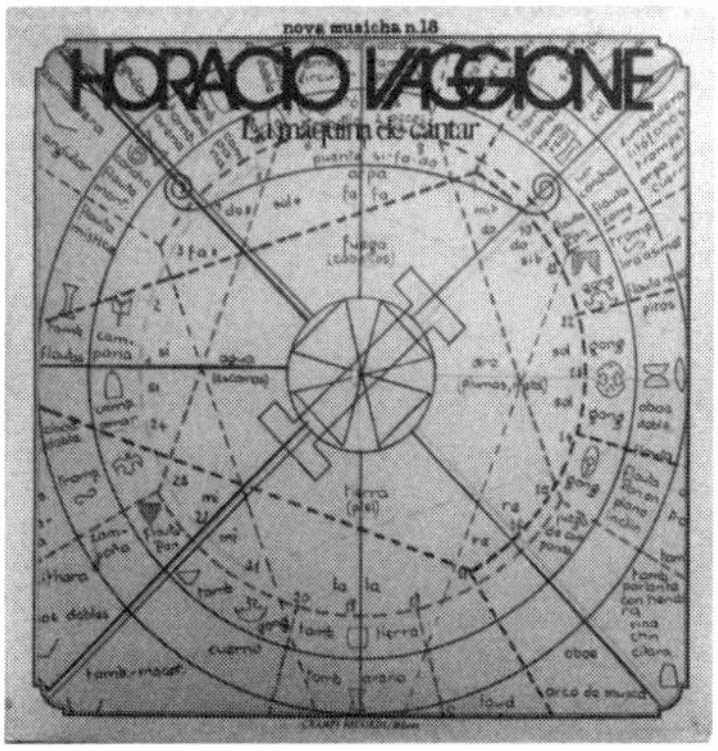

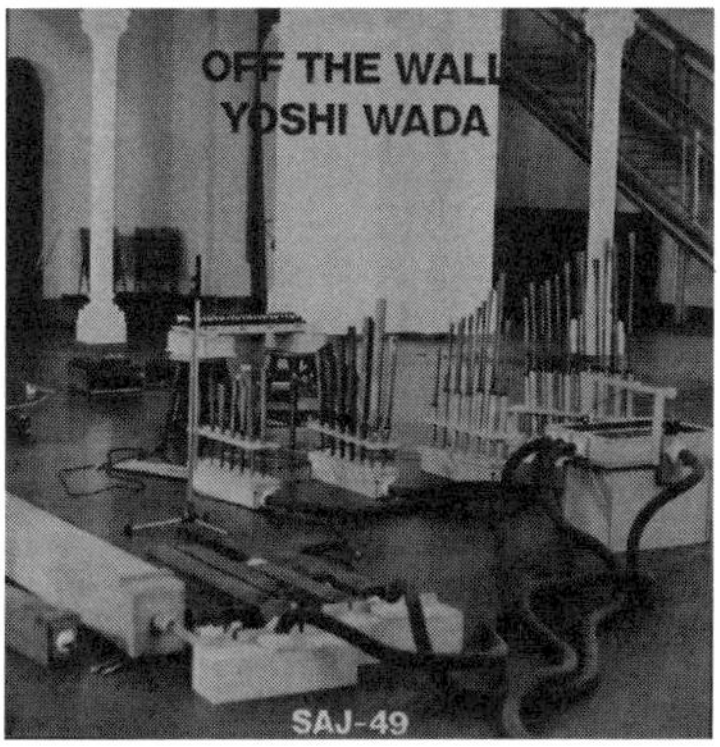


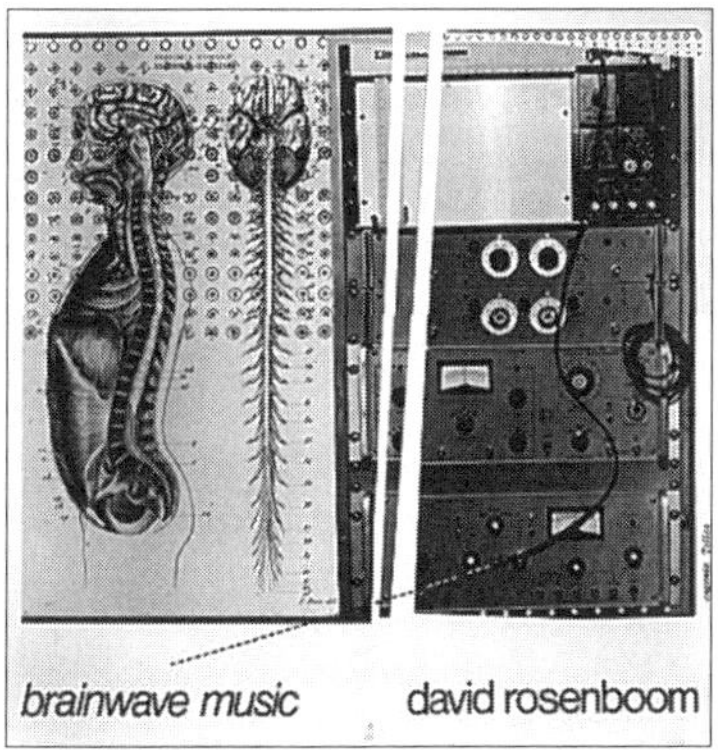

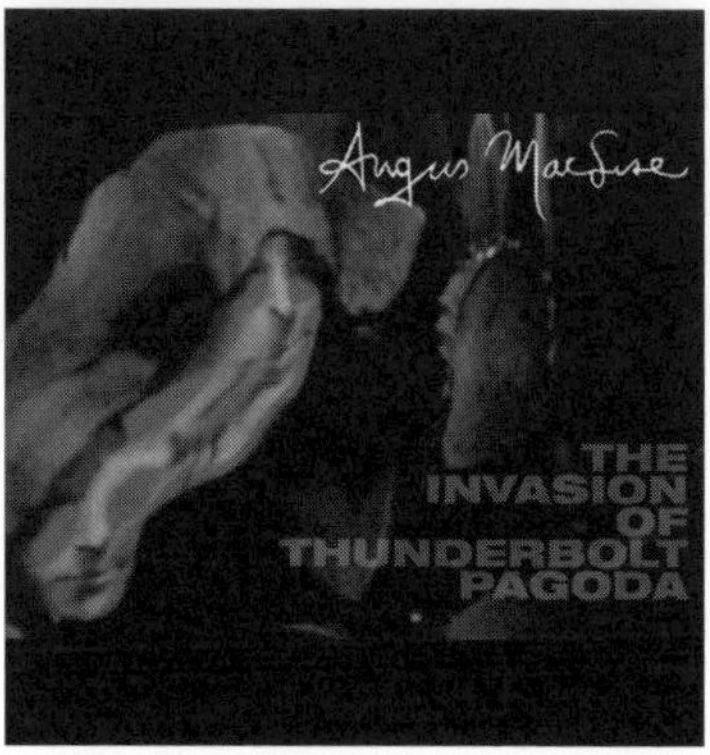


た伊系米人ハリー・ベルトイア（1915-78）は60〜70年代に「ソナンビエント（Sonambient）」なる音響彫刻作品を大量に残したことでも知られる。細長い棒など大量の金属オブジェの摩擦音や打撃音だけによる情緒を排した冷徹ドローン音の深く静かな連なりは、ほとんど神秘主義の領域だ。11枚組集成箱『Sonambient (Complete Collection)』まで手を伸ばさずとも『Clear Sounds / Perfetta』（16年）で十分に彼の世界を堪能できる。74年にサルヴァドール・ダリとコラボした前衛オペラ作品「Être Dieu」も作ったフランスのイゴール・ワケヴィッチは元々はピエール・シェフェールに師事したミュジーク・コンクレート系作曲家だが、オケと電子音を用いたどの作品にも強烈なサイケデリック感覚が宿り、雑多なイメージ（妄想）が氾濫している。最新作『Kshatrya (The Eye Of The Bird)』（19年）まで多数のアルバムがあるが、ソフト・マシーンに捧げられた2作目『Docteur Faust』（71年）は特にサイケ&ゴシック色が濃厚でほとんど悪夢。そのペイガニックな表現はナース・ウィズ・ウーンド好きにはたまらないはず。
ペイガニックなサイケ音響といえばやはりアンガス・マクリーズか。ラ・モンテ・ヤング周辺のパーカッショニスト／作曲家にしてヴェルヴェット・アンダーグラウンドの最初期ドラマーだった彼は、79年にカトマンズで亡くなるまで異教的／呪術的な作品を作り続けた。幻覚性が最も濃密なのは『The Invasion Of Thunderbolt Pagoda』（99年）か。そして小説&映画「シェルタリング・スカイ」で広く知られるようになった米人作曲家ポール・ボウルズ（1910-99）もまた異郷／異教の人。『Music of Morocco: From The Library Of Congress - Recorded by Paul Bowles, 1959』（16年）は自身の作品ではなく彼が現地録音したモロッコ民俗音楽の集成4枚組だが、これを入り口にモロッコ土俗音楽にしかない原始的サイケ感覚を味わうのも一興。大衆音楽シャアビの源流であるアイタや吟遊詩人的遊行楽女シカトの現地産カセット（イチオシはファトナ・ベント Fatna Bent）音源は、『ラヴレス』のケミカル臭とは違うハッシシの煙で満ちている。

# New Generation of Indie Rock and Post Punk in The UK

Black Midi ©YIS KID

新しいロックの時代が到来した。音楽の歴史がアーカイヴされ、過去との接続がさらにまた容易になった現在、ロックの雑食性はより極端に、しかもより前向きに姿を変えている。UKから聴こえてくるインディー・ロック／ポスト・パンクの新世代たちが、ここ数年、じつに活気のある楽曲をリリースしていることを、もはや無理することはできない。いまUKでは何かが起きているのか、活気あるシーンからそのほんのひと握りを紹介しよう。

Opinion
I never want to miss a
minute of football – but
wonder at what cost

Black Midi ©YIS KID

Fontaines D.C. ©Vinters Pooneh Ghana

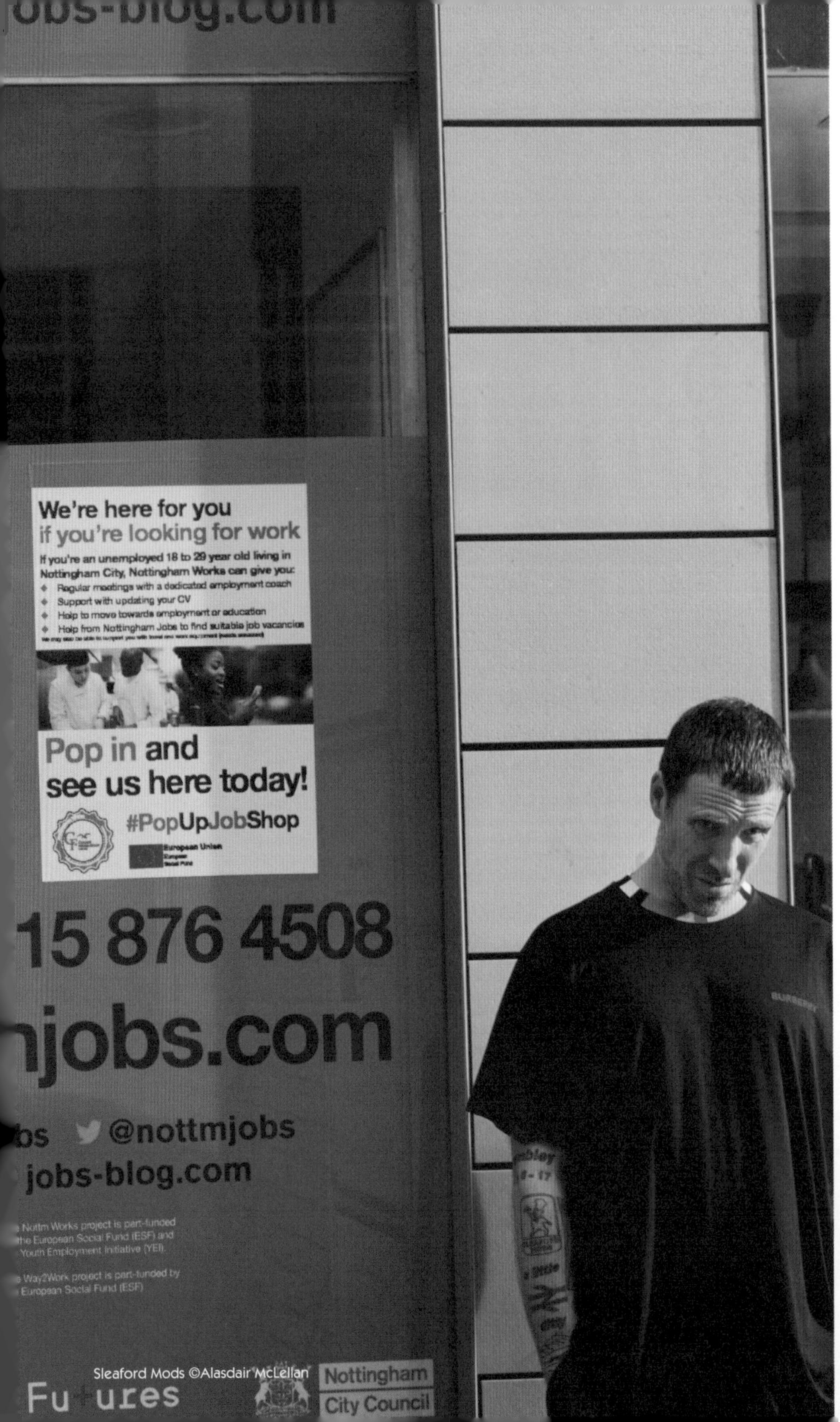
jobs-blog.com
We're here for you
if you're looking for work
If you're an unemployed 18 to 29 year old living in Nottingham City, Nottingham Works can give you:
Regular meetings with a dedicated employment coach
Support with updating your CV
Help to move towards employment or education
Help from Nottingham Jobs to find suitable job vacancies
Pop in and see us here today!
#PopUpJobShop
European Union
15 876 4508
njobs.com
@nottmjobs
jobs-blog.com
Nottm Works project is part-funded the European Social Fund (ESF) and Youth Employment Initiative (YEI).
Way2Work project is part-funded by European Social Fund (ESF)
Fu ures
Nottingham
City Council

Sleaford Mods ©Alasdair McLellan

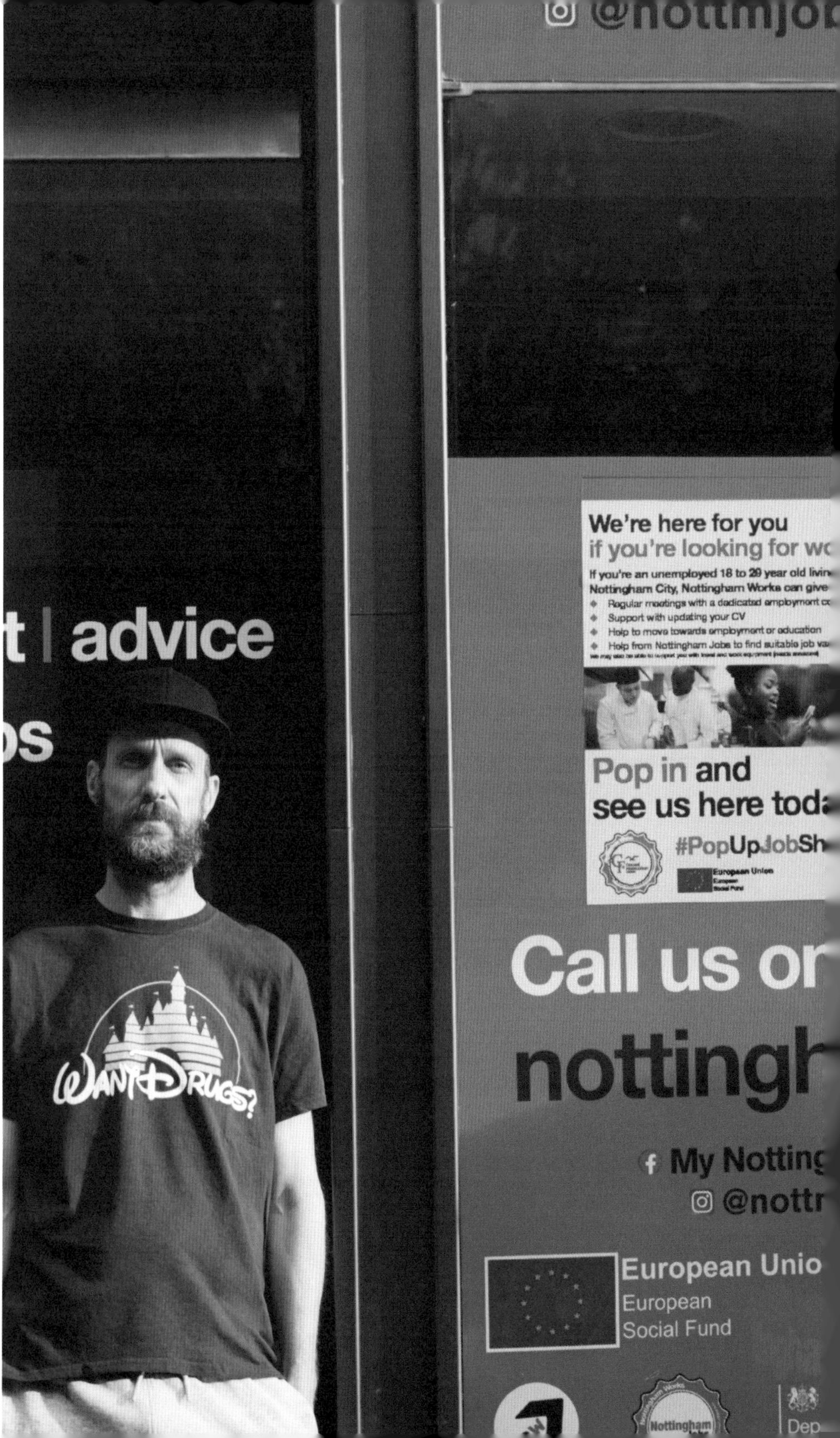
t | advice
os
We're here for you
if you're looking for wo
If you're an unemployed 18 to 29 year old livin
Nottingham City, Nottingham Works can give
Regular meetings with a dedicated employment co
Support with updating your CV
Help to move towards employment or education
Help from Nottingham Jobs to find suitable job va
Pop in and
see us here toda
#PopUpJobSh
European Union
Call us or
nottingh
My Notting
@nottr
European Unio
European
Social Fund
WANT DRUGS?
Nottingham
Dep

Goat Girl ©Holly Whitaker

Squid ©Holly Whitaker

Fat White Family ©Duncan Stafford

Shame ©Sam Gregg

# interview wuth Geoff Travis and Jeannette Lee
# 〈ラフ・トレード〉が語る、UKインディー・ロックの現在

序文・質問：野田努
通訳：坂本麻里子

ビートニクの拠点となったサンフランシスコの書店に触発されたジェフ・トラヴィスが1976年、当時のロンドンにおいてパンクやヒッピー、ラスタらが多く住んでいたラドブローク・グローブの一角にオープンしたレコード店〈ラフ・トレード〉は、彼の左翼的なヴィジョンを持ってインディペンデント・ミュージックやレゲエを積極的に扱い、インディー・ミュージシャンたちの交流の場ともなった。1978年にはレーベル事業も立ち上げ、商業的成果よりも創造性を優先するリリースを開始した。また、ほかのインディー・レーベルのための流通会社も設立させると、〈ラフ・トレード〉はインディー・レーベル以上の影響力を持ち、UKの文化的な拠点ともなった。

このレーベルがいかに素晴らしい作品を出していったのかはネットを調べればすぐわかる話なのでここでは省くが、ぼくが昔感心したのは、90年代初頭に〈ラフ・トレード〉が倒産しかかったとき、世話になった多くのミュージシャンたちが寄付し、資金を集めることに協力したことだった（もうひとつ感心したのは、2000年代初頭にジェフに取材した際、彼は自分のレーベルとはまったく関係のない当時出て来たばかりのBurialのことをプッシュしたこと）。ただ、それでも流通会社は90年代初頭に倒産してしまったわけだが、レーベルのほうはベガーズ・グループのサポートによっていまも活発に動いていることは、近年のリリースを見れば一目瞭然だ。

創始者のジェフ、そして共同経営者のジャネット・リー（PiLの『フラワーズ・オブ・ロマンス』のジャケットの方である）というふたりは、パンク前夜から今日にいたるまでのUKのインディー・シーンの当事者である。現在UKで起きていることについて、彼らに話を訊くことは有益であろう。

ええ、数多くのエキサイティングなバンドがいま浮上してきている、間違いなくそう思う。ただ、今回の違いと言えばおそらく、いま出てきている若いバンドの多くは本当に素晴らしいプレイヤーたちだ、ということでしょうね。テクニック面でとても秀でている。

——ここ数年、日本から見て、UKのロック・シーンから活気が生まれているように感じます。スリーフォード・モッズのような年配もいますが、とくに若い世代から個性のあるバンドが何組も出てきて、このコロナ禍においてパワフルな作品を出しているように見えます。おふたりは70年代からずっとUKのロック・シーンの当事者であるわけですけど、いまぼくが言ったように、現在UKのロック・シーンは特別な状態にあると思いますか？
JL　ええ、数多くのエキサイティングなバンドがいま浮上してきている、間違いなくそう思う。ただ、今回の違いと言えばおそらく、いま出てきている若いバンドの多くは本当に素晴らしいプレイヤーたちだ、ということでしょうね。テクニック面でとても秀でている。若いバンドはたまに、数曲プレイできるようになり、髪型とルックスをかっこよくキメたらツアーに出てしまい、成長するのはそこから……ということもあるわけだけど（苦笑）、いま飛び出してきているバンドの多くは、テクニックの面で既にとても優れていると思う。しかも彼らの多くはカレッジあるいは音楽校、たとえばブリット・スクールやギルドホール・カレッジ（ギルドホール音楽演劇学校）等に通った経験もあるから、ツアーに出る前に楽器演奏をしっかり学んでいる、という。いま起きていることの違いのひとつはそこだと、わたしは思う。
——ジェフはいかがでしょう？　ジャネットの意見に賛成でしょうか？
GT　ああ、賛成。（苦笑）だから、わたしたちはいつだって意見が一致するんだ！　クックックッ！
JL　（笑）。
GT　興味深いと思うのは我々が十代だった頃はいまのような音楽学校はなかったことでね。ブリティッシュ・ミュージック・シーンはある意味アート学校で生まれたようなものだ。実際に学生だった者だけではなく、アート校周辺に集まった連中も音楽をやっていた。それに、ピート・タウンゼントのように実際にアート学校に通った人びともいた。けれどもいまや、さまざまな音楽学校がそれに代わったわけだ。かつ、70

年代には職がなければ失業手当の申し込みができ、政府からわずかのお金が給付された。飲食費に充てるのではなく家賃のためにね。ところが現在では、政府給付を受けるのははるかにむずかしくなっている。それに大学やカレッジといったアカデミックな道を望まない、あるいは義務教育以上に進学したくないキッズで、それでも音楽を本当に愛しているとか、何かをクリエイトするのが大好きという者たちは、先ほどジャネットが名前を挙げたような新たなタイプの音楽校に向かうわけだね。リヴァプールや南ロンドンをはじめ各地にそういった学校があり、彼らはそこに3年通ったり、専門校他の違ったタイプのカレッジに通い、音楽を学べる。実際、それが大きなサポートになっている。ミュージシャン同士がそうした学校で出会い、バンドを結成し、プロジェクトをやったり。たとえば、ミカ（・リーヴァイ）の通った、キャンバーウェル（南ロンドン）にあるあの学校はなんだっけ？　あるいは、ジョージア・エレリー（ブラック・カントリー・ニュー・ロード、およびジョックストラップ）が行ったのは……
JL　スレイド美術校？　いや違う、ジョージア・エレリーが通ったのはギルドホール。
GT　ああ、ギルドホールか。ああいった面々は本当に才能あるミュージシャンであり、相当なカレッジに通ってね。
JL　でも、そればかりとは限らないし——
GT　たしかに、生まれつき才能のある者もいる
JL　——ただ、彼らが基準を高く定めていく、と。
GT　ああ、レヴェルを上げる。違う世代ということだし、そこだね、70年代からの変化と言ったら。
JL　そう。
GT　思うに……それに70年代は、ある種60年代を引きずっていたとも言える。というわけで、カウンター・カルチャーの発想がいまよりももっと優勢だったのではないかな？
JL　（うなずいている）
GT　だから、若者はちゃんとした職に就こうとはしない、弁護士や医者になるつもりはない、といった調子で、親が子に望む生き方と逆の方向に向かったものだ。けれども、彼らはそういう考え方をしていないよね？　いまのキッズは違う。
JL　ええ、それはない……。ということは、いまのキッズには反抗する対象があまりないということでしょうね、かつてのわたしたちと較べて（苦笑）。
GT　ああ。それにおそらく、まだ親と暮らしているだろうしね。
JL　でしょうね。
GT　なにせひとり暮らしをしようにも、家賃が高過ぎて無理だから。その違いは大きい。ＵＫにおいて、音楽は歴史的に言っても、我々がい

UKにおいて、音楽は歴史的に言っても、我々がいつだってかなり得意としてきたところでね。我々にいくらかでもある才能のうちのひとつだ。だからイングランドでは常に、新たな面白い音楽が生まれてくる。


つだってかなり得意としてきたところでね。我々にいくらかでもある才能のうちのひとつだ。だからイングランドでは常に、新たな面白い音楽が生まれてくる。とはいえ、ムーヴメントというのは正直、定義しにくいものでね。我々はその面は大概、社会学者やそれらについて書く音楽ジャーナリストの手に委ねておく。我々はとにかく、いま音楽をやっている人びとのなかで我々がベストだと思う者たち、我々全員がエキサイトさせられる連中を見つけようとするだけだ。とはいえ、うん、間違いなくひとつのムーヴメントがあるね。あの、歌うのではなくて、たとえばマーク・E・スミスやライフ・ウィズアウト・ビルディングスのスー（・トンプキンス）がやっていたような、歌詞を吐き捨てるごとくシャウトする一群の連中がいる。ドライ・クリーニングやヤード・アクト、スクイッド、ブラック・カントリー・ニュー・ロードといった連中、彼らがああいう風に「歌う」歌唱ではなく、「語る」調の歌唱をやっているのは興味深いことだ。

――これら新たなバンドがどんどん出てきているのには、何か社会／文化的なファクターがあると思いますか？ それとも、じつはずっとこの手のバンドは存在し活動していて、シーンもあり、それがいまたままメディアに発見され、脚光を浴びているのでしょうか？

JL 新しいシーンはいつだって進行していると思う。常にね。そして、いつだってメディアがそれを取り上げ、命名するものだ、と。ただ、さっきも話したように、現在起きていること、おおまかに言えば南ロンドン＆東ロンドン・シーンになるでしょうけど、それを他と区別している点は、新たなバンドのミュージシャンシップだと思っている。専門的な腕の良さ、彼らが技術的に非常に堪能であること、この新たな一群とこれまでとを画している違いはそこになるでしょうね。というのも、ほら、たとえばパンクの時代には、そこから離れていく動きがあったわけでしょう？

――たしかに。

JL パンク以前は、人びとは技術的にとても達者だったし、（苦笑）ギターでえんえんとソロを弾いたり（苦笑）。そしてパンクが起こると、楽器が上手なのはまったくファッショナブルなことではなくなり、誰もそれをやりたがらないし、誰も聴きたがらなくなった。その側面は長い間失われていたけれども、こうしていま、人びとが再び音楽的な才能を高く評価する、そういうフェーズに入っているということだと思う。本当に、ちゃんと演奏ができる、という点をね。
GT それもあるし、いま、ロンドンには非常に活況を呈しているジャズ・シーンもある。それは珍しいことでね。新世代の若い黒人のロンドン人たちが、ジャズを再び新しいものにするべく本当に努力を注ぎ込んでいる。それはずいぶん長い間目にしてこなかった動きだし、そこもまた、新しいバンドのいくつかのなかに入り込んでいる気がする。サキソフォンやホーン、ヴァイオリンなど、一般的なバンドでは耳にしないサウンドが聞こえるし、それも彼らにとってはノーマルな部分であって。そこはある意味興味深い。
――たしかにジャズも勢いがありますし、新世代バンドのなかにはやや70年代のプログレが聞こえるものがあるのは、興味深いです。
JL ブラック・ミディでしょ(笑)?
GT ああ。
――(笑)はい。なので、いまの世代は、パンクだ、プログレッシヴ・ロックだ、ヒッピー音楽だ、という風にジャンルを分け隔てて考えていない印象があります。影響の幅が非常に広いな、と。
GT その通りだね。我々が本当に驚かされてきたのもそこで、たとえばブラック・ミディの3人と話すとする。で、彼らの音楽的知識、その幅、そして歴史的な理解は全ジャンルにわたるものであり、とにかく驚異的だね、本当に。わたし個人の体験から言っても、あの年齢で、あれだけさまざまな音楽や知名度の低いアーティストについて詳しい人びとに出会ったことはいままでなかった。ジャズ・ギタリスト、フォーク・ギタリスト、カントリー&ウェスタンのプレイヤー、ロカビリーのギター・プレイヤー等々。それはまあ、インターネットが人びとの音楽の聴き方の習慣を変え、あらゆるものへのアクセス路をもたらしたからに違いないだろうけれども。
JL しかも、彼らは音楽学校に入るわけで。そこでも教育を受け、音楽史等について学ぶ。
GT ああ、そうだね。にしても、彼らの音楽への造詣の深さ、あれにはただただ舌を巻くよ。
――若手のシェイムをはじめ、ゴート・ガール、ドライ・クリーニング、スクイッド、ブラック・ミディ、ワーキング・メンズ・クラブ、ヤード・アクト、ザ・クール・グリーンハウス、コーティング、ブラック・カントリー・ニュー・ロード、ビリー・ノーメイツ、スリーフォード・モッズやアイドルズなどなど……彼らをポスト・パンクと括ることに関してはどう思われますか?

いま、ロンドンには非常に活況を呈しているジャズ・シーンもある。それは珍しいことでね。新世代の若い黒人のロンドン人たちが、ジャズを再び新しいものにするべく本当に努力を注ぎ込んでいる。

GT　ルイ・アームストロングはかつてこう言ったんだ、「音楽には良いものか、悪いものしか存在しない。わたしは良い類いの音楽をプレイする」とね。
JL　（笑）その通り。
――（笑）ええ。
GT　いやもちろん、わたしも理解しているんだよ。ジャーナリストは数多くの原稿を文字で埋め、何かについて書かなくてはならないわけだし、物事をジャンルへとさらに細かく分け、そこに名前をつけようとするのは理にかなっている。けれども、ミュージシャンのほとんどはそれらのカテゴリーのなかに入れられるのが正直好きではないし、とくにジャンルに関して言えば、これらのバンドたちは、別の世代がやったのと同じようにカテゴリーを認識してはいない。非常に多様でメルティング・ポットな影響の数々が存在しているからね。ポップをやることも恐れないし、かと思えば次はフォーク、今度はソウル・ミュージックをプレイする、という具合だ。たとえばブラック・ミディは今日、ホール&オーツのカヴァーをやってね。
――（笑）なんと！
GT　あれはまさか彼らから?と思わされた変化球だった（苦笑）。
JL　（笑）それに、彼らはブルース・スプリングスティーンの曲もカヴァーしたことがあって。あれにも――かなり驚かされたわね。でも、個人的に言えば、わたしはカテゴリーは別に気にしてはいない。とにかく、いいものか、そうではないか。何かしら胸を打つものか、あるいはそうではないか。それだけの話であって。わたしたちの心に響き感動させられるもの、わたしたちが惹き付けられるのはそれ。これまで、わたしたちが「あの新しいムーヴメントのなかから誰かと契約しなくてはらない」という風に考えたことは一度もなかったと思う。そうした考えは一切入り込まないし、とにかく本当に才能があるとわたしたちの見込んだ人びとと会ってみるし、その視点から物事を進めていくことにしているだけ。彼らをグループとして一緒にまとめているのは、新聞のほう（笑）。

――（苦笑）はい、我々の側ですよね。承知しています。
GT （笑）。
――多くの若いバンドが2018年あたりに登場していることで、ブレグジット以降のUKの社会／政治状況が間接的に影響を与えているという解釈がありますが、あなたがたはどう思われますか？ 若者の多くは未来に不安を感じているでしょうし、とても不安定な状況なわけですが。
GT そこは非常に大きい部分を占めていると思う。たとえばゴート・ガール、彼女たちの書くこと、プレイしている曲、何もかもがそうしたことによって形成されていると思うし、彼女たちは社会の崩壊や、現在の世界の状態を非常に強く意識している。というか実際彼らのほとんどは、いまどういうことになっているかについてかなり強い意識があると思う。これらのミュージシャンの多くが演奏している音楽は、必ずしもストレートにコマーシャルだとは言えない類いのものなわけで、そういうことをやるためには、実は本当にやりたい音楽を「自分たちはこう感じている」とプレイし、言いたいことを言うしかない。人がどう考えるだろうか？と気にするのはある種の検閲であり、忌まわしいことと言える。だから、（商業的ではなく）やりたい音楽をやっているということは、彼らがはただ単に保守的に順応するのではなく、いわば自分たち自身の道を進んでいる、その現れだね。ただ、いまの時代において、成功という概念はとても混乱させられるもので。
JL そうね。
GT やっていることを気に入ってくれるオーディエンスを見つけること、それがサクセスなんだろうね。かつ、音楽をプレイすることで生計を立てられる、それが多くのミュージシャンの夢だよ、実際。彼らがまず到達しようとする第一着陸地点がそこだろう。
JL ええ。それにわたしは、このCOVIDのロックダウンやもろもろの後で、かなり大きなクリエイティヴィティの爆発が起こるんじゃないかと期待している。
それにわたしは、このCOVIDのロックダウンやもろもろの後で、かなり大きなクリエイティヴィティの爆発が起こるんじゃないかと期待している。
人びとは集まってクリエイトすることができずにいたし、おそらく彼らも、音楽を作りクリエイティヴでいるために何か別の方法を思いつかなければならなかったでしょうから。

かと期待している。人びとは集まってクリエイトすることができずにいたし、おそらく彼らも、音楽を作りクリエイティヴでいるために何か別の方法を思いつかなければならなかったでしょうから。で、「必要は発明の母」なわけで、きっとここから何かが出てくると思う。大きな、クリエイティヴな爆発が起きるでしょうね。
――シャバカ・ハッチングスの素晴らしい新作はロックダウン下で制作されたはずですし、おっしゃるように、今後UKからさらに多くの素晴らしい音楽が出てくるのを期待したいです。
JL　そうね。
――〈ラフ・トレード〉では、ゴート・ガール、ブラック・ミディ（そしてスリーフォード・モッズ）を今回の特集のなかでフィーチャーさせてもらっています。どちらの新作も大好きなので、個別に話を訊かせてください。まずはゴート・ガール。このバンドこそぼくには70年代末の〈ラフ・トレード〉的な感性を彷彿させるものがあるように思います。ザ・レインコーツのような、独自の雑食性があって、しかも女性を売りにしない女性バンドです。
JL&GT　うんうん。
――おふたりにとって、このバンドのどこが魅力ですか？
JL　彼女たちは……非常に音楽的だからだし、彼女たちの作っていた音楽をわたしたちが気に入ったのはもちろん、しかも彼女たちはとても意志の強い、興味深い、若い女性たちであって。彼女たちのような若い女性たち、強い心持ちがあり、自分たちが求めているのは何かをちゃんと知っている女性のグループと一緒に仕事できるというのは、わたしたちにとって非常に魅力的だった。というのも、ああいうグループは、決して多く存在しないから。
――ええ、残念ながら。
JL　そう。だから、これまで彼女たちと一緒に仕事してこられて、こちらも非常に嬉しいし満足感がある。
――ブラック・ミディはほとんどアート・ロックというか、なんでこんなバンドが現代に生まれたのか嬉しい驚きです。ブリット・スクールで結成されたのは知っていますが、だいたいダモ鈴木と共演していること自体が驚きです。彼らはいったい何者で、どんな影響があっていまのようなサウンドを作るにいたったのでしょう？『Cavalcade』を聴いていると、エクスペリメンタルですが、XTCみたいなポップさもあるように思います。
JL　……（ジェフに向かって）この質問はあなたに譲る。
GT　（苦笑）えっ！
――（笑）説明するのが楽ではないかもしれませんが。
GT　むずかしいね、というのも彼らは本当に風変わりで、とても型破りだから。たとえばジョーディ（・グリープ）、ギタリストでメインのシンガーのひとりである彼だけれども、彼は相当にエキセントリックなキャラクターだ。非常に個性的な人物だし、ああいう人間には滅多にお目にかからない。で、そこは本当に彼の魅力のひとつでもある。まあ……我々はほかとはちょっと違う人びとを、普段出くわさないような人びとを常に讃えてきたよね。いい意味で、とは言えないような、やや興味深い人びとを。だがジョーディはとても教養があり、知識も豊富で、しかも実に素晴らしいミュージシャンだ。それに彼はとてもいい形で、自分のやっていることの本質を理解している、というのかな。彼は楽しいことをやりたい、スリリングかつ楽しいものにしたいんだ。それは非常にいい考え方だ（笑）。
JL　たしかに。彼らのもっとも魅力的なところのひとつは、彼らには境界線が一切なさそうだ、ということで。とにかく彼らは、そのときそのときで自分たちの興味をそそることならなんだってやるし、自分たち自身を「我々はこういうバンドであり、やっているのはこういうこと」という風に見ていない。自分たちにとって興味深く、スリリングなものであれば音楽的にはなんだってやる。彼らは恐れを知らないわけ。
GT　しかも、それをやれるだけの能力も備えている。それは珍しいことだ（笑）。
JL　そう、そう。能力があり、恐れ知らず。彼らはほかの人間がどう考えるかあまり気にしていないし、自分たち自身を楽しませている。そこに、わたしたちは非常に魅力を感じる。
――なるほど。でも、レーベルとしては、そんな風になんでもありで形容・分類できないバンドは、逆にマーケティングしにくいのではないか？　とも思いますが。
GT　新しく、前代未聞なにか、というね。それはその通りだし、だからこそエキサイティングなのであって。
JL　でも、その意見はおっしゃる通りで、彼らをマーケティングするのはとてもむずかしかったかもしれない。ところが実際はどうかと言えば、これまでわたしたちがしっかり付き合ってきたなかでも、彼らはもっともマーケティングしやすいバンドでね。なぜなら彼らには自分たちで考えてきたアイデアがあるから。自分たちをどう提示するかについて、本当にいいアイデアを持っている。その意味でもやっぱり、「境界線がない」という。彼らがとてもいい案を思いついてきて、こちらはそれらのアイデアをサポートしてきた。だからこれまでの彼らのマーケティングは、楽しかったとしか言いようがない。そもそもアイデアがちゃんとあるから、かなり楽にやれる、という。
――今回我々が取り上げているような、ここ数年出て来たバンドのなかで、もっともいまの時代を言葉によって的確に表現できているバンドは何だと思いますか？
JL　それはもう、あなたが親であれば、彼らはあなたの子供であってみんな愛しいし、「この子」とひとつだけにスポットを当てるのはとてもむずかしい、というのがわたしの感覚であって（苦笑）。

――（笑）すみません。

JL（笑）でもまあ、スリーフォード・モッズには山ほどある。いまの世界の状況とUKの状況について、彼らには言いたいことがいくらでもある。だから、ある面では、たぶん彼らでしょうね。一方で、ゴート・ガールは、女たちにとって本当に大事なことを言葉にして歌っている。先ほど言ったように、ブラック・ミディは境界線も恐れも知らなくてアメイジングで――だから、この一組、という話ではない。そうやって選ぶのはこれからもないでしょうね。

GT ああ。それに、我々全員が惚れ込んでいる、キャロライン（Caroline）という新人バンドもいる。8ピースのグループなんだが。

――はい、知っています。

GT うん。彼らのやっている音楽もわたしたちみんながとても、とても愛しているものだ。興味深いんだよ、あのバンドは共同し合い作業できる者たちによる一種の集団で、コミュナルな、協働型でね。しかも8人と大規模なグループだから、その力学を見守るのも興味深い。それにこれらのグループはいずれも、もっとショウビズ的なロックンロールとしての価値も備えている。たとえばスリーフォード・モッズ、あるいはブラック・ミディの演奏を観に行くと、実際のイヴェントが、ショウとして、パフォーマンスとして、とにかくファンタスティックなんだ。それゆえに彼らのメッセージ、あるいは彼らの言わんとしていることに対して懐疑的になってしまうかもしれないが、とにかく素晴らしい一夜のエンタテインメントになってもいて。それもまた、彼らのやろうとしていることの一部なんだ。

――それではサウンドの面で、おふたりにとってもっとも斬新に感じるバンドはどれでしょうか？

GT 我々はいま、アイルランドのフォーク・ミュージックにとても入れ込んでいる。あの音楽は現在非常にいい状態にあるし、ランカム（Lankum）、リザ・オニール（Lisa O'neill）、イェ・ヴァガボンズ（ye Vagabonds）、ジョン・フランシス・フリン（John Francis Flynn）といった面々が大好きでね。新たな世代による伝統的なアイリッシュ・フォークの再解釈ぶり、あれはアイルランド音楽に久々に起きたもっともエキサイティングなことではないかと我々は思っている。実際、70年代初期以来のことだ。（※上記アクトはいずれも〈ラフ・トレード〉、もしくはジェフとジャネットが音楽ライターのティム・チッピングと始めたフォーク音楽を紹介するための傘下レーベル〈River Lea〉所属）

――なるほど。

GT それだけではなく、文学界も興味深くなっている。労働者階級や少数派文化の背景を持つ作家の作品がもっと出版されるようになってい

若い子たちはスリーフォード・モッズにあこがれていると思う。

ちょっとしたヒーローだし、若い人たちの見方もそれだと思う。

彼は自分の考えをはっきり外に向けて出しているし、しかも人生経験もちゃんとある人だから。

て、それは出版界ではかなり久々のことであり、本当にエキサイティングな展開だ。他のレーベル所属アクトのライヴはあまり観に行かなくてね（苦笑）……
JL　ミカ・リーヴィ（Mica Levi／ミカチュー名義で〈ラフ・トレード〉から2009年にアルバム・デビュー）は、〈ラフ・トレード〉外ね。彼女も以前〈ラフ・トレード〉所属だったけれども、いまは自分自身で活動している。わたしたちは彼女が本当に大好きで。
――同感です。最近はサントラの仕事を多くやってきましたよね。ものすごい才能の持ち主だと思います。
JL　ええ。彼女は本当にアメイジング。
――いまの若いロック・バンドは、Z世代やミレニアルに属している子たちも少なくないと思うのですが、昔のロック・バンドのようにまずドラッグ（大麻は除く）はやらないし、酒に溺れることもないですし――
GT&JL　（苦笑）。
――また、人種問題や環境問題、フェミニズムにも意識的だと人伝いに聞いています。おふたりから見てもそう思いますか？　70〜80年代のロックンロール・ピープルとは違う、と？
JL　間違いなくそう。わたしは確実に彼らから勉強させてもらっているから。彼らは食生活も健康的で、お酒も飲まないし、PC（政治的に正しい）でもあって（笑）。
――（笑）口の悪いスリーフォード・モッズは除いて。
JL　（笑）その通り。ハッハッハッハッ！　ただ、あなたの言う通りで、若い人たちのアプローチの仕方は本当に違う。だから、むしろわたしたちの方が彼らから学べると思う（苦笑）。彼らの方が、かつてのわたしたちよりももっと妥当なルートをたどっている――というか、いまですらわたしたちはその面はダメかもしれない（笑）。
GT　フフフッ！
――スリーフォード・モッズのようなバンドは、質問者のようなオヤジ世代にしたら堪らないバンドですが、UKの若い子たちはジェイソンのことをどう思っているのでしょうか？　いまのバンドに彼らの影響はあると思いますか？
JL　若い子たちは彼にあこがれていると思う。彼はちょっとしたヒーローだし、若い人たちの見方もそれだと思う。彼は自分の考えをはっきり外に向けて出しているし、しかも人生経験もちゃんとある人だから。
――階級闘争と文化闘争の問題についてはどう思われますか？　つまり、いまのUKの文化、音楽はもちろんテレビ／映画界等の担い手から労働者階級が昔にくらべて激減し、文化が富裕層に乗っ取られているという話です。PiLやザ・フォールのようなバンドは現代では出にくい状況にあるという。
GT&JL　フム……（考えている）
――ある意味、より複雑な状況のように思えます。たとえば先ほどおっしゃっていたように、いまバンドをやっている人びとにはカレッジやブリット・スクールに通った者もいて、親の学費負担もそれなりでしょうし。
GT　それは部分的には誤解だね。ブリット・スクールは実は学費を払わないで済む学校だから。
――ああ、そうなんですか！
GT　あれは有料校ではないはずだし、それ自体があの学校の意義であって。入校するためにオーディションを受けるとはいえ、学費は払わないでいい。金持ちの子供のための、彼らが世に出る前に教養を積む学校だ、と思われているけれども実はその逆。才能さえあれば誰でも入校できるし、労働者階級の面々もブリット・スクールに通っている（※通訳より：ブリット・スクールに通ったことのある有名なアクトであるエイミー・ワインハウスもアデルも労働者階級なので、これは当方の理解不足です）。そこは思い違いだし、ブリット・スクールの側ももっとPRをやってその点をはっきりさせるべきだな。とはいえ、ファット・ホワイト・ファミリーのようなバンドもいるわけで……（ジャネットに向かって）彼らはどんな連中なんだい？　労働者階級？
――（笑）。
JL　……（考えている）
GT　あれは、また別の系統だ。
JL　彼らは彼らだけの無比階級（笑）！
GT　そうだね、たしかに他にいない。彼らは違う感じだ。ただ、とりわけいまのロンドンのミュージシャンにとって、彼らは非常に影響力の大きいバンドでね。まあ、いろいろな人間が混じり合っていると思うし、労働者階級の面々にもいずれ、リッチな層と同じくらい、音楽界に入っていく可能性が訪れると思う。
JL　でもわたしは、いまは下流～中流よりちょっと上の階級の人びとがバンドに多い、その意見は本当だと思う（笑）。それは本当にそうだと思うし。ただ、人生における何もかもがそうであるように、物事はさまざまなフェーズを潜っていくものであって。たとえば70年代には、お洒落で高そうな学校に通ったことがあったり、バンドをやっていると、あざ笑われることがかなり多かったと思う。けれども、とにかくいまはもうそんなことはないし、もっと人びとが混ざり合っている。だから、そうした類いのタブーが消えたんだと思う。もっと混ぜこぜだし、いまはもっと、しっかり教育を受けた若者たちがバンド活動と音楽にのめり込んでいる、そういうものではないかと思うし、とにかく時代は変化している、ということなんでしょうね。ある意味、わたしたちは向上した、というか。

——なるほど。そうしたタブーは逆差別にもなりますしね。中流やそれ以上の階級の人間であっても、音楽作りが好きでバンドをやりたければやっていいわけで。

JL　でも、スリーフォード・モッズ、間違いなく彼らは、そうしたバックグラウンドからは出て来ていないし。それに、質問にあったザ・フォールやパブリック・イメージは現在出てこれるか？　に対する回答は、わたしは絶対に出てこれるだろう、そう思う。仮にわたしたちが明日彼らのライヴを観に行き、素晴らしかったら、その場で契約しているでしょうし。要は才能があるかないか、それだけの話だと思う。

——1970年代末のポスト・パンク時代にはサッチャーという大きな敵がいましたが——

JL　（苦笑）ええ。

——いま現在のロック・バンドにとって当時のサッチャーに匹敵するものとは何だと思いますか？

GT　たぶん、内務大臣のプリティ・パテルは国でもっとも人気が低いんじゃない？

——なるほど。

GT　彼女は嫌悪の対象だ。けれども、現政府が若者たちの多くに対して発してきた嘘の山々、あれはとにかく過去に前例のないひどさという感じだ。いやおそらく、過去にも同じだけの嘘をつかれてきたんだろうが、かつては秘密のとばりにもっと隠されていたのが、いまやもっとあからさまになっている、ということなんだろうね。で、先ほど君が言っていたように、いまの若者はもっと政治に関して意識的だし、この国でいま何が起きているかについてとても詳しい。気象変動をはじめとするさまざまな問題に対するアクションの欠如も知っているし、それを我々も過去数年起きてきた大規模なデモ行動の形で目にしてきたわけで。

——BLM運動等、いろいろありますね。

GT　そう。とはいえ、君の指摘は正しいよ、マーガレット・サッチャーがある意味、若者を団結させた存在だった、というのはね。「この政府はうんざりだ」と彼らも思ったわけで（苦笑）。

質問にあったザ・フォールやパブリック・イメージは現在出てこれるか？に対する回答は、わたしは絶対に出てこれるだろう、そう思う。
JL　でも、あの頃も保守政権だったし、いまも保守政権なわけで。
GT　そうだね。憂鬱にさせられるのは、この保守党政府がしばらく長く続きそうな点で。そこは最悪だ。
――政治・社会状況が困難であるほどアートは活発になると思うので、それを祈りましょう。でも、ということはボリス・ジョンソン首相はサッチャーほどの「敵」として見られてはいない？
GT　ああ、彼もそうだけれども、うん……
JL　……いまは、保守党全体がそういう感じで（苦笑）。
――何人ものサッチャーから成り立つ政党、と。
JL　そう。だから、単純に「このひとりを敵視する」という象徴的な存在はいない。
GT　でもミュージシャンにとっては、ボリス・ジョンソンはミュージシャンがヴィザ無しで欧州に渡り、ライヴをやり、現地でお金を自由に使うのを許可する協定をEUとの間で締結しそこねた、という事実があるわけで。まだ駆け出しのバンドが外に出て行ってプレイするのは不可能な話だし、ミュージシャンには深刻だ。若いバンドに限らず誰であれ、欧州で演奏するのが以前よりもっとずっとむずかしくなっている。現政府のアートに対する感謝の念の欠如、そこにはただただ、ショックを受けるばかりだ。
――それもありますが、まずはCOVID状況の克服が先決ですよね。それが起きればライヴ・セクターも回復するでしょう。音楽界にとってもまだまだ困難な時期は続きますが、〈ラフ・トレード〉の活況を祈っています。
GT&JL　ありがとう。

Porridge Radio ©El Hardwick

Dry Cleaning ©Vinters Pooneh Ghana

# Music for fragmented lives
# 断片化された生活のための音楽

イアン・F・マーティン
（江口理恵・訳）
written by Ian F. Martin
translated by Rie Eguchi

ＵＫは混乱した、幸せではない場所だ。貧困の拡大、ナショナリズムの高まり、ブレグジットから、選挙民が絶望しながら受け入れた狭量な保守主義まで、大量の新聞の見出しは何かがとんでもなく間違っていること、つまり、孤独な国がパニックに陥って自分自身を抱きしめ、粉々になり、断片となって崩れて行く様子をはっきりと示している。

しかし、このような目に見える衰えの兆候の裏には、目に見えにくいたくさんの不安が隠れている。とくに若者にとっては劇場型のブレグジットによる玄関払いを喰らって、様々な機会が閉ざされるという感覚は、緊縮財政や21世紀の資本主義の不安定な労働条件のなかでもう長いこと続いてきたことだ。ミュージシャンたちにとっては業界が少数のデジタル・インフラの所有者たちのまわりで合体し、音楽がプレイリストのための、哀れなほどの報酬のコンテンツになり下がり、ブレグジットによって引き起こされた欧州ツアーへの財政的、官僚的な障壁もまた、閉ざされた扉のひとつだ。

２０１９年9月、私はＵＫをエンド・オブ・ザ・ロード・フェスティヴァルのために訪れた。エンド・オブ・ザ・ロードは英国のインディーズ・フェスティヴァルの最高峰で、爽やかな、またはメランコリックなシンガーソングライターからアフロビート・オーケストラ、ジェンダーフルイドなグラム・エレクトロニカまで、様々なアーティストが出演する混沌とした世界のなかの芸術的でリベラルなバブルのような心地よさがある。しかし、２０１９年に印象に残ったのは様々なテントやステージから聴こえる音から立ち昇る怒りと、激しい無秩序ぶりだった。カナダのクラック・クラウド、アイルランドのフォンテーンズD.C.から、ワイヤーのようなヴェテラン勢がエネルギーに満ちた音を立て、ビルジ・ポンプの粗い、惑わせるように旋回するリフ、Beak>のクラウトロック的なミニマリズム、そしてスリーフォード・モッズの意気揚々とした凱旋のヘッドライナー・セットなど、これらの、またこれ以外のアーティストたちの演奏もポスト・パンク的な緊張感と角のあるスレッド（糸）のようなものに貫かれていた。

　この日ラインナップされていた若手の有望株のなかでも、斜めからのポスト・パンク的なアプローチをする4つのバンド、ゴート・ガール、スクイッド、ブラック・ミディとブラック・カントリー・ニュー・ロードが話題になっていた。2年後、彼らが代表する奇妙で興味深い世代の新しいブリティッシュ・ミュージックが育ってきているが、彼らが実際に何を代表しているのかを特定するのは難しい。

　音楽史のなかで特定の時代に結びついたタームである、レンズの役割のようなポスト・パンクは、ここで起こっていることの幅を説明するには充分ではないように感じる。これらのバンドは少なくともブレヒトやワイルの伝統にまで遡る部分を持ち、エクスペリメンタル・ロック、No Wave、カンタベリーのサイケデリック・シーン、クラウトロックなど、すべての〝ポスト〜〟のジャンル（ポスト・パンク、ポスト・ハードコア、ポスト・ロック）にまで貫かれ、同時にキャプテン・ビーフハート、ジズ・ヒート、ザ・カーディアックス、ライフ・ウィズアウト・ビルディングス他の挑戦的なインディヴィジュアルに活動するアーティストたちにも及んでいるのだ。

　しかし、ポスト・パンクをより抽象的に、パンクがイヤー・ゼロの基点からの短い爆発で残した断片をくし刺しにして繋ぎあわせる、音楽を取り戻すプロセスだと考えるならば、今の若いバンドたちは文化的な瓦礫をふるいにかけて規範を過激に覆された後にそれを理解しようとする点で、同じような立場にあるようだ。しかし、パンクの時代とは違い21世紀の文化的な混乱は、若者のカルチャーからではなく、政府と資本主義の構造そのものから来ており、ポスト・パンクや、〝ポスト・パンクド（嵌められた）〟の若いミュージシャンたちは、切断され、断片化された自分たちの置かれている環境下で、扇動者ではなく、犠牲者となっている。

　断片化された、断絶的な感覚は、多くの新しいブリティッシュ・ミュージックのなかから聴こえてくる。

　ブラック・ミディの音楽の突然の停止や開始、トーン・シフトの多用、１９２０年代から直近にいたるまでの１００年にわたる時間軸から受けた影響などから、それを聴きとることができる。彼らは音楽業界が資金援助をするパフォーミング・アーツの専門学校、ブリット・

スクールの卒業生で、学校が提供する施設で実験ができただけでなく、音楽史を学んだことで広い視野にたって音楽を探究する恩恵を受けている。バンド自身もこの背景が与えてくれた特権を痛感しているようで、自分たちが受けた音楽教育を遊び心と小さな喜びを感じながら活用している。

ロンドンのバンド、ドライ・クリーニングの素晴らしいデビュー・アルバム『New Long Leg』には断絶を意味するような、もっとダウンビート（陰気）な感覚がある。控えめだが、微妙にゴツゴツした音をバックに、ヴォーカルのフローレンス・ショーが毎日を無為に過ごしている人の日常の疲れて断絶した、サンドイッチを食べる気力もない、何かを経験することに意義が感じられないという一連のスナップショットをため息交じりに歌う。シニフィアン（意味しているもの）とシニフィエ（意味されているもの）の間にある皮肉なギャップ――「あなたは、あれほど汚い裏庭をもつ歯医者を選ぶか？」とアルバムのタイトル・トラックで問いかけ、「選ばないと思う」と応えている。

ブラック・ミディの折衷主義とドライ・クリーニングの倦怠感はまったくの別物に見えるかもしれないが、根無し草のような感覚を共有している。それは、どんなに教育を受けて意識を高めても、自分のしていることでは何も変わらないという無力感や権利の剥奪といった形をとることがあり、敗北の雰囲気のなかにも解放感が感じられたりする。誰も自分のしていることに関心がないのなら、やりたいことを好き勝手にやっていいという免罪符を持っているという感覚だ。

やたらと個々のバンドの意図を決めつけたりするのは危険だが、リスナーとしてはこの世代のバンドの音楽の多くが英国の生活を貫く断絶感と共鳴しているように感じる。ゴート・ガールは政治的なものと生活での体験をさりげなく結び付け、スクイッドは無数の方向にむかって半狂乱で爆発し、シェイムは「自分のものではない世界」に向かって怒りを燃やし、優れたザ・クール・グリーンハウスは皮肉たっぷりの不条理な物語を延々と反復される2音のみのギター・ラインに乗せて表現している。それぞれのやり方で、世界を前にして笑ったらいいのか、泣いた方がいいのかがわからないリスナーの不安と心の急所に触れているのだ。

これらのバンドはすべて、何らかの方法で自分たちを取り巻く断片的な世界を理解しようとしている。たとえ、その不条理さに浸って楽しむためだけであったとしても。多くの批評家がザ・フォールの影響の高まりを指摘しているが、それはある意味、ザ・クール・グリーンハウスのトム・グリーンハウスが2020年のDIY誌のインタビューで指摘したように、安易な比較ともいえる。「みんな自分たちをザ・フォールと比較するし、その理由もわからなくはない。それは妥当な比較だとは思うけれど、ザ・フォールはあまりにも多くのバンドに影響を与えてきた存在で、まるでラップのレコードをグランドマスター・フラッシュと比較するようなものだ。彼らはその道のゴッドファーザーだけど、ラップはとても豊潤な世界で、いまはみんながラップの要素を使ってたくさんのことをしているのが現実だ」

彼の言うとおり、ザ・フォールの語りかけるようなヴォーカルと反復するクラウト＝パンクのリズムは、本当にあらゆるクリエイティヴな方法で用いることのできるシンプルなツールである。ドライ・クリーニングやヤード・アクト、ドゥ・ナッシング、ガッド・ホイップとビリー・ノーメイツは皆、インディー系の言語を様々な方法で表現している。そしてこのラップとの比較が面白いのは、最近のインディー・ギター・バンドが注力していること、つまりヒップホップが伝統的に得意としてきた――人生における混乱を物語に織り交ぜて意味を持たせる――ことを表現するため、このゆるいヴォーカルの構造がじつにパワフルな方法になりうるからだ。ザ・クール・グリーンハウスはこれらの物語を音楽の中心に据えている。ブラック・カントリー・ニュー・ロードは、道にはぐれた生活のスナップショットを話し言葉による物語として、複雑で騒々しいマリアッチとスリント風のアレンジに織り込んでいるのだ。正式な意味での物語とは言えないかもしれないが、我々は皆、このような断片的な物語をソーシャル・メディアで創造し、フィードに流れてくるノイズを構造化された物語としてではなく、本能的に、感情の質感を読み取っている。

物語は空間のなかにも存在する。「ブラック・ミディの前で、君に愛していると告げた」と、ブラック・カントリー・ニュー・ロードのアイザック・ウッドは〝Track X〟のなかで情景を描写するように言っているが、冗談のようでありながら、おそらくライヴ会場などの物理的な空間の重要性についても言及しているのだ。断片的な命を一か所に集めて観客がシェアできる経験を創りだすと同時に、バンドたちが共に発展して繋がっていく場所のことを。ブラック・ミディやスクイッドの曲の多くは長尺で、8分強あるものが多い。これらのバンドは、分割してSPOTIFYのプレイリストに組み込まれるための最適さは持ち合わせていない。彼らは、一度の機会にすべてを体験するためにあるバンドなのだ。

独立系の会場がバンドの成長に欠かせないインフラであるとすれば、レーベルもまた役割を担っている。ブラック・ミディ、ゴート・ガール、スクイッドにブラック・カントリー・ニュー・ロードは皆、〈Speedy Wunderground〉レーベルのプロデューサー、ダン・キャリー（Dun Carey）との繋がりを持つ。自宅のスタジオで、1日で7インチ・レコードを録音し、ミキシングしてマスタリングするキャリーの作業工程は、自発的でエネルギーにあふれた時代感覚を捉えているし、シングルを非常に限定的にしかプレスしないというレーベルの抜け目のないポリシー（フラストレーションはたまりそうだが）が、〈Speedy Wunderground〉のリリースを期待の高まるイベントにしているのだ。キャリーのような人びとの重要性はカルチャーのなかのノイズをふるいにかけ、新しい、エキサイティングなものに焦点を当て、我々が断片的なもののまわりに物語を組み立てることが可能になることにある。〈Rough Trade〉、〈Warp〉、〈Ninja Tune〉や〈4AD〉のような、影響力があって、いまも独立系であり続けるレーベルの存在がこれらのバンドを次のレベルに押し上げて、彼らの物語をさらに幅広いところへ届けることを確約するのだ。

これらのバンドはいずれも、いま、UKで騒がれている豊富な人材のそろった幅広いポスト・パンク層の表面をなぞっているに過ぎない。ガールズ・イン・シンセシスやEsの怒りに満ちたスラッシュから、ハンドル、スティル・ハウス・プランツの実験的ミニマリズム、薄汚れたインディ・アート・パンクのカレント・アフェアーズとウィッチング・ウェイヴズ、心にとり憑く崇高なナイトシフトまで、周囲の混乱や断絶、断片化にもかかわらず、いや、だからこそ、UKから驚くほど豊かな音楽的なクリエイティヴィティが生まれているのだ。

Billy Nomates

Working Mens Club ©Andy Nicholson

# UKインディー・ロック
# ポスト・パンク新世代ディスクガイド

183

天野龍太郎
野田努
小山田米呂

by
Ryutaro Amano
Tsutomu Noda
Milo Oyamada

## Billy Nomates
Billy Nomates
Invada／ビッグ・ナッシング
2020

「NOはもっとも大きな抵抗／あなたを無にすることにNO」、ジェフ・バロウ（ポーティスヘッド）の協力の下で作られたビリー・ノーメイツの素晴らしいデビュー・アルバムは、この悪夢のような時代に生きているひとりの人間が思いやりのない政府や資本主義の限界、性差別に対する怒りをはっきりと表明しているという点においてみごとにパンク化された音楽である。彼女は日常生活のさまざまな場面から、こうした政治的な問題を抜き取るのがうまい。「プロテインシェイク飲んで鏡を見るのはNO／恐れのない夜のジョギングにはYES／デジタル世界の物語にはNO／無意味な比較にはNO」。歌詞にはスリーフォード・モッズ譲りのユーモアもあり、サウンドはエレクトロありベースありと多彩でキャッチーだ。「いま私にあるものと言ったら／私は何も所有していないという事実に／なにごとも私を所有できないということ」。素晴らしい。（野田）

## Black Country, New Road
For the first time
Ninja Tune／ビート
2021

クラシックやジャズを学んだメンバーを擁するケンブリッジ出身の7人組。ブラック・ミディがようやく見つけた盟友。英国のみならず国外のロック・ナードをも虜にしているデビュー・アルバムは高速のクレズマーとポスト・ロックが合わさった〝Instrumental〟で幕を開け、いきなりスリントとゴッドスピード・ユー！ブラック・エンペラーとジョン・ゾーンの合奏のような混沌を呈する。ロック・コンボにサクソフォンとバイオリンとシンセサイザーが加わった重奏はしかし、混沌としながらもシネマティックな展開、映像喚起的な構成でキャンバスを塗り込めていく。面白いのは固有名詞のネーム・ドロップを多用するアイザック・ウッドの散文詩的なリリックで、ファーザー・ジョン・ミスティにピンチョン、ヴォネガットからの影響を公言する。マルチ・カルチュラルな英国らしいバンドであり、ジョック・ストラップなど関連プロジェクトを包含する彼らの地図は広大だ。（天野）

184

## Black Midi
## Cavalcade
Rough Trade/ビート
2021

20歳そこそこの若者が「マレーネ・ディードリッヒ」についての曲を書くことは、過去のいろんな情報に容易くアクセスできる現代ではなおのこと珍しくはないだろう。実際ブリットスクール卒の4人組の膨大な参照のリストは、100年を越える歴史と彼らが気に入ったあらゆるジャンルに広がっている。そして高度な演奏力に加えて自由な発想、好きになんでもやってしまう無邪気さと爆発的な推進力。ジャズもクラシックもパンクも等価で、すべてがその瞬間において再構築されてく。カテゴライズされる前にどこか別のところを走っているようで、なんだかよくわからないのだけれど引き込まれていくと。デビュー・アルバムよりも遙かに進化したセカンドには、ジョーディ・グリープ、キャメロン・ピクトン、モーガン・シンプソン、そして本来ではあればいるはずのマット・ケルヴィンは今回は静養のためおらず、サックスとキーボードの2名が参加している。(野田)

## The Cool Greenhouse
## The Cool Greenhouse
Melodic
2020

モトリックなビート、ミニマルなギター・リフ、奇天烈な発信音を発するシンセサイザー、ヘロヘロのアンサンブルにローファイなプロダクション。『No New York』の歪さとザ・レインコーツのおかしみを携えたノーフォークの5人組は、あのヘンリー・ロリンズもお気に入りだとか。フロントでギターを構えて半ばしゃべるように歌うトム・グリーンハウスは「フランク・ザッパのような音楽は嫌い、ポップ・ミュージックは反復的でなくちゃ」と言う。ザ・クール・グリーンハウスの音楽がポップかは措くとして、彼らのデビュー・アルバムは笑えるようで意地悪く辛辣なところがある。「精神を抑圧するため/政府に調教されるか邪な公務員にアップロードされるかした/ピアノを演奏する猫についての/高潔な陰謀論に接続される」。〝4Chan〟なる曲では悲しきインセルについて歌われる(私にはどうしても彼らの音楽がトリプルファイヤーに聴こえてしまう)。(天野)

185

## Courting
## Grand National
Nice Swan
2021

ケンブリッジのスポーツ・チームと比較されることも多いリバプールの4人は、デビューEPのタイトル・トラック〝Grand National〟のミュージック・ヴィデオでパブにて競馬の予想をしながら言い争っている。「俺たちは人工芝の上に集まって／ケムトレイル（陰謀論）と学校の問題について議論した」。パーケイ・コーツをもっとパンキッシュにして人を食ったユーモアと親しみやすさを増幅させたロックを鳴らすこの少年たちはどこまでもチャーミングだ。彼らのレパートリーには〝デイヴィッド・バーンの悪い面（David Byrne's Badside)〟なんて笑える曲もあって、そこでは「トラックスーツにフットボール・シャツをタック・インして／『麻薬取引カジュアル』じゃなくてフォーマルな服だってみなすんだ」とまるで『トレインスポッティング』かシェーン・メドウズの映画のような描写がなされる。ディス・イズ・イングランド。（天野）

## Dry Cleaning
## New Long Leg
4AD／ビート
2021

驚くべきアイデアと魅力たっぷりの知能犯。小さな物語の集積による、この時代を生きていることの憂鬱がどこまでも続いているようだ。そしてこの音楽には惹きつける力がある。「巨大スーパーマーケットで誰かが私の足におしっこをした／あなたが牡羊座なら私も牡羊座／レインコートの汗／ポスター／エルモの着ぐるみ／スキー休暇中の若い男／筋肉隆々な裸の一匹狼」。フロント・ウーマンのフローレンス・ショウは歌わない。ナレーションのスタイルで、淡々と日常の平凡な小さな断片に次ぐ断片を喋っている。「そこは私の遊び場／黒いスカートに靴にスニーカー／シェインがお喋りに加わった／外に出てみたら激しい雨／よりによってこんな時に／じゃあおいでよ／カールもテリーも」。インディー・バンドのギターサウンドという伝統は守っているかもしれないが、彼らのサウンドは冒険的で、フローレンの極めて単調なヴォーカルと有機的に結ばれている。最強のカードかも。（野田）


186

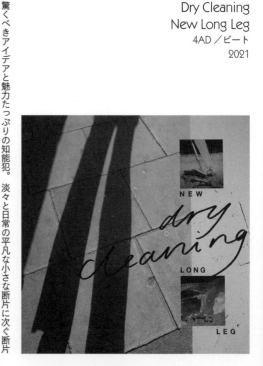

Fat White Family
Songs for Our Mothers
Without Consent／ビート
2016

サウス・ロンドン・シーンのボス、ファット・ホワイト・ファミリーのセカンド・アルバム。本作によって〝Fat White Familyサウンド〟なるものが固まった印象を持っている。つまりシニカルでおどろおどろしい雰囲気に包まれているが、粗暴ではなく繊細で理性的。彼ら自身、極悪だの凶暴だのと言われるが、インタヴューなどを読むとても知的な喋り方をしている。そして、なんと言ってもショーン・レノンとの邂逅がミソとなっているのだろう。たしか数年前にショーンに彼らとのレコーディングの話を訊いたら苦い顔で「カオスだった……」と言っていたのでショーンにとっていい思い出たったのかは微妙なところだが、バンドに与えた影響は大きいはず。SaulとLiasのその後の活動、the Moonlandings、Insecure Manにも繋がる重要な一枚だ。（小山田）

Fontaines D.C.
Dogrel
Partisan／ビッグ・ナッシング
2019

現在のダブリン・シーンにおける最も重要なバンドだろう。D.C.（ダブリン・シティ）の名を背負うフォンテインズは（同名のバンドがLAにいたため後付けしただけだそうだが）、〝Dublin City Sky〟というアイリッシュ・フォーク・バラッド調の曲でこのデビュー・アルバムをクロージングする。グラストンベリー・フェスティバルに出演した際には、わざわざルーク・ケリーの詩を引用した（独立戦争で散った兵士に思いを馳せ、祖国を問うた痛ましい詩だ）。ガレージ・ロックとプレ・パンクとポスト・パンクがないまぜになったバンドの演奏にのせてカリズマティックなフロントマン、グリアン・チャタンが吐き出す詩はワーキング・クラスから見たダブリンの埃っぽい路上を描出。「おまえがロックスターでもポルノスターでもスーパースターでも何者でもいい／いい車を手に入れたら失せろ」。ジョイスやイェイツに心酔するアイリッシュ・バンドはそう歌う。（天野）

187

## Girls In Synthesis
## Now Here's An Echo From Your Future
Harbinger Sound
2020

これから長びくであろう保守党政権時代に生まれたロンドンの3人組のガチなパンク・バンド。「連中が君に押し付けるプレッシャーと期待には、君は連中が望んでいるものになることは決してないという明白な認識がある」と、ヴォーカルのジムは〝Pressure〟に関して話している。また、〝They're Not Listening〟という曲では「絶望した労働者階級を受け入れる右翼勢力」を題材にしているというから、彼らは直情的なパンクはなく、より洞察力のある政治性を有しているようだ。主にその怒りは格差社会の根幹にあるものや容赦のないこの世界におけるメンタルヘルス、資本に管理されたメディアなどに向けられているようで、バンドは基本、すべてをDIYの哲学のもと活動している。結成は2016年だが、実験的なパンク・レーベルから2020年にリリースしたファースト・アルバムとなる本作によっていっきに脚光を浴びている。（野田）

## Goat Girl
## On All Fours
Rough Trade／ビート
2021

先日『ガーディアン』にて、ギターでヴォーカルのエリー・ローズ・デイヴィスが22歳にしてステージ4の癌だったという衝撃的な記事が掲載された。身体の5箇所に腫瘍があり、本作のレコーディングを終えてすぐに6ヶ月間の集中治療に入った。幸いなことに治療はうまくいったようで、6月19日に掲載された同記事の彼女の発言によればいまは腫瘍は消えている。彼女はその半年間でこの世界でもっとも必要なのは愛ただそれだけだと悟ったというが、どうかそのまま体調も戻って、音楽活動を続けて欲しいと切に願う。それにしても癌がわかったのはこんなに素晴らしいセカンド・アルバムを制作している最中のことで、いや、この話を知ってからはどうも違って聴こえてしまう。webのレヴューではザ・レインコーツのセカンドを〜などと書いてしまったが、あれは間違いだった。引き合いに出すなら、キャッチーでメロディアスなザ・レインコーツのサードのほうだ。（野田）

188

## IDLES
### Joy as an Act of Resistance.
Partisan／ビッグ・ナッシング
2018

「抵抗の行為としての喜び」。ブリストル出身のバンドはセカンド・アルバムにそんな題を冠している。アイドルズの演奏はロンドン周辺のどのバンドよりもヘヴィでハードコアで、インダストリアルと形容してもいい。フロントに立つジョー・タルボットの歌はがなりたてるスタイルで、オーディエンスが不快感を催すのをあえて煽っているかのようだ。リリックは皮肉と攻撃性に満ちているが、同時に聴き手をエンパワーするパンチラインが並んでいる。「俺の血の繋がった兄弟は移民／美しい移民／俺の血の繋がった兄弟はフレディ・マーキュリー／3人の母のナイジェリア人だ」。「恐れは混乱を、混乱は痛みを／痛みは怒りを、怒りは憎しみを呼ぶ」。「イスラムはおまえのハムスターを食べない／変革は犯罪ではない」。彼らはスリーフォード・モッズから「ワーキング・クラスの声を盗用した」と批判されたが、しかしこれほどまでに現代の英国を表しているバンドもいない。（天野）

189

## The Moonlandingz
### Interplanetary Class Classics
Transgressive Records
2017

ジ・エクセントロニック・リサーチ・カウンシルを母体とし、ファット・ホワイト・ファミリーのメンバーの2人――Saul AdamczewskiとLias Kaci Saoudiが参加するバンド、ザ・ムーンランディングスによる、日本ではあまり取り上げられなかった超名作アルバム。サイケデリック、プログレ、ポップスetc……まさにごった煮状態。それもそのはず、このレコーディングには、オノ・ヨーコ、ショーン・レノン、フィル・オーキー（ヒューマン・リーグ）、ランディ・ジョーンズ（ヴィレッジ・ピープル）といった面々か参加している。まったく何でもアリである。歯抜けのシャブ中たちと仲良くできたのか？ と心配になるけれど、思えは彼ら大御所たちも相当な奇人変人だった。こんなに重鎮を参加させておいてちっとも擦り寄らない姿勢を讃えたい、ぜんぜん負けてないぞ！（小山田）

## Porridge Radio
## Every Bad
Secretly Canadian ／ビッグ・ナッシング
2020

ダナ・マーゴリンを中心にしたブリストル出身の４人組については、まずベリー・ショートの頭髪とジェンダー・ニュートラルな装いのマーゴリンの佇まいが鮮烈だ（「『ガール・バンド』と言われるのは変。自分たちをそう思ったことはない」）。米〈シークレットリー・カナディアン〉からリリース、各誌が称賛したポーリッジ・レイディオのセカンド・アルバムではそんなマーゴリンの焦燥や抑鬱といった繊細な感情が生々しく流動的かつ不穏で激しいロックで表現される。例えば、ピクシーズを過剰化したような〝Sweet〟。「私はナーバスな難破船のようだとママが言う／私が、肉が見えるくらいに爪を噛んでいるから」。「私はチャーミングでスウィート／会ったら愛してもらえる」。あるいは、〝Lilac〟では「私の身体は心地よくない／何も許せない」と痛ましく吐露する。しかし、暗く重い闇の先に清らかなカタルシスが待っていると思わせてくれるのもこのバンドだ。（天野）

## PVA
## Toner
Big Dada ／ビート
2020

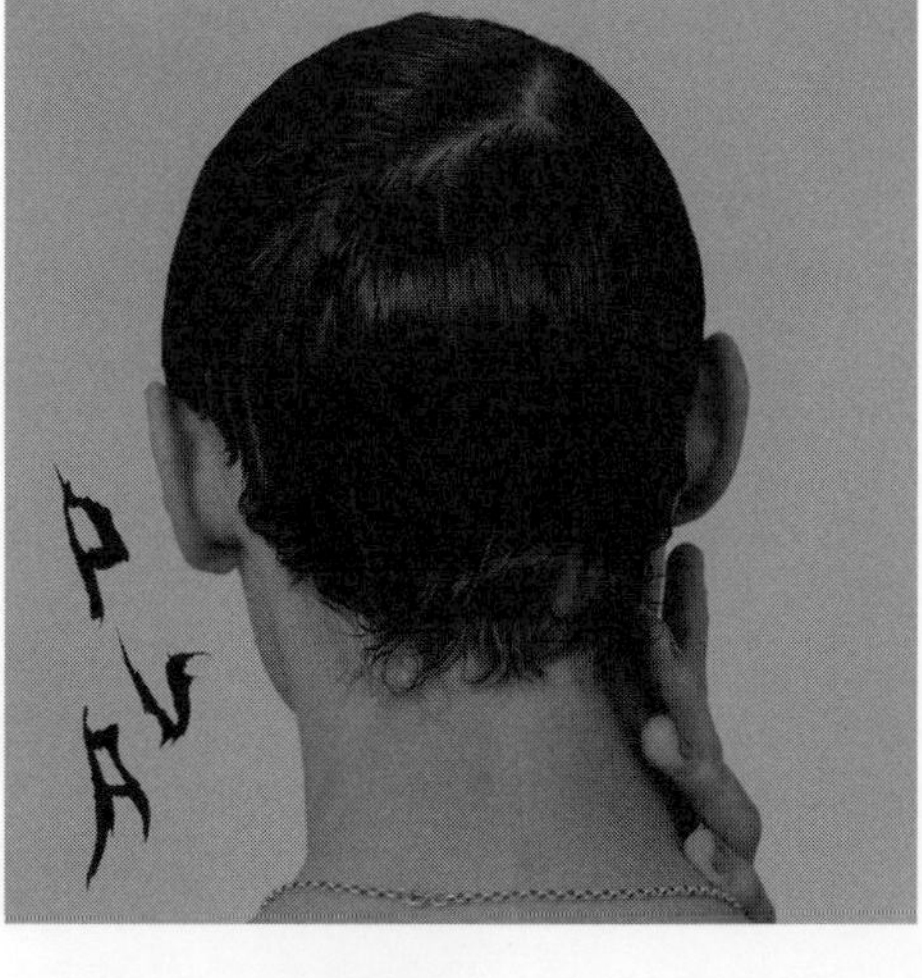

南ロンドンのキー・パーソンであるプロデューサー／エンジニアのダン・キャリーは「ＰＶＡに注目してほしい」と語っていた。ポリビニルアルコールという合成樹脂の名を冠した彼らはエラ・ハリス、ジョシュ・バクスター、ルイ・サッチェルからなるロンドンのトリオで、２０１８年に結成されたばかり。〈ビッグ・ダダ〉からのデビューＥＰはそのキャリーがプロデュースで、太いシークェンスを中心にしたシンセサイザー・ヘヴィなサウンドが既に洗練の域に達している。「テクノ・カントリー・バンドとして始まった」というのはなんとも奇妙だが、彼女たちはレイヴから滋養を得てノイエ・ドイチェ・ヴェレやインダストリアル、ＥＢＭ、ディスコやハウスを貪欲に飲み込み、滑らかでセクシーなダンス・パンクを聴かせる。リミキサーにガール・バンドのダニエル・フォックスを迎えているのも興味深い。ＬＣＤ・サウンドシステムやファクトリー・フロアを継ぐ存在になるか。（天野）

190

## Shame
## Songs of Praise
Dead Oceans
2018

現行UKポスト・パンクをけん引するシェイムのファースト・アルバム『Songs of Praise』が最高であることは言うまでもないだろう。いまでこそブラック・ミディやゴート・ガール、ソーリーなどシーン出身のバンドが日本で取り上げられるようになったが、10年代後半の、まだ出来たばかりのウィンドミルを中心としたコミュニティの一番槍として〈Dead Oceans〉からアメリカ、世界へと飛び出したのがシェイムである。シーンがひとつのドラマだとしたら、間違いなくシェイムが主人公であろう。その前のめりな姿勢が楽曲にも反映されている。これは本当にエネルギッシュで輝けるアルバムだ。しかし彼らの本領はライヴ・パフォーマンスでより発揮される。Youtubeでも見られるが、蒸し暑いライヴハウスで汗だくのヴォーカリスト、チャーリに叫びながら煽られたならすぐに彼らの虜になるだろう。日本でもまた彼らを観られることを切に願う。（小山田）

## Sleaford Mods
## Spare Ribs
Rough Trade／ビート
2021

スリーフォード・モッズはケン・ローチの映画そのものである。それはロック・バンドを組むことさえも贅沢だと思える階級からの背水の陣の演説であり、月末の支払いを案じながら毎晩コンビニで発泡酒を買っている生活者からの勇敢かつ知的な反応だ。この2人組は、『オーステリティ・ドッグス』（13）と『ディヴァイド・アンド・イグジット』（14）といった作品でいっきに評価を高め、いまでは超一流の写真家に写真を撮ってもらうほどの地位を築いているが、彼らはいまでもこの社会に怒っているし、自分たちの属性とその文化を捨てることはない。本作はこれまで以上にポップに仕上がっている。ジェイソンは歌っているし、ビリー・ノーメイツも歌っている。内省的だが楽しめる作品だ。が、英国よりも政治家の質でも経済成長率でも遥かに下の日本で暮らしながらこの音楽を聴いていると、いったい俺たちって何なんだろうかと暗い気持ちにならなくもない。（野田）

191

## Squid
## Bright Green Field
Warp／ビート
2021

ブライトンの大学で出会い、ジャズやアンビエントへの興味を共有した5人は「マジでひどい」ジャズ・バンドとして始まった。そこからノイ!やカンのモトリックでミニマルなビートに傾倒し、パンキッシュなサイケデリック・サウンドを形成。ダン・キャリーの〈スピーディ・ワンダーグラウンド〉からリリースされたＥＰ『Town Centre』、そして〈ワープ〉からのデビュー・シングル"Sludge"はまだ可愛らしくユーモラスに映ったが、このデビュー・アルバムでは切迫感と混乱、緻密な構築性と暴発する綻びが痛切でさえある。このヘヴィさはＳＦやマーク・フィッシャーのテクストにインスパイアされ、資本主義の行き詰まりやジェントリフィケーションが進む街を目の当たりにし、「ディストピアはフィクションの中ではなく現実世界にある」という感覚を表現しているためか、あるいは猛暑にエアコンを切った地下スタジオで狂乱状態の中録音したことの表れか。（天野）

## Still House Plants
## Fast Edit
Bison
2020

実験的で、アーティーだがキレのあるサウンドが演奏される。たとえるなら、ヘンリー・カウやアート・ベアーズといった70年代中期の〈Recommended〉系のサウンドを彷彿させるのは、２０１３年にグラスゴー芸大で結成されたスティル・ハウス・プランツ。フリー・ジャズの流動性をダイナミックに取り入れて、ポスト・ロック／パンクの音の冒険に繰り出しているデイヴィッド、ジェシカ、フィンレイの３人によるバンドである。「実験音楽の多くには白人ぽさ、スノッブや気取りがある」という彼らにはそのレッテルを破壊することがひとつの主題としてあり、トリオの音楽の基盤には「疲れ果てるところまで繰り返す」というミニマリズムがある。本作はこれまでの発表してきた楽曲の編集盤で、セカンド・アルバムになる。ＳＨＰの音楽はドラム、ギター、ヴォーカルのパートによって構成されるが、フリーキーで弾力性があり変化に富む。注目に値するバンド。（野田）

## Working Men's Club
## Working Men's Club
Heavenly／ビッグ・ナッシング
2020

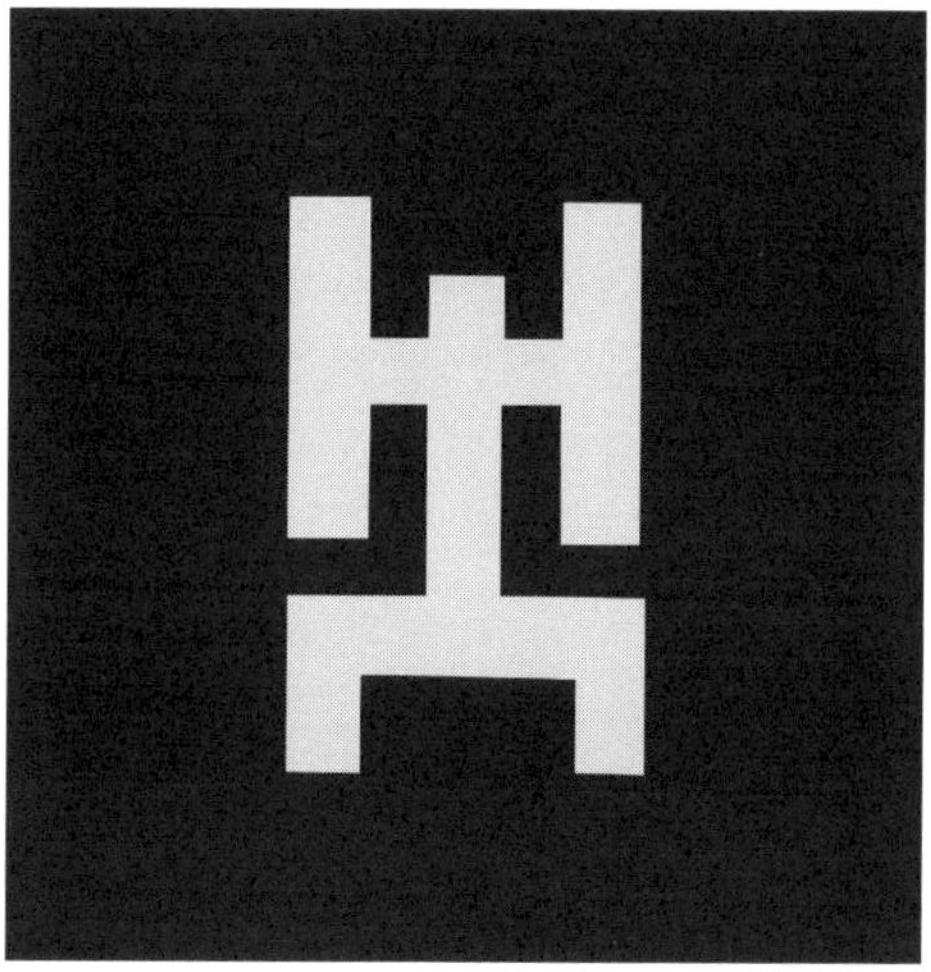

「世界は沈んでいく／無駄な存在なのだ」……このニヒリスティックなラインは快楽的なダンスフロアに投げ込まれる。初期のヒューマン・リーグやニュー・オーダーといったポスト・パンク時代のシンセ・ポップとついつい重ねてしまうのは、ウェスト・ヨークシャー出身の４人、ワーキング・メンズ・クラブのデビュー・アルバム。ここにはアシッド・ハウスやデトロイト・テクノも入っている。「BBCに耳を傾ける／それはぼくを見る／排便」。これはUKでは有名なある政治ジャーナリストへの批判が込められているというが、総じて冷笑に満ちた彼らの世界観は、政治的に混乱した現代を描こうとしているようだ。もっとも、シド・ミンスキー・サージェントなる青年のヴォーカリゼーションも魅力的で、楽曲それ自体も素晴らしい。踊る用意も攻撃の準備も整っていると。ファット・ホワイト・ファミリーを支持しているし、バンド名も面白い。期待しよう。（野田）

## Yard Act
## Dark Days EP
ZEN F.C.／タグボート
2021

ポスト・パンクと括られるからにはその表現のどこかに「パンク」がなければならないわけだが、リーズの３人組、ヤード・アクトにはその素養が十二分にある。「真実は売られた／それは足跡も冷え切った場所だ」、〝Dark Days〟や〝Fixer Upper〟といった曲では行き詰まった緊縮政策と新自由主義に支配された世界に生きている様をなかば滑稽に描いている。まだ２枚のシングルしか出していないが、出来たてほやほやのバンドというわけではない。ヴォーカル＆ギターのジェイムズ・スミスはすでにバンドのキャリアがあり、マーク・E・スミス風のぶっきらぼうに話すかのような歌い方とささくれ立った演奏も様になっている。スリーフォード・モッズめいたアイロニーをたっぷり含んだ風刺の力もあり、あとはどこまで音楽の幅を持たせるのか、もしくはこのままの調子でとりあえず撃ち抜いてみるのか。アルバムがどうなるのか楽しみだ。（野田）

フォンテインズ・D.C.のブレイクが象徴するように、現在ダブリンを中心としたアイルランドのシーンは活況を呈しており興味深い。隣国に勝るとも劣らない充実ぶりだ。ポスト・パンクというテーマで切り取って、同地のシーンを8つのレコードから見てみよう。

まず、ガール・バンドの存在は大きい。２０１０年代半ばにダブリンから現れたノイズまみれのロック・バンドは、同時期のUKシーンと比べても突然変異的だった。フォンテインズのグリアン・チャタンはシーンに変化をもたらしたオリジナルなバンドだと認めているし、ベーシストのダニエル・フォックスがプロデューサーとして活躍するなど後進に影響を与えている。２０１５年のファースト・アルバム『Holding Hand with Jamie』が重要だが、ここでは現在のところの最新作である『The Talkies』を挙げておく。

ザ・マーダー・キャピタルはフォンテインズと「同期」と言っていい重要なバンド。そのヘヴィなポスト・パンク・サウンドはひどく抑鬱的で攻撃的だが、デビュー・アルバム『When I Have Fears』はアイルランドのチャートで2位に。彼らの音楽が映し出すのはダブリンのダーク・サイドか。

北東部のダンドーク出身であるジャスト・マスタードは、シューゲイズ／ドリーム・ポップに近い志向性をもつ。ケイティ・ベルの可憐でヴァルナブルな歌声が強い印象を残すが、バンドの演奏は暗く重く実験的。トリップ・ホップから影響を受けたというのも納得。ファースト・アルバム『Wednesday』に続く作品が待たれる。

ダブリンのシルバーバックスには、ふにゃふにゃとしたギター・リフなどにどこか間の抜けたユーモアがある。メンバーはザ・ストロークスのファンだといい、彼らのサウンドをポスト・パンクに引き寄せたようなところがあるし、ソニック・ユースがミニマルなロックンロールを奏でた時の姿も重なる。デビュー・アルバムである『Fad』は前述のフォックスがプロデュー

Girl Band
The Talkies
Rough Trade (2019)

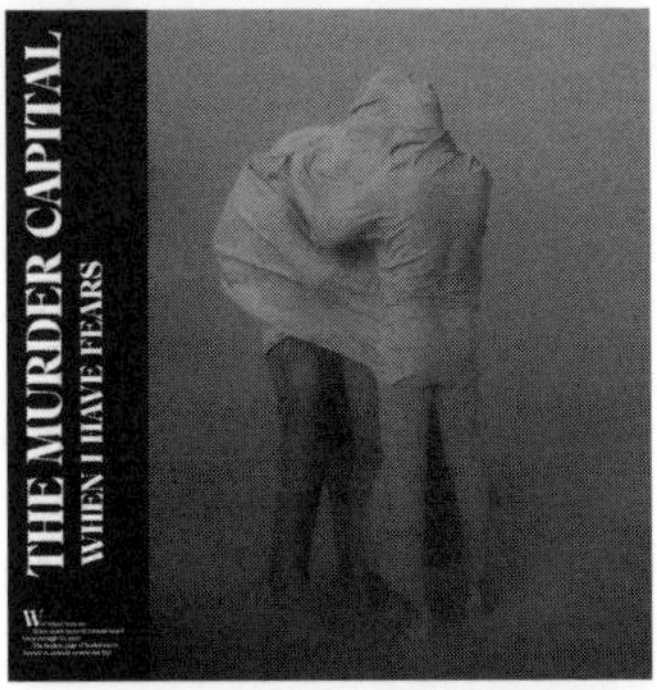


The Murder Capital
When I Have Fears
Human Season (2019)

Just Mustard
Wednesday
Pizza Pizza (2018)

Silverbacks
Fad
Central Tones (2020)


194

天野龍太郎
by Ryutaro Amano

Sprints
Manifesto
Nice Swan（2021）

ス。ガール・バンドには似ても似つかないが、キュートなおかしみをたたえている。

　ひるがえって、ダブリンで活動する新進気鋭のスプリンツは、ガール・バンドのノイズやヘヴィネスを携えている。これまたフォックスがプロデュースしたファーストEP『Manifesto』のオープナー〝Drones〟では、フロントに立つカーラ・チャブによれば、音楽の世界における女性の苦しみが表現されている。直情的な表現をするロック・バンドとしてポテンシャルの高さを感じる。

Sinead O'Brien
Drowning In Blessings
Chess Club（2020）

　南西部のリムリック出身である詩人シネイド・オブライエンは、ダン・キャリーによる〈スピーディ・ワンダーグラウンド〉からのシングル〝Taking on Time〟で知られる。現在はロンドンを拠点に同地の〈チェス・クラブ〉から作品を発表。タイトなポスト・パンクをバックにスポークン・ワードを聴かせるスタイルはドライ・クリーニングによく似ているが、彼女の方が先輩か。

Pillow Queens
In Waiting
Pillow Queens（2020）

　ピロウ・クイーンズはダブリンの4人組。その音楽はポスト・パンクと形容できないかもしれないが、ドラマティックでポップなメロディを歌い上げるインディ・ロックはポップなポテンシャルに満ちている。4つの女声が重なるコーラスはパワフルで、デビュー・アルバム『In Waiting』にはアイリッシュ・トラッドを思わせる瞬間も。

　ダブリンのフォー・ゾーズ・アイ・ラブの音楽はそれこそポスト・パンクからはかなり遠いが、セルフ・タイトルの重厚なファースト・アルバムによって彼は同地の最も重要なミュージシャンの一人になった。デイヴィッド・バルフによるこのプロジェクトは、サンプリング・ヘヴィなハウスやUKベースにのせてエモーショナルなスポークン・ワードを聴かせるザ・ストリーツに似たスタイルだ。アイルランド・シーンの多様性を象徴する才能だと言える。

For Those I Love
For Those I Love
September（2021）

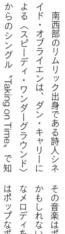

# 新世代による
# クラウトロック再解釈とドライな「歌」

天野龍太郎
written by Ryutaro Amano

きっかけになったのは、ファット・ホワイト・ファミリーの『Songs for Our Mothers』だったと思う。2016年、ちょうどディケイドが折り返したころ、とくに原宿のBIG LOVE RECORDSに足繁く通っているようなインディー・リスナーのあいだで知られた彼らのセカンド・アルバムは、ちょっとした話題になっていた。シンプルで不遜なカヴァー・アートのたたずまい。荒くれ者たちが吹き込んだ、(ラリっているとしか思えない)へろへろでふにゃふにゃのサイケデリック・ロック。あれがターニング・ポイントだったというのも信じがたいけれど、あとで触れるジャーマン・ロックの再発見だとか、『Songs for Our Mothers』にはいくつか重要な側面がある。

あのアルバムがリリースされた2016年のあたりから、英国やアイルランドのロックを聴くのはとても面白くなった。じゃあ、どこがどう面白いのか。ぼくは、どこに惹かれているのか。じぶんなりに考えてみた。

そのまえに、2000年代から続いていた北米のインディー・ロックのルネッサンスは、2010年代前半に終わった、というのがぼくの意見だ。インディーであることは、いつのまにか、いくつかある選択肢の中から選び取るだけのスタイルになった。そして、インディーであるという態度、それがもたらすフリーダムは忘れ去られた(これには、多くの要因が関係している)。スタイルとしてのインディーは、いまもさまざまな場所で再生産されている。

　クリエイティヴなレコードをつくっていた北米のバンドは、２０１０年代に入ると停滞や自己模倣、保守化が目立つようになった。２０１３年、ヴァンパイア・ウィークエンドの『Modern Vampires of the City』は、シーンの断末魔のような作品だったと思う。そして、２０１６年、ボン・イヴェールが明確に新しい音をつかみとった『22, A Million』は、インディー・ロックというものが傷だらけになりながらたどり着いた、痛ましいものに思えた。

　話を英国に戻すと、つまり、いまぼくが英国やアイルランドのロックに新しいなにかを感じているのは、北米のシーンと対比して見ているところによるものが大きい、ということだ。じゃあ、かの地のシーンでは何が起こっているのだろうか。

　ひとつに、いまＵＫやアイルランドのバンドは先にちょっと触れたように、ドイツのロックを再発見している。ここで言う「ドイツのロック」というのは、１９６０年代末から１９７０年代にかけて独自に発展したサイケデリック・ロックや実験音楽の類――カン、ノイ!、ファウスト、タンジェリン・ドリーム、ポポル・ヴーなどなどのこと。たとえば、その影響をわかりやすく表出させているブライトンのバンド、スクイッドのオーリー・ジャッジはこう語っていた。引用してみよう。

「クラウトロックは大きかった。（中略）２０１０年代前半のＵＫの多くのバンドがのっぺりとしていたというか……平たく言うと、退屈だった。その後、ＵＫのバンドが70年代のドイツのバンドを発見していった」

　面白いのは、２０００年代の北米インディーでも、それらのジャーマン・ロックが再発見されていたことだった。そして、いつしかそれは忘れ去られた。

　それから、折衷性や異ジャンル間のクロスオーヴァー。現在のＵＫやアイルランドのバンドはポスト・パンクと形容されることが多いけれど、その背景には多様で複雑なものが透けて見える。ダブリンのガール・バンドやザ・マーダー・キャピタルは、インダストリアルやノイズ・ミュージック、前衛音楽のレガシーを受け継いでいる。ブラック・ミディとブラック・カントリー・ニュー・ロード（BC,NR）は、キング・クリムゾンがジャズやブルースから得た不定形性、即興性を参照している。

　そのBC,NRは、とても不思議なバンドだ。ジャズとクラシックを学んだメンバーがいて、キューバ音楽やクレズマーを演奏していた者もいる。また、〝Science Fair〟という曲には自嘲的に「the world's second-best Slint tribute act」と自己言及しているラインがあるけれど、スリントやゴッドスピード・ユー!ブラック・エンペラーなどのポスト・ロック・バンドが試みたことを引き継いでいるところがある。

西洋古典音楽というのも、無視できないファクターであるらしい。というのも、ブラック・ミディのジョーディ・グリープに新作『Cavalcade』についてインタヴューしたところ、彼はクラシックについてしゃべりたおしていた。ほかにもBC,NRのメイ・カーショウはクラシック・ピアノを学んだというし、スクイッドのアーサー・レッドベターはチェロ奏者だ。どのバンドも、管弦楽のアンサンブルをロック・コンボの演奏に積極的に織り交ぜている。

その折衷性のために、彼らの音楽はレトロなスタイルを借りたものには見えない。ジョイ・ディヴィジョンやギャング・オブ・フォーの様式を借りていた2000年代のポスト・パンク・リヴァイヴァルと現在のシーンを比べたときに、大きなちがいがあると感じる。

まだある。ミュージシャンシップの復権を、とくにロンドン周辺のシーンに感じる。たとえば、ブラック・ミディは、セッションによって作曲することは知られている（とはいえ、彼らは早くもその手法から脱したようだ）。そして、右に書いたように、同地のシーンには、ジャズとクラシックの演奏家も多い。ブラック・ミディのグリープとモーガン・シンプソンには、教会での演奏で即興を学んだというエピソードもある。互いの作品に、自由に参加しあう光景も見られる。また、BC,NRのメンバーは、ジョックストラップなどのほかのプロジェクトでも活動している。

彼らの緩やかなつながりを見ていると、よそでは演奏しないバンドのパーマネントなメンバーであるというよりも、それぞれがインディペンデントな演奏者として立っているように見える。相関図の線が複雑に絡まったそのありようは、ロック・バンドのストーリー性を解体して、その新たなありかたを提示している。

もうひとつ触れたいのは、これは英国のメディアがよく指摘することで、シュプレヒゲザングという語りとも歌ともつかないスタイルのこと。フォンテインズ・D.C.のグリアン・チャタンからドライ・クリーニングのフローレンス・ショウまで、彼らの「歌」に顕著な、旋律のくびきから逃れ出るヴォーカリゼーションは、多くのバンドに共通している。

感傷的に響かないそのドライな「歌」は、それでも不思議とエモーショナルだ。それは、語りに近いからこそ、音韻よりも言葉そのものに重点が置かれているからかもしれない。これは考えすぎかもしれないけれど、その「歌」に表れているものは、連合王国がいくつもの政治的な立場に分断されたブレグジットの時代におけるメランコリーに思える。アイドルズのように直接的にポリティカルなことを歌うバンドは多くはないが、そこには複雑な政治性（あるいは、非政治性という政治性）が表れているように思えてならない。

と、ここまで書いてきたことは、つまり、彼らの音楽は「ポスト・パンク」だとか、「リバイバル」だとか、そういった言葉ではうまく語れない、ということだ。マーク・フィッシャーは、「二一世紀は、有限性や枯渇という屈辱的な感覚によって虐げられてい」て、「過去に対する異常なほどの順応さ」（『わが人生の幽霊たち――うつ病、憑在論、失われた未来』）があると書いた。フィッシャーの言葉を受けるなら、彼らは、「有限性」も、「枯渇」も、「未来」が「緩やかに消去」されたことも、あきらめや、ちょっとした肯定感とともに知っている世代だ。彼らは、それでもなんとかじぶんたちだけの音をつかみとろうしているのだと思う。

Black Country, New Road

# 世界の中心は現場にあって、広がりはインターネットによってもたらされる。

Casanova
written by Casanova

ひょっとしたらいまのUKシーンというのはSNSが完全に日常の一部になってから初めてのインディ・バンドのシーンなのかもしれない。日本にいながらもリアルタイムで情報が入ってきて、ガラス越しの世界から熱気が伝わり、それが日常に染み込んでいく。

2018年の11月、YouTubeではじめてブラック・カントリー・ニュー・ロードを見たときの衝撃をいまでも覚えている。あのナーバス・コンディションズだったやつらが新しく組んだバンド、そのウィンドミルでの最初のライヴが明日ある。そんな情報をSNSで掴んで、そうしてそれ以上の情報が流れてくるのを待った。期待していたのはルー・スミスのチャンネルにアップされること。この人なら当然見に行っているだろうと信じて待っていた。ルー・スミスはロンドンの写真家でインディ・バンドのライヴ映像を逐一収めシーンの熱気を伝え続けている（最初にその存在を知ったのはシェイムが話していたサウス・ロンドンのシーンについての記事だった。いまではウィンドミルの配信ライヴの公式映像を撮ったりもしている）。

そうして期待通りにそれはアップされた。不穏な音が鳴り響くなか、ナーバス・コンディションズでは写真の後ろで所在なげに写っていた神経質そうな男が、ぶつぶつとセリフのような言葉を呟く。「MacBook Proを開く／ポップ・ミュージックのヴィデオをYouTubeで見る／カニエ・ウエストとマイリー・サイラス／探す必要はない／サジェスチョンバーが教えてくれるから／サジェスチョンバーはいままで以上に俺のことを知っている／ほとんど愛だと言っていいほどに」とかなんとか。僕はそれを見て舞台だと思った。どこに辿り着くかわからないようなスリリングな舞台、サックスの音が鳴り響き、ヴァイオリンが感情を作り、音楽が言葉に合わせて形を変えていくような、あるいは言葉が音楽に引き寄せられていくようなそんな舞台だ。

いま、凄いものを目撃した。興奮し再び情報を求めスマートフォンのなかの世界に入っていく。音源がまだ出ていないバンドに対する興奮と期待がそこに広がる（コメントによるとステージの脇にはブラック・ミディの姿もあったらしい）。現場の熱がインターネットを通しても伝わってくるのはそれが加工のされていないインディペンデントな熱だからなのかもしれない。感覚を共有した仲間同士のつながり、コミュニティの熱がそのまま世界に発信され広がっていく。レコード会社やメディアが求めたからではない自然発生的なエネルギーの広がり、それこそがサウス・ロンドンからはじまったいまのUKシーンの魅力なのだ。

このシーンが広がっていったのは先に挙げた写真家ルー・スミスの存在もあるが、だがなんといっても『So Young Magazine』があったということが大きかったのだろう。ウィンドミルというライヴハウスと共にSo Youngがプラットフォームを作りだし、そこで生まれたコミュニティが大きくなっていったのだ。

『So Young Magazine』はインディペンデントの音楽雑誌で、取り上げるバンドの質ももちろんだがそれ以上に現場感覚が非常に高かったというのが支持を集めた要因なのは間違いない。限定数の紙媒体とそれがそのまま読めるオンラインでスタートし、雑誌以外の記事も即座にWebにアップする。マーチャンダイズを展開し、雑誌やSNSにシーンに属するバンドを起用した広告を載せる。そして音源がまだリリースされていないようなバンドにまでコンタクトを取り、すでにファンを獲得しているバンドと組ませたイベントを企画する。自分たちが良いと思ったバンドに自分たちで声をかけ信頼関係を築き上げその輪を広げていく。『So Young』はシーンの外からそれを取り上げたのではなく、シーンの内側からそれを広めていったのだ。

そんな風にして『So Young』は良質なバンドが登場しはじめたロンドンのシーンのなかで存在感をどんどん増していった。シェイムの歌詞に出てきた『NME』（2016年〝The Lick〟、『NME』が心からおすすめする曲をMP3デバイスにダウンロード）からBC,NRのアイザックのソロ・プロジェクト、ザ・ゲストに登場する『So Young Magazine』（2018年〝Theme from Failure, Pt. 1〟、コラージュスタイルの『So Young Magazine』の表紙を飾るような存在に俺はなれるかもしれない）へと時代は確実に移ったのだ。

そして今春、『So Young』はレコード・レーベル（So Young Records）を立ち上げた。マガジン同様このレーベルは新しいバンドを紹介しすくい上げる為のもので、自分たちが良いと思ったものを広める為のものでもある。彼らは貪欲に音楽を探し求め、次なるバンドが出てきやすい環境がこうして出来上がっていく。

環境という点ではダン・キャリーのスピーディー・ワンダーグラウンドの話をしないわけにはいかない。スピーディー・ワンダーグラウンドは自分たちが興奮した新人バンドにレコードをリリースする最初の機会を与え続けてきた。ダンの自宅のスタジオにバンドを招待し、Speedy Wunderground Records will not be slow のレーベル・モットーのもと迅速にレコーディングがおこなわれる。250枚のワンショットのレコードが1日で録音され、1ヶ月後にはそのレコードがもう店に並んでいる、このスピード感がライヴ感へと繋がってシーンは益々盛り上がっていった。次から次へと出てくる才能、多くの人が気がつく頃にはもう売り切れで、バンドが話題になる頃にはDiscogsでプレミア価格がついている。いまそこで起きていることに気がつくか気がつかないか、それはある種のゲームのようでもあった。リアルタイムで情報を追う動機がこうして生まれる。バンドが発する熱がSNSで拡散され、ストリーミング・サービスで聞いていた曲がガラスの向こうの世界から抜け出し手元に形となってやって来る。後からでは手に入らない、瞬間性こそがシーンを生むのだ（『So Young Magazine』が紙媒体にこだわるのもまったく同じ理由だろう。熱を生むのは情報以上の価値がそこにあると思えるからだ）。

この流れを決定付けたのがレーベルの24作目から26作目までの三つのリリースだ。つまりブラック・ミディ、スクイッド、ブラック・カントリー・ニュー・ロードの連続リリース。もちろんあっという間に売り切れて、ブラック・ミディに至ってはひと晩の予約で売り切れた為に異例の再プレスが行われるまでになった。こうした流れはコアな層の心を確実に突き動かした。

そうして次のステップに入る。ここがいまのUKシーンの面白いところで、コア層の心を刺激したブラック・ミディやスクイッド、ブラック・カントリー・ニュー・ロードのようなバンドは新興のスピーディー・ワンダーグラウンドから離れ〈ラフ・トレード〉や〈ワープ〉、〈ニンジャ・チューン〉という老舗のレーベルとそれぞれ契約してアルバムを出すのだ。これが裏切り行為にならないのはコアな部分をしっかりと保っているからに他ならない（そもそもスピーディー・ワンダーグラウンド自体が〈PIAS〉と関係している）。大事なのは感覚を共有しているかどうかで、そうであるならば内にこもっている必要はない。大きいところと小さいところ、コアとマス、新旧が合わさったこの段階で彼らは一気にブレイクし、大きな盛り上がりとして世界に広がっていった。

この流れこそがおそらくサウス・ロンドンからはじまったシーンが一過性のものとして終わらなかった要因だろう。ライヴハウスで生まれた熱、コアを保ったままそれをそのまま広げ、感覚が共有されたコミュニティを作り上げる。それが次なるバンドが生まれる土台になっていく。バンドだけではないインディ・カルチャーの土台がそこにあったからこそ興奮の渦が発生し続けたのだ。

何かが変わるその瞬間、ライヴハウスとYouTube、紙媒体とオンライン、レコードとストリーミング、コアを保ったままコミュニティの感覚は世界に広がる。シーンはいつか終わりを迎える、だが思い出は残り続け次のシーンへと続く土台がそこで作られていく。サウス・ロンドンのライヴハウスから世界へ、現場の熱はインターネットを通して広がっていき、興奮はコアからマスへと伝播する。

## プロフィール

天野龍太郎（あまの・りゅうたろう）
１９８９年生まれ。東京都出身。音楽や映画についての編集、ライティング。

イアン・F・マーティン（Ian F. Martin）
イギリス生まれ。高円寺在住。主に日本のアンダーグラウンドな音楽を発表するCall And Response Records主宰。著書に『バンドやめようぜ！』。

大藤桂（おおふじ・かつら）
株式会社ディスクユニオン所属。店舗勤務の傍ら、国内流通レーベルBad Feelingを手掛けてます。ディスクユニオンを女の子目線で「もっと身近に、もっと楽しく」を提案していくプロジェクト、"Girlside"も絶賛活動中。DUBOOKS『インディ・ポップ・レッスン』、『フィメール・コンプレックス』編集。

小野島大（おのじま・だい）
音楽評論家。

小山田米呂（おやまだ・まいろ）
２０００年生まれ。文筆、作曲、音楽活動をしている。

久保憲司（くぼ・けんじ）
１９８１年に単身渡英し、フォトグラファーとしてのキャリアをスタート。国内外の音楽誌を中心にロック・フォトグラファー、ロック・ジャーナリストとして活動。海外から有名ＤＪを数多く招聘するなど日本のクラブ・ミュージック・シーンの基礎を築くことにも貢献した。著書久保憲司写真集『loaded（ローデッド）』など。WEBマガジン『久保憲司のロック・エンサイクロペディア』やってます。

黒田隆憲（くろだ・たかのり）
１９９０年代後半にロック・バンドでメジャー・デビュー。その後、フリーランスのライター＆エディターに転身。世界で唯一のマイ・ブラッディ・ヴァレンタイン公認カメラマン。２０１８年にはポール・マッカートニー、２０１９年にはリンゴ・スターの日本独占インタヴューを務めた。著書に『シューゲイザー・ディスク・ガイド』（共同監修）、『マイ・ブラッディ・ヴァレンタインこそはすべて』など。

粉川しの（こがわ・しの）
音楽＆映画ライター。（株）ロッキング・オンで『ロッキング・オン』、『CUT』、『BUZZ』の編集を手掛け、『ロッキング・オン』初の女性編集長に就任。現在はフリーのライター＆編集者として活動。rockin' on、CUTでのインタビューやライナーノーツの執筆をメインに、Webメディアや雑誌に多数寄稿。ラジオ、ポッドキャスト他のコメンテーターも務めている。

後藤護（ごとう・まもる）
暗黒批評。著書に『ゴシック・カルチャー入門』（Pヴァイン、２０１９年）、『黒人綺想音楽史 迷宮と驚異（仮）』（中央公論新社、２０２１年予定）。三冊目の単著としてPヴァインから修論をベースにした音楽批評＆エッセー集を２０２２年刊行予定。『機関精神史』編集主幹。Real Sound Bookに「マンガとゴシック」連載中。

ジェイムズ・ハッドフィールド（James Hadfield）
イギリス生まれ。２００２年から日本在住。おもに日本の音楽と映画について書いている。『The Japan Times』、『The Wire』のレギュラー執筆者。

清水祐也（しみず・ゆうや）
音楽／映画ライター。野球ゲイザー。Monchicon!というサイトでミュージシャンのインタヴューやレヴューを公開しています。http://monchicon.jugem.jp

杉田元一（すぎた・もといち）
１９６１年つくば市生まれ。乙女座。小難しい音楽とハイレゾ好き。16bitではなるべく音楽を聴きたくない派。２０１３年のＭＢＶ来日時はほぼ全日程、バンドと行動を共にした。それも朝から朝まで。途中でぶっ倒れてメンバーも来てくれた「マイブラ・ナイト」のＤＪを欠席したことが今でも痛恨。もうすぐ還暦を迎えます。これから第二の人生スタート。

野田努（のだ・つとむ）
ele-king編集長。著書に『ブラック・マシン・ミュージック』『ジャンク・ファンク・パンク』『ロッカーズノークラッカーズ』『もしもパンクがなかったら』）。共著に石野卓球と『テクノボン』、三田格と『TECHNO definitive』など。趣味は自転車と野生の魚を捕獲し飼育すること。清水エスパルスの熱狂的なサポーターでもある。

松村正人（まつむら・まさと）
１９７２年奄美生まれ。編集と批評。雑誌「Studio Voice」「Tokion」の編集長をへて２００９年に独立。著書に『前衛音楽入門』。編著に『捧げる灰野敬二の世界』『山口冨士夫　天国のひまつぶし』など。ロックバンド湯浅湾のベース奏者として『港』『浮波』『砂潮』『脈』などに参加。90年代の国内シーンをテーマにした『90年代ディスク・ガイド～邦楽編』を共同監修、刊行した。

松山晋也（まつやま・しんや）
音楽評論家。著書『ピエール・バルーとサラヴァの時代』、『めかくしプレイ：Blind Jukebox』、編・共著『カン大全～永遠の未来派』、『プログレのパースペクティヴ』等。その他、音楽関係のガイドブックやムック類多数。30年前に『ラヴレス』を初めて聴いた時は、こんなもん裸のラリーズとクセナキスのバッタもんじゃねえかよ……と思ったわけですが、今は大好きです。

三田格（みた・いたる）
１９６１年、ＬＡ生まれ。編集・ライターなど。共著に粉川哲夫と『無縁のメディア』、野田努と『テクノ・ディフィニティヴ』など。編著に『永遠のフィッシュマンズ』『戸川純全歌詞解説集　疾風怒濤ときどき晴れ』など。

山口美波（やまぐち・みなみ）
ソロ・ユニット「SHE TALKS SILENCE」として音楽活動をするかたわら、２０１９年４月、奥沢に「VIVA Strange Boutique」をオープン。クリス＆コージーやドゥルッティ・コラムなど自身が敬愛するアーティストとのコラボレーション・アパレルを制作している。

与田太郎（よだ・たろう）
１９８９年イギリスのSecond Summer Of Loveに大きな衝撃を受けインディー・ダンスのＤＪをスタート、91年にWonder Releaseを設立し、以後現在まで〈SLYE〉、〈HORIZON〉などのレーベルをプロデュース、２０１５年からははKiliKiliVillaの運営。95年以降はの数多くの野外レイヴや〈パーティ〉でＤＪ、オーガナイザーとしても活動、踊りっぱなしで現在に至る。https://twitter.com/YODATARO

CasanovaS
インディー・ミュージック・ファン。フットボール・ファン。こぼれ落ちてしまいそうな部分、知りたいところ、いまそこで何が起きているのか？　アルバムが出る前のバンドやレーベルに独自にインタヴューしたり人やシーンについて考えたり、note(https://note.com/novacasanova)でそんな活動もしております。溺れているときは沈まない。

別冊 ele-king　マイ・ブラッディ・ヴァレンタインの世界

2021年8月11日　初版印刷
2021年8月11日　初版発行

編集　野田努（ele-king）
装丁　鈴木聖
表紙写真　久保憲司

協力：渡部政浩

発行者　水谷聡男
発行所　株式会社Pヴァイン
〒150-0031
東京都渋谷区桜丘町21-2池田ビル2F
編集部：TEL 03-5784-1256
営業部（レコード店）：
TEL 03-5784-1250
FAX 03-5784-1251
http://p-vine.jp

発売元　日販アイ・ピー・エス株式会社
〒113-0034
東京都文京区湯島1-3-4
TEL 03-5802-1859
FAX 03-5802-1891

印刷・製本　シナノ印刷株式会社

ISBN　978-4-910511-01-6



ele-king books